北京市社会科学基金重点项目"数字赋能北京市全民
配机制及方案研究"（编号：23YTA026）

全民健身发展研究

冯连世　张瑞林　主　编

人民日报出版社

图书在版编目（CIP）数据

全民健身发展研究／冯连世，张瑞林主编. --北京：
人民日报出版社，2024.9. -- ISBN 978-7-5115-8414-4
Ⅰ.G812.4
中国国家版本馆 CIP 数据核字第 20247M3E77 号

书　　　名：全民健身发展研究
　　　　　　QUANMIN JIANSHEN FAZHAN YANJIU
作　　　者：冯连世　张瑞林

出 版 人：刘华新
责任编辑：孙　祺
封面设计：吴　睿

出版发行：人民日报出版社
社　　　址：北京金台西路2号
邮政编码：100733
发行热线：（010）65369527　65369846　65369509　65369510
邮购热线：（010）65369530　65363527
编辑热线：（010）65369518
网　　　址：www. PeopleDailyPress. com
经　　　销：新华书店
印　　　刷：凯德印刷（天津）有限公司

开　　　本：710mm×1000mm　　1/16
字　　　数：305 千字
印　　　张：17.25
版　　　次：2024 年 11 月第 1 版
印　　　次：2024 年 11 月第 1 次印刷

书　　　号：ISBN 978-7-5115-8414-4
定　　　价：89.00 元

编　委　会

主　编　冯连世　张瑞林

副主编　王志文

编　委　王晨旭　牛　群　田树栋　李雪濛
　　　　金礼杰　高逢点　程美超　樊正洋

全民健身是一项面向全体人民,通过鼓励身体活动、倡导科学健身、形成健康文明生活方式,以增强人的体质、服务于人的全面健康、促进人的全面发展为目标的体育事业。党的十八大以来,以习近平同志为核心的党中央站在时代发展的前沿,始终坚持以人民健康为中心,高度重视全民健身事业的发展,谋划和推动全民健身上升为国家战略。党的二十大报告提出,"广泛开展全民健身活动,加强青少年体育工作,促进群众体育和竞技体育全面发展,加快建设体育强国"。在此背景之下,全民健身事业聚焦体育强国、健康中国建设目标,以满足人民健身需求为导向,以全民健身与全民健康融合发展为主线,以提升群众体育参与水平为重点,大力弘扬运动促进健康理念,积极开拓全民健身空间,鼓励开展科学健身指导,着力破解群众"健身去哪儿"等民生问题。为回顾党的十八大以来全民健身工作已经取得的成绩,总结全民健身工作的宝贵经验及实践进展,编写《全民健身发展研究》。

《全民健身发展研究》由发展总览篇、专题研究篇、实践探索篇组成。发展总览篇以《体育强国建设纲要》《全民健身计划(2021—2025年)》《关于构建更高水平的全民健身公共服务体系的意见》等政策文件为导向,深入阐述全民健身工作在健康中国、体育强国等国家战略中的重要定位,全面梳理新时代全民健身工作开展的政策举措和主要成效,展望全民健身工作未来发展趋势。

专题研究篇以《体育强国建设纲要》全民健身部分重点提及的"完善全民健身公共服务体系、统筹建设全民健身场地设施、广泛开展全民健身活动、优化全民健身组织网络、促进重点人群体育活动开展、推进全民健身智慧化发展"六个维度为蓝本,全面呈现新时代我国全民健身工作的现实状况,深入剖析全民健身工作开展过程中各环节面临的问题与挑战,并提出针对性的解决策略,以期为今后全民健身工作全方位开展提供实践借鉴。

实践探索篇在全国范围内选择具有代表性的案例,梳理各地全民健身工作改革创新的先进做法,总结特色经验,为全国其他地区开展全民健身工作提供思路借鉴。

|目 录|

Ⅰ 发展总览篇

第一章 全民健身工作总体发展情况 ················ 2

第一节 全民健身工作战略定位 ················ 2

第二节 全民健身工作政策梳理 ················ 4

第三节 全民健身工作推动情况 ················ 13

第四节 全民健身工作重点任务 ················ 21

第五节 全民健身工作发展路径 ················ 28

Ⅱ 专题研究篇

第二章 全民健身公共服务体系建设 ················ 38

第一节 全民健身公共服务体系发展概述 ················ 38

第二节 全民健身公共服务体系发展情况 ················ 44

第三节 更高水平全民健身公共服务体系发展定位 ················ 59

第四节 构建更高水平全民健身公共服务体系面临的挑战 ················ 66

第五节 构建更高水平全民健身公共服务体系发展建议 ················ 67

第三章 全民健身场地设施建设 ················ 72

第一节 全民健身场地设施建设概述 ················ 72

第二节 全民健身场地设施建设情况 ················ 76

第三节 全民健身场地设施建设发展面临的挑战 ················ 107

第四节 全民健身场地设施建设发展建议 ················ 110

第四章 全民健身活动广泛开展 ················ 113

第一节 全民健身活动发展特点 ················ 113

第二节　全民健身活动开展情况 ………………………………… 118

第三节　全民健身活动发展面临的挑战 ………………………… 144

第四节　全民健身活动发展建议 ………………………………… 147

第五章　全民健身组织网络建设 ………………………………… 152

第一节　全民健身组织网络发展概述 …………………………… 152

第二节　全民健身组织网络发展情况 …………………………… 155

第三节　全民健身组织网络发展面临的挑战 …………………… 173

第四节　全民健身组织网络发展建议 …………………………… 178

第六章　重点人群体育活动开展 ………………………………… 186

第一节　重点人群体育活动开展概述 …………………………… 186

第二节　重点人群体育活动开展情况 …………………………… 192

第三节　重点人群体育活动开展面临的挑战 …………………… 204

第四节　重点人群体育活动促进发展建议 ……………………… 208

第七章　全民健身智慧化发展 …………………………………… 214

第一节　全民健身智慧化发展概述 ……………………………… 214

第二节　全民健身智慧化发展情况 ……………………………… 221

第三节　全民健身智慧化发展面临的挑战 ……………………… 237

第四节　全民健身智慧化发展建议 ……………………………… 240

Ⅲ 实践探索篇

第八章　全民健身工作的实践与探索 …………………………… 246

Ⅰ 发展总览篇

第一章 全民健身工作总体发展情况

2014 年 10 月 20 日，国务院印发《关于加快发展体育产业促进体育消费的若干意见》，明确提出把全民健身上升为国家战略。随着全民健身国家战略深入实施，"体育让生活更美好"的理念深入人心。如今，群众健身运动场地设施不断完善，群众性体育赛事活动蓬勃开展，全民健身公共服务体系基本建立，全民健身工作取得历史性成就，展现出前所未有的新气象。党的二十大报告提出："广泛开展全民健身活动，加强青少年体育工作，促进群众体育和竞技体育全面发展，加快建设体育强国。"这充分体现了党和国家对全民健身工作的高度重视，突出展现了新时代全民健身工作在体育强国和健康中国建设中的重要地位。2024 年是实现"十四五"规划任务目标的关键一年，也是全民健身国家战略落实、落细的重点时期。为更好满足人民对美好生活的向往和促进人的全面发展，对全民健身工作进行总结和梳理，有助于更加准确把握新时代全民健身工作处于什么样的历史方位等重大问题，进一步明确前进的方向。

第一节 全民健身工作战略定位

一、全民健身是体育强国建设的基础性工程

建设体育强国，是以习近平同志为核心的党中央对体育事业改革发展作出的重大战略部署，是新时代体育工作的奋斗目标。2017 年 8 月 27 日，习近平总书记在会见全国体育先进单位和先进个人代表等时指出："加快建设体育强国，就要坚持以人民为中心的思想，把人民作为发展体育事业的主体，把满足人民健身需求、促进人的全面发展作为体育工作的出发点和落脚点，落实全民健身国家战略，不断提高人民健康水平。"可以认为，体育强国的基础在于群众体育。近年来，随着全民健身国家战略深入实施，群众体

育活动日益丰富。以北京冬奥会、冬残奥会成功举办为契机，大力推动构建更高水平的全民健身公共服务体系，推动全民健身事业迈上更高台阶。全民健身的发展对体育强国建设具有支撑、引领、协同和示范作用，能够实现全民健身发展与经济社会发展的相互促进和良性互动，有力助推体育强国建设目标实现。

二、全民健身是健康中国战略的重要内容

健康是立身之本，健康是立国之基。党的十八大以来，在党中央、国务院的高度重视下，全民健身在增进健康水平、提升生活质量、弘扬正能量、树立健康风尚等方面的作用日益凸显。全民健身是增强人民体魄、追求健康生活的基础和保障，是实现社会全体成员主动健康的重要力量。习近平总书记指出："人民群众的身体健康状况，是每个人成长成才、实现幸福生活的重要基础。"健康既是促进人的全面发展的必然要求，也是国家富强和人民幸福的重要标志。《"健康中国2030"规划纲要》将"大健康"理念融入公共政策制定和实施的全过程，统筹应对广泛存在的健康影响因素，全方位、全生命周期地维护人民群众的健康。《体育强国建设纲要》提出"持续提升体育发展的质量和效益，大力推动全民健身与全民健康深度融合"。《关于促进全民健身和体育消费推动体育产业高质量发展的意见》提出"实施'体育+'行动，促进融合发展"。《全民健身计划（2021—2025年）》提出"深入实施健康中国战略和全民健身国家战略，加快体育强国建设"。

三、全民健身是满足人民对美好生活的向往和促进人的全面发展的重要途径

没有全民健康，就没有全面小康。2020年9月22日，习近平总书记在教育文化卫生体育领域专家代表座谈会上强调："体育是提高人民健康水平的重要途径，是满足人民群众对美好生活向往、促进人的全面发展的重要手段"，为全民健身事业的发展作出了战略定位、战略设计和方向指引。《关于构建更高水平的全民健身公共服务体系的意见》指出："构建更高水平的全民健身公共服务体系，是加快体育强国建设的重要基石，是顺应人民对高品质生活期待的内在要求，是推动全体人民共同富裕取得更为明显的实质性进展的重要内容。"要高度重视体育在促进人的全面发展中的重要作用，坚持以人民为中心的发展思想，大力发展全民健身事业，让更多的人享受到体育带来的健康和快乐。

第二节　全民健身工作政策梳理

一、全民健身工作政策演进历程

（一）全民健身政策起步推进阶段（1995—2011 年）

1995 年，《中华人民共和国体育法》颁布实施，提出"体育工作坚持以开展全民健身活动为基础，实行普及与提高相结合，促进各类体育协调发展"，从国家立法层面指明了体育协调发展的方向。同年，《全民健身计划纲要》颁布，进一步丰富与细化了体育协调发展的有关措施。2008 年，胡锦涛同志在北京奥运会、残奥会总结表彰大会上指出："实现竞技体育和群众体育协调发展，进一步推动我国由体育大国向体育强国迈进。"2009 年，《全民健身条例》颁布，切实保障了公民的合法权益，推动体育事业协调发展。2011 年，国务院出台《全民健身计划（2011—2015 年)》，推动全民健身事业"全人群、全区域、全要素"一体化发展。与国民经济和社会发展五年规划相适应的全民健身计划制定与实施成为国家常态化工作。

总体来看，1995—2011 年期间是我国全民健身工作的初步探索阶段，开创了全民健身的新局面。同时，涵盖体育场地、体育社会组织、公共体育服务等全民健身各个领域的政策体系也逐渐完善，政策供给不断增加，为下一阶段的全民健身工作的有序推进打下了坚实基础。

（二）全民健身政策提质增效阶段（2012—2023 年）

2012 年，党的十八大报告指出"广泛开展全民健身运动，促进群众体育和竞技体育全面发展"。2014 年，国务院出台《关于加快发展体育产业促进体育消费的若干意见》，将全民健身上升为国家战略。2016 年，《"健康中国 2030"规划纲要》和《全民健身计划（2016—2020 年)》的出台，进一步明确了全民健身工作助力健康中国建设的逻辑主线。2019 年，《体育强国建设纲要》的出台将全民健身的价值功能再次升华，推动成为建设体育强国的基础。2020 年，国务院办公厅颁布《关于加强全民健身场地设施建设发展群众体育的意见》，国家体育总局颁布《关于加强全民健身公共服务体系建设的指导意见》等政策文件，进一步完善了全民健身设施建设的顶层设计，通过补齐群众身边的健身设施短板，逐步夯实全民健身的物质基础。2021 年，《全民健身计划（2021—2025 年)》和《"十四五"体育发展规划》出台，提出"构建更高水平的全民健身公共服务体系"。2022 年，《关于构建更高水平的全民健身公共服务体系的意见》颁布，聚焦全民健身工作的体制机制改革、城乡区域均衡发展、赛事活动体系等重点任务精准施策。

总体来看，2012—2023 年是我国全民健身工作提质增效阶段，改革创新成为该阶段政策的主题，主要呈现如下特征：

一是全民健身政策始终坚持以人民的体育需求为中心。为满足新时代人民对健康的需求，《"健康中国 2030"规划纲要》提出"把健康融入所有政策，加快转变健康领域发展方式，全方位、全周期维护和保障人民健康"，为全民健身政策指明了方向。

二是全民健身政策制定呈现出政府协同的特征。在全民健身政策制定环节，大多数全民健身政策基本都有两个及以上部门参与，多部门的参与能够有效整合行政资源，更有助于政策的落地和实施。

三是全民健身政策体系逐步健全。在全民健身政策实施过程中，多种政策类型协同配合推进，为促进我国全民健身工作的开展提供了坚实法律保障。同时，场地设施建设、健身指导和服务等全民健身配套政策的出台，从多个角度促进全民健身的普及和深化，有助于形成了政策合力，提高政策执行效率。

二、全民健身工作政策的特征

（一）政策文本数量呈波动增长趋势

以"体育""全民健身""群众体育"为关键词，通过中国政府网、国家体育总局官网等平台，重点选取 1995—2023 年间国家层面颁布的全民健身有关政策，通过人工编码的方式，对政策文本进行梳理，剔除关联度较低、涉及内容较少的政策，最终纳入 320 项全民健身有关政策。

分析发现，从政策数量来看，我国全民健身政策整体上呈现波动增长趋势（图 1-1），1995—2023 年，年均发文量为 11.03 件。其中，2012 年之后是全民健身政策发文的密集期，年发文量较大且相对稳定，总体呈现逐年递增的趋势，表明随着全民健身工作的深入实施，全民健身政策体系也更加系统和全面。

（二）政策主体多元网络化特征显著

根据全民健身政策制定主体分布图显示（图 1-2），1995 年以来，我国全民健身政策发文的主要部门共有 29 个。从政策主体结构来看，由单个部门制定发布的政策为 268 项，占发文部门总数的 83.75%，52 项政策是由两个及以上部门联合发文。国家体育总局作为政策主体发文数量最多，是全民健身工作的主体责任实施部门。教育部、全国总工会、卫健委、财政部、民政部、共青团中央、文化部（现为文化和旅游部）、全国妇联、科技部等部门联合发文数量较多，表明我国全民健身工作涉及范围以及面临的问题较为复杂，形成多部门资源共享的工作模式。1995—2011 年，政策发文主体以单一部门为主，单一部门发文数量达八成以上，两个及以上部门联合发文数量较少。2012—2023 年，政策发文主体以多部门协同为主，全民健身政策内容更加全面，参与政策发文的部门数量不断增加。

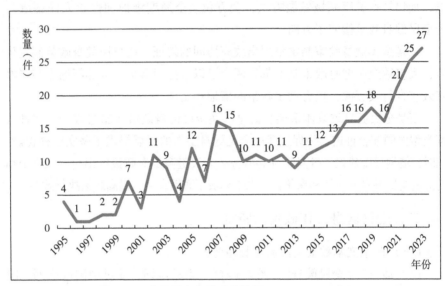

图 1-1　全民健身有关政策数量（1995—2023 年）

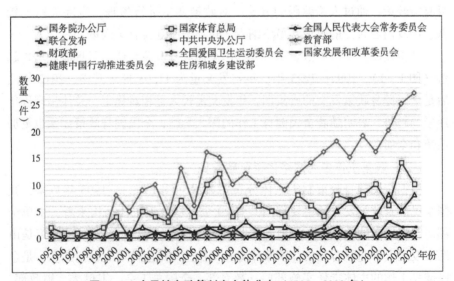

图 1-2　全民健身政策制定主体分布（1995—2023 年）

通过全民健身政策制定主体网络，考察不同政策制定主体之间的相互关系。根据全民健身政策制定主体网络图显示（图1-3），我国全民健身政策制定主体所形成的网络具有较高集中度，国家体育总局与教育部、国家发改委等部门之间的合作关系较为紧密，且合作次数较多。此外，2012年之后的政策制定主体网络更加丰富，表明随着全民健身工作的持续深入，各部门逐渐形成具有规模化、层次性的政策网络，体现了全民健身政策领域的扩展和深化。总体来看，我国全民健身政策制定主体形成了以国家体育总局为主体，中办、国办、国家发改委、教育部等多部门协同合作的政策网络结构。

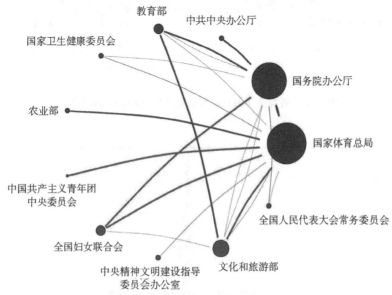

图1-3 全民健身政策制定主体网络

（三）政策效力级别有待提升

自从1995年国务院出台《全民健身计划纲要》以后，我国全民健身政策体系逐渐开始完善，全民健身政策级别划分为位于高效力级别的政策和低效力级别的规范性文件（如通知、意见、办法、标准、公告等）。根据各类全民健身政策数量变化图显示（图1-4），不同阶段的法律等高效力级别的政策较少，通知、意见、办法、标准等低效力级别的政策数量居多。

根据全民健身工作政策效力位阶分布图显示（图1-5），政策类型整体结构呈"金字塔"形，政策类型结构失衡，具体表现在，金字塔的"塔基"以通知类政策为主，金字塔的"塔尖"由高效力的法律构成，法律类政策数量较少制约了整体政策效力的提升。

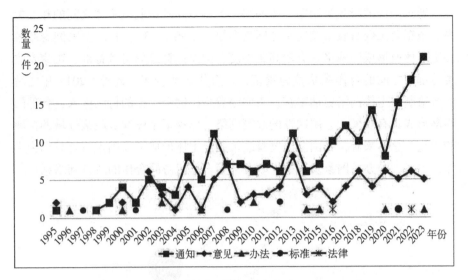

图 1－4　各类全民健身政策数量变化（1995—2023 年）

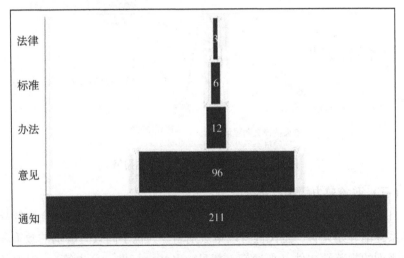

图 1－5　全民健身工作政策效力位阶分布（1995—2023 年）

（四）政策内容供给逐渐丰富多样

根据全民健身工作政策前 20 个关键词统计结果和高频词云图显示（表 1－1、图 1－6），在政策内容上，不仅包括群众体育、公共体育、体卫融合等内容，还包含体育设施建设、赛事项目管理、服务体系创新等多项管理措施。

表 1–1 全民健身工作政策前 20 个关键词统计结果

序号	关键词	序号	关键词
1	体育	11	体系
2	发展	12	项目
3	建设	13	国家
4	全民健身	14	完善
5	服务	15	管理
6	社会	16	设施
7	运动	17	组织
8	健康	18	推动
9	健身	19	机制
10	加强	20	建立

图 1–6 全民健身工作政策高频词云

根据全民健身工作政策内容网络图发现（图 1–7），全民健身政策内容
体系不断完善，政策内容对全民健身工作布局逐渐深入，标志着我国在推动
全民健身事业方面取得了显著进展。政策内容主要包括：推动健康关口前
移，建立体育和卫生健康等部门协同、全社会共同参与的运动促进健康新模
式；全民健身与其他领域的融合发展不断走向多元，并和青少年成长、文

化、旅游、健康等领域日渐融合，成为满足人民群众对美好生活向往、促进人的全面发展的重要手段。

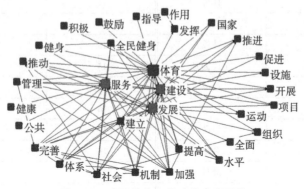

图1-7　全民健身工作政策内容网络

1. 全方位推动全民健身融合发展多样化

推动全民健身融合发展是促进全民健身更高水平发展、更好满足人民群众的健身和健康需求的一项重要任务。习近平总书记指出："要推动健康关口前移，建立体育和卫生健康等部门协同、全社会共同参与的运动促进健康新模式。"

在推动体卫融合方面，主要的政策措施有：树立"运动是良医"理念，把以治病为中心转变为以人民健康为中心；制定实施运动促进健康行动计划；构建完善的健康教育体系；探索建立体育和卫生健康等部门协同、全社会共同参与的运动促进健康模式。

在深化体教融合方面，主要的政策措施有：保障学生每天校内、校外各1个小时体育活动时间；健全分学段、跨区域的青少年体育赛事体系；加大体育教师和教练员人才培养；规范青少年体育社会组织建设。

在促进体旅融合方面，主要的政策措施有：普及和推广冰雪、水上、马拉松等户外运动项目；拓展体育旅游产品与服务供给；鼓励和支持体育旅游精品线路和精品赛事建设。

2. 重点实施全民健身场地设施提质增效

场地设施建设是服务于全民健身事业的基础性工程。全民健身场地设施建设政策文本占比较大，1995—2023年涉及全民健身场地设施供给内容的政策文本共计115项，这些政策重点关注全民健身环境、场馆、器材等基础设施建设。政策主体涉及多个政府部门，政策目标由追求"数量与规模"转向了保障"质量与公平"，政策内容逐渐从零散变得系统，政策取向则更加关注人民健康。总体上来说，涉及体育设施建设的政策文本数量较多，辐射范围较广，为我国全民健身体育基础设施的完善提供了有力指导。

3. 逐步推进全民健身公共服务标准化

1995 年，《中华人民共和国体育法》的颁布，为全民健身工作提供了法律依据和工作标准规范；2010 年，国家标准委员会出台《公共服务标准化指南》，推进了全民健身公共服务标准化建设；2012 年，国务院颁布《国家基本公共服务体系"十二五"规划》，将推进全民健身公共服务体系建设作为重点任务。总体来看，1995—2023 年，全民健身公共服务标准化管理政策出台 20 余项，通过多种方法引导我国全民健身公共服务标准化发展，基本形成了全民健身公共服务标准体系，进一步推动全民健身的标准化和规范化进程。

4. 大力推进全民健身赛事活动智慧化

借助智慧化手段广泛开展全民健身赛事活动，是全民健身工作与现代化技术相结合的创新举措，对于全民健身赛事活动的组织和实施发挥着巨大的推动作用。《全民健身计划（2021—2025 年)》提出："推动线上和智能体育赛事活动开展，支持开展智能健身、云赛事、虚拟运动等新兴运动。"《"十四五"体育发展规划》提出："坚持线上线下结合、传统新兴并举，开展群众喜闻乐见、丰富多彩的全民健身赛事活动。"《关于构建更高水平的全民健身公共服务体系的意见》提出："强化资源集约利用和科技支撑，推动体制机制改革和供给方式创新。"

全民健身智慧化、信息化进入快速发展阶段。随着全民健身赛事与智慧化的有机结合，全民健身赛事的供给数量明显增加，全民健身信息服务平台不断完善，群众的个性化健身指导服务、健身信息管理、健身设施查询等需求不断得到满足，全民健身指导服务的科学化水平进一步提升。

三、全民健身工作政策的趋势展望

（一）在政策制定环节大力提升职能部门协同效率

我国全民健身政策的多元主体协同力度不断增强，全民健身政策领域的边界和领域逐步模糊化。全民健身政策制定主体通过频繁的协同合作与府际互动，在全民健身场地设施供给、赛事活动组织、健身指导服务、全民健身融合发展等重点任务上，充分发挥互动、互补的协同优势与作用，促进全民健身政策资源融通，推动全民健身政策落地、落实、落细。未来，在全民健身政策的制定和实施过程中，多元主体协同共治和齐抓共管将是全民健身政策落实落细的必由之路。因此，应持续拓宽政策制定主体的范围、打破协同阻滞、延伸合作链条，推动多方协同完善全民健身政策。

（二）在政策目标环节重点倾向群众获得质量与公平

全民健身政策目标的实质是指向全民健身公共服务产品的有效供给。在政策有效供给不足的前提下，政策目标重点是追求供给的"规模与数量"，但随着全民健身公共服务与产品的规模与数量达到一定层级后，势必发生由供给的"量"转向"质"的周期更迭，从而带动全民健身政策目标的革新。例如，在统筹建设全民健身场地设施方面，由有效扩大体育设施增量资源、加大全民健身场地设施供给，逐渐转向充分挖掘存量建设用地潜力、扩大公共体育场馆开放服务范围。

全民健身政策既要顺应时代和社会发展的要求，也要随着不同人群体育需求的变化及时进行优化与调整。在全民健身政策的制定过程中，应将全民健身政策的价值逻辑和实践样态进行统筹考量，在推动全民健身活动的重点关注人群方面，由最初将青少年作为实施全民健身计划的重点人群，逐渐转向更加注重残疾人、农民、妇女等多人群。政策话语更加彰显鲜明的"以人民为中心"导向，以更好满足人民群众的健身和健康需求为目标，并持续强化配套性政策的调整与优化。

（三）在政策效力环节有效提升政策层级与效能

随着全民健身上升为国家战略，全民健身政策的目标任务更加明确化、政策供给更加全面化、政策保障措施更加系统化，政策出台的数量不断增加，涵盖领域不断扩大，尤其是中共中央办公厅和国务院办公厅出台的政策文件，极大提高了全民健身政策的效力级别，推动全民健身工作政策结构逐渐走向系统融合。未来，在全民健身政策的制定和实施过程中，既需要法律、标准、办法等高效力级别的政策出台，需要提升配套性政策的关联度和融合度，也需要充分发挥高等院校、科研院所、体育智库的作用，进一步深入调查研究、总结经验，有计划、有制度地编制全国性的、地方性的配套文件，持续强化政策评估、考核、激励等监管机制，构建更加科学、系统的全民健身政策体系。

（四）在政策内容环节全面转向多领域融通

全民健身政策逐渐与教育、卫生、旅游等多领域政策融合，"体教融合""体卫融合""体旅融合"等议题受到广泛关注，政策内容系统化、标准化、智慧化得到增强，推动了我国全民健身政策体系的完善，政策内容之间的联系更加紧密，引领我国全民健身政策内容由"关注局部"转向"全面布局"。在未来全民健身政策制定过程中，一方面，要抓住人民群众追求身心健康、幸福生活服务的核心需求，围绕这一核心需求，进一步厘清基本和非基本公共服务范围与责任。另一方面，要秉持全面布局的理念，积极推动全民健身与相关领域融合发展，融通学校体育、社区体育、医疗与卫生、老年人健康、体育赛事等细分领域，培育全民健身新场景、新模式，形成全民健身多领域、全方位、更高水平的发展格局。

（五）在政策执行环节着重关注"最后一公里"落地见效

相较于全民健身政策的制定，政策执行因其承担着治理效能转换的使命，已成为全民健身政策工作亟须攻关的议题。但全民健身政策法规、相关标准、制度体系还需进一步完善，一些政策在执行中存在梗阻。未来，全民健身政策的执行应聚焦基层"最后一公里"落地见效，重点关注和解决公共体育服务资源在不同地区之间、城乡之间、人群之间分布不均衡、服务水平和服务效能不足、群众"健身去哪儿"、基层体育社会组织作用发挥不够等问题。同时，基层体育行政部门应会同有关方面加强跟踪监督和绩效管理，科学设置标准，探索建立对全民健身联席会议各成员单位、各地方政府开展群众体育工作的评价、督导、激励机制。把工作开展情况与财政转移支付、购买服务、宣传报道、项目资金推介、用地安排、评先创优等有机结合起来，推动形成全民健身工作开展的合力。

第三节　全民健身工作推动情况

一、全民健身开放融合发展思路更加明确

（一）全民健身工作协同联动工作机制更加健全

在党中央、国务院的高度重视下，2016 年先后出台了《"健康中国2030"规划纲要》《全民健身计划（2016—2020 年）》等政策文件，强调全民健身与全民健康融合发展，并以此为契机推动全民健身工作的部门协同开展。在国家层面，由国务院牵头成立"全民健身工作部际联席会议"，构建起多部门协同配合的长效工作机制，从政策保障、资金支持、表彰奖励、督导考核等方面推动全民健身工作的落实。在地方层面，部分地区建立了党委政府"一把手"牵头挂帅的全民健身工作议事协调机制，打破了地方部门的利益掣肘和沟通障碍，促进了全民健身工作的资源集聚和统筹协调，推动了相关政策措施的落实落细，起到了很好的示范作用。

（二）社会力量办体育模式不断创新

社会力量办体育是全面深化体育改革的发展方向，也成为社会主体多元赋能的首创式典型案例。2017年9月，国家体育总局和浙江省政府签署协议，温州市成为开展社会力量办体育的试点，温州市以此为契机，搭乘体育改革东风，在群众体育、竞技体育、体育产业等方面大胆探索、精准发力，率先走出了举国体制与市场机制相结合的新路子，打造了中国体育改革的"温州模式"。通过进一步探索社会力量办体育模式，有力推动政府职能转变、简政放权、监管方式创新。一是"备案制"管理模式。将各类企业和组织的基本信息、活动情况等进行统一登记和管理，通过简化体育社会组织成立程序，拓展体育社团发展空间。二是"社区服务中心"模式。将基层体育服务、协调、管理等功能融为一体，不仅实现了政府管理职能转移，还创新了基层社区组织登记管理制度，同时开创了"民管民"的社会化管理模式。三是"枢纽型"管理模式。充分发挥体育社会组织的枢纽作用，通过健全的组织系统和有效的服务支持，加强统筹协调与纽带联系，进而实现体育社会组织的孵化培育、健身服务指导、个性化健身需求等功能。

（三）全民健身与全民健康深度融合

我国卫生健康观念从"以治病为中心"转向"以健康为中心"，有赖于全民健身、全民健康工程的持续推进。一是全民健身政策体系不断完善。《"健康中国2030"规划纲要》《全民健身计划（2016—2020年）》《全民健身计划（2021—2025年）》等政策文件的出台为全民健身与全民健康深度融合提供了方向指引和实施路径，推动两大战略深度融合从理念走向实践。二是全民健身基础设施更加完善。国家体育总局积极推动运动健康中心建设，大力推动体卫融合改革成果服务全民，鼓励基层改革创新大胆探索，建立体卫协同、全社会共同参与的运动促进健康新模式，逐步实现以社区为中心的"15分钟生活圈"建设，为各类人群提供运动监测、健身指导、运动康复、慢性病运动干预、运动营养和科普等服务，目前已经在全国多个省区市试点，取得了良好效果。三是科学健身指导服务更加丰富。通过构建更高水平的全民健身公共服务体系，推动全民健身与全民健康深度融合，提升居民的健康素养。根据国家卫健委发布的《2022年中国居民健康素养监测情况》数据（图1-8），不同地区居民健康素养水平均有提升，中西部地区居民健康素养水平提升明显，2022年东、中、西部地区居民健康素养水平分别为31.88%、26.70%和22.56%，较2021年分别增长1.48、2.87和3.14个百分点。

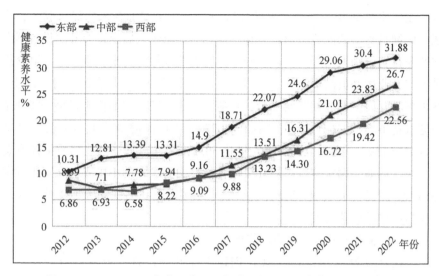

图1－8 2012—2022年东、中、西部地区居民健康素养水平变化情况

二、全民健身改革创新不断深化

（一）调整公共体育场馆中央财政补助政策

针对获得财政补助的公共体育场馆范围较小、场馆运营成本压力较大等问题，国家体育总局会同财政部等部门及时调整公共体育场馆中央财政补助政策。2021—2023年，中央分别下达补助资金9.3亿、10.8亿、11.8亿，分别有1340个、2180个、2491个场馆纳入公共体育场馆免费或低收费开放补助资金补助范围，补助场馆数量、资金均逐年增加，全国公共体育场馆开放力度稳步提升。主要举措有：一是体育场馆开放补贴资金使用规范化水平进一步提升。通过精简资金审计流程、提高审计效率，补助资金重点用于完善场馆信息化运营环境，为企事业单位、社会团体、基层文体组织提供场地开放服务。二是补助资金使用效益进一步强化。通过扩大公共体育场馆开放补助的产权认定范围，合理降低门槛，将国企、私企等产权性质场馆纳入补助，同时进一步细化分级补贴标准，打破了原先按大型场馆座位数分配补助资金的做法，吸纳群众身边的中小型场馆和健身中心，根据场馆接待人次等因素安排补助资金，帮助场馆降低开放成本。

（二）创新全民健身赛事活动举办模式

全民健身赛事活动举办模式创新，一是促进竞技体育成果全民共享。政府部门转变以往的办赛方式，对赛事进行多样化、多层次的商业化开发，通过开发优质赛事 IP、分销赛事转播版权等方式来增加赛事的经济收入，实现全民健身赛事的商业价值最大化。例如，自第十三届全运会开始设置群众比赛项目，鼓励人民群众积极参与国家级综合性体育赛事，也为广大群众提供了与专业运动员同场竞技、施展身手的广阔舞台。二是全民健身"线上"赛事蓬勃开展。通过互联网平台，打造多样化、特色化的优质赛事，实现全民健身赛事的"去同质化"。例如，2022 年"全民健身线上运动会"参赛人数突破 1396 万人，全网总曝光量超 56.2 亿次①。三是打造高质量体育赛事品牌。例如，国家体育总局社会体育指导中心主办的中国飞盘联赛得到阿迪达斯、战马 VOSS、财通证券、乡熙等众多企业和品牌的大力支持，实现了飞盘赛事的商业化发展。

（三）创建全民运动健身模范市（县）

全民运动健身模范市（县）创建工作开展以来，全国参与创建的市（区、县）达 200 多个，第一批有 31 个市、区、县成功入选，其中，模范市（区）12 个，模范县（市、区）19 个，涵盖直辖市、东部沿海地区以及中西部。31 个市、区、县各具特色，全面彰显了全民健身"组织领导坚强有力""规划科学完备""政策体系健全""投入机制健全""公共服务完善""场地设施充足""社会广泛参与""激励措施到位"等创建标准，展示了较强示范作用。通过模范市（县）创建，推动了全民健身工作有序开展。全民运动健身模范市（县）创建工作有效地激发了当地党委、政府全民健身工作的积极性，推动了全民健身场地设施建设，体育社会组织逐步健全，赛事活动日益丰富，科学健身指导惠及全民。

三、全民健身场地设施补短板行动更加深入

（一）全民健身场地设施供给加大

在全民健身政策支持下，全民健身体育场馆设施利用率显著提升，一是逐步破解体育场馆设施"有没有"的问题，加大全民健身场地设施供给。国家体育总局会同国家发改委、财政部等部门，开展雪炭工程、农民体育健身工程、全民健身中心、全民健身路径等体育基础设施供给明显增加，城乡基层的全民健身设施进一步完善。二是改善了体育场馆设施"好不好"的问题，健身设施质量稳步提升。城乡基层建成一批现代时尚的场地设施，打造"15 分钟"健身圈，并推出一批适老化、适儿化的场地设施，如体育公

---

① 《全民健身线上运动会参赛人数超 1396 万》，《人民日报》2023 年 1 月 15 日第 1 版。

园、健身步道、滑冰场、智能健身器材等。三是解决了体育场馆设施"开不开"的问题,体育场馆服务水平不断提高。随着全民健身国家战略的深入实施,各级体育、发改和财政部等多部门纷纷出台了推动场馆开放的相关政策,旨在进一步满足人民群众日益增长的体育健身需求。2023 年,约有遍布全国 1400 多个县市区的 2500 个体育场馆获得了中央补助,免费或者低收费向社会开放。① 这一举措不仅显著提升了公共体育服务的覆盖面和质量,也为广大人民群众提供了更加便捷、优质的健身场所。

(二) 社会闲置空间资源再利用

为有效解决群众"健身去哪儿"的难题,实施全民健身设施补短板工程和提升工程。具体做法为:一是盘活城市社区的"金角银边"。2023 年,国家发展改革委颁布的《城市社区嵌入式服务设施建设工程实施方案》提出,在城市社区(小区)公共空间嵌入功能性设施和适配性服务,积极推进"嵌入式"体育健身服务设施建设。为积极响应国家政策,《杭州市嵌入式体育场地设施建设三年行动计划(2022—2024)》颁布,将三年新增总场地面积中的 16% 作为嵌入式体育场地。此外,上海市高架桥下"架"起篮球公园;开封市"一渠六河"环城水系成健身好去处;青岛市把球场建在大海上;北京市空地变身口袋公园;成都市打造楼顶健身乐园。"全民健身"与"用地制约"之间的堵点被打通,运动场馆见缝插针地"嵌入"市民生活,家门口的"健身房"遍地开花,创新性解决了群众身边体育场地不足的难题。

二是闲置工业空间再利用。国土资源部印发的《关于深入推进城镇低效用地再开发的指导意见(试行)》明确提出"土地集约利用水平明显提高""城镇基础设施和公共服务设施明显改善"等总体目标,如何在有限空间内满足群众的健身需求,成为一个亟待解决的问题。废旧厂房等现有设施作为城市中的"闲置资源",具有巨大的改造潜力和利用价值。将它们改造成健身休闲与商业服务融合发展的体育综合体,不仅可以有效缓解体育健身空间不足的问题,还能够提升城市的整体功能和品质;不仅能够满足群众的健身需求,还能够带动相关产业的发展,形成良性的经济循环。例如,翔立方体育综合体、动客空间(马甸)体育文化中心、X - park 体育综合体等成功案例,充分展示了废旧厂房改造为体育综合体的巨大潜力和广阔前景。这

---

① 高志丹:《今年中央补助约 2500 个体育场馆免费或低收费开放》,https://www.163.com/dy/article/HVKJESF50514R9P4.html(访问时间:2024 年 1 月 17 日)。

些综合体不仅提供了多样化的健身设施和服务，还融入了商业元素，形成了集健身、休闲、娱乐、购物于一体的综合性场所。

（三）学校体育场地不断向社会开放

学校体育场地对社会开放，有助于盘活存量体育场地资源、缓解体育场地设施供需矛盾。主要措施有：一是学校体育场地对外开放政策支持力度持续加大。在《中华人民共和国体育法》《"健康中国 2030"规划纲要》《关于推进学校体育场馆向社会开放的实施意见》等政策文件中都提出了"鼓励和支持机关、学校、企业事业单位的体育场地设施向公众开放"，为学校体育场地对外开放提供了政策依据；二是学校体育对外开放模式不断创新。基于数字化技术，建立了高效的学校体育场地开放模式，借助智能客户端实现场地信息实时反馈，创设便捷化预约模式。例如，上海市运用数字化技术，建立了高效的学校体育场地开放模式，借助"随申办"和"今日闵行"客户端实现了场地信息的实时反馈和场馆预约，为市民创造了便捷的健身环境。同时发布了相应的健身公约，为运营主体监督监管提供了参照。

四、全民健身赛事活动更加丰富

（一）构建多样化全民健身赛事活动体系

一是加大全民健身赛事活动供给。2023 年，国务院办公厅出台《关于释放旅游消费潜力推动旅游业高质量发展的若干措施》，在政策文件的引领下，为充分发挥体育赛事对文化、体育、旅游消费的带动作用，国家体育总局、文化和旅游部联合发布"跟着赛事去旅行"2023 全国青少年体育赛事目录。统计数据显示，2021 年全国体育赛事共开展 31998 个，参赛人次达14170849 人①。二是培育全民健身赛事活动品牌。通过建立四级青少年体育赛事体系以及业余足球、篮球、排球竞赛体系，支持并打造具有群众性特色的体育赛事，鼓励群众健身组织举办广场舞、健步走、棋牌等健身活动，培育"村 BA"、马拉松等全民健身赛事品牌。据统计，2023 年"村 BA"的举办推动台江全县生产总值增长 8.8%，旅游综合收入 84.64 亿元，同比增长 94.66%。三是强化赛事安全管理。为落实赛事举办方安全主体责任，严把赛事安全监管责任，积极建立户外运动安全分级管控制度，对赛事安全标准进行分类制定，制定支持保险和商业救援服务发展的有偿救助标准，通过公益讲座、健身活动宣传等形式强化户外安全知识教育，引导群众科学认识

---

① 国家体育总局体育经济司：《体育事业统计年鉴（2021 年）》。

身心状况、理性评估竞技能力、积极应对参赛风险。

（二）完善赛事综合管理服务机制

一是全民健身赛事活动政策体系逐步完善。相关部门聚焦体育赛事管理、体育赛事活动监管等全民健身赛事举办中的突出问题，制定一系列科学有效的政策措施，并加强全民健身赛事活动监督与评估，全民健身赛事活动政策体系的逐步完善，为推动我国全民健身事业的发展奠定了坚实基础。二是创新全民健身赛事管理服务模式。围绕赛事制度体系内容，深化政府简政放权，通过简化行政审批流程、减少不必要的行政干预，为赛事举办方提供更大的自主权和灵活性，有效激发市场活力和社会创造力。三是搭建全民健身赛事管理服务平台。借助数字化手段，创设智慧赛事服务平台，发布赛事活动资讯、赛事全过程管理，包括赛前选手报名、赛中进度跟踪以及赛后服务等环节，通过数字化体育赛事管理服务，全方位提升全民健身赛事服务水平。

（三）运用数字技术开展多种形式全民健身活动

大数据、云计算、物联网等新兴技术在各领域的广泛应用，也为体育赛事提供了重要的科技支撑。一是打造全民健身活动新平台。依托体育科研院所、高等院校、智库机构等，充分运用大数据、物联网、虚拟现实等新兴技术手段，搭建赛事活动智能化系统，实现健身锻炼、运动指导、赛事组织、能力测评等一体化服务。作为全民健身的创新性标杆赛事活动，2023 年全民健身线上运动会充分发挥平台作用，累计参赛人数达到 2189 万，全网媒体传播量约 52.2 亿。通过整合优质赛事活动资源，组织开展形式多样、内容丰富的线上赛事活动，并借助互联网优势进行传播和推广，以更加垂直的活动方式倡导群众参与到全民健身中，实现全年龄段参与和参与人数的新突破。二是提升全民健身资源管理效率。通过利用物联网、大数据等现代科技手段，持续优化资源配置，提高资源管理效率，推动全民健身事业的发展。例如，国家体育总局开发的全民健身信息服务平台，为提升全民健身资源管理效率注入了新的活力。这一平台充分整合体育资源信息，能够实时更新和展示各类体育设施的使用情况、开放时间等信息，使公众能够便捷地获取相关信息，并根据自己的需求选择合适的健身场所，实现了资源的优化配置和高效利用。

五、全民健身指导服务科学化水平不断提升

（一）全民健身指导服务机制持续优化

一是搭建"互联网＋"健身指导平台。2021 年，国家体育总局群众体

育司、体育科学研究所联合人民网推出"人民爱健身"科学健身指导服务平台，发挥平台优势，拓展了全民健身指导服务的内容、形式，提高了全民健身指导的针对性和灵活性，满足了民众多样的需求与偏好。二是建立科学健身指导队伍。通过全民健身人才培养、组织建设、信息传播等措施，提高社会体育指导员、体育社会组织服务科学化水平，促进科学健身指导惠及全民。《2020 年全民健身活动状况调查公报》显示，截至 2021 年底我国有34.4% 的成年人与老年人参加体育健身组织，全民健身指导服务覆盖68.5% 的成年人和44.5% 的老年人，较2014 年提升了13.5 个和3.7 个百分点，居民接受健身指导的人数显著增加。三是优化全民健身服务和产品供给。各地社会体育中心通过开展健身指导进社区、送上门等活动，引导单项体育协会下沉百姓健身房，组织广大社会体育指导员积极开展健身知识宣传、健身技能培训等公益指导。例如，国家体育总局社会体育指导中心定期举办科学健身指导走基层活动，吸纳多个体育社会组织共同参与，推动各体育社会组织服务资源主动下沉基层，实现群众体育赛事和科学健身指导的精准渗透，借比赛之力强全民之体，使竞技角逐的体育赛场成为全民共享的盛会，让普通百姓热爱健身、参与健身。

（二）全民健身指导服务模式不断创新

健康中国战略的不断推进对科学健身指导服务提出了新的要求，传统医疗服务逐渐难以满足人民健康需求，为推动健康关口前移，需要充分利用已有资源，探索更加科学的服务模式，国家与社会各界开展了诸多有益探索。一是功能延伸模式。通过体育机构设置医疗服务、医疗机构拓展体育服务、体医一体化服务等，在不改变原有功能的基础上，对复合型服务进行探索。例如，嘉兴市通过"邻里运动"应用和社区新基建，打造全人群、全周期数字运动健康新场景。二是联合运营模式。体育、医疗机构与相关部门联合开展社区运动促进健康中心（之家）、青少年运动健康管理中心等试点项目，整合体育与医疗机构资源，优势互补，既节省了投资成本，又减少了审批时间。例如，上海市"长者运动健康之家"配置了适老化健康促进设备，除了提供基础的体育锻炼，还提供运动方案的制订、慢性病干预等服务，具备健身和社交的双重功能，备受老年人的青睐。三是网络辐射模式。通过充分吸纳辖区附近的卫生健康机构，并建立长期合作关系，最终形成资源共用、成果共享、主体共谋、服务共创的高效协同模式，为居民提供包括家庭医生上门、"互联网＋"远程、"机构、社区、家庭"三位一体等健康服务。例如温州市开展"点单式"健身配送服务，充分发挥社会体育指导员的科学健身指导作用。

（三）全民健身指导服务投入持续增加

党的十八大以来，体育科技创新、科研攻关一直备受重视，国家为提升全民健身指导服务科学化水平投入了大量人力、物力、财力资源。一是全民健身科学研究力度不断加大。国家体育总局通过与地方体育局、高校、企业合作共建，建立科学健身示范区、体育高端智库、体育社会科学研究中心、重点实验室等机构，针对全民健身领域重点问题开展基础研究与应用研究。确立无锡、武汉等五个首批科学健身示范区的试点单位，打造北京师范大学全民健身与全民健康高质量融合发展高端智库、北京体育大学中国体育发展研究院等智库，建立运动技术分析与技能评定实验室、兴奋剂检测中心、运动心理学重点实验室等多个实验室。二是壮大了体育科研服务队伍。在全民健身领域专家委员会、中国体育科学学会等组织的领导下，打造了一批长期稳定的科技人员志愿服务队伍，积极开展"科学健身志愿服务神州行""国民体质监测与咨询"等活动，为科学健身研究工作开展提供了充足的人才储备。三是加强了全民健身科学化平台建设。为积极整合资源，保障体育科普工作开展，通过部门推荐、专家评审，国家体育总局、科学技术部审定后公布了首批国家级体育科普基地共计 58 所，利用平台优势，助力体育科技成果宣传、科学健身知识推广普及等工作。

第四节　全民健身工作重点任务

一、构建更高水平全民健身公共服务体系

（一）完善全民健身公共服务配套政策

"十三五"期间，健康中国和全民健身先后上升为国家战略，各类政策文件都为"十四五"时期的全民健身发展和规划提供了坚实基础。在党中央和国务院的引领下，各省（区、市）大部分都已出台配套文件和实施方案，我国全民健身公共服务配套政策体系不断完善。

第一，着重优化全民健身公共服务重点领域配套政策。政府通过强化科技、人才等要素投入，不断优化税收优惠、法规管理、金融支持等措施，着力加大全民健身场地设施供给、广泛开展全民健身赛事活动、提升科学健身指导服务水平，持续完善全民健身配套政策体系。

第二，持续推动全民健身公共服务部门协同。一是通过完善中央与地方

纵向贯通的政策协同治理结构，建立起地方多部门横向关联的政策供给主体格局，推动全民健身政策核心主体，积极寻求教育、文化旅游、卫生等不同职能部门协同发展；二是优化体育总会、单项体育协会、社区健身俱乐部等社会组织体系框架，对基层治理网络进行优化，夯实全民健身基层组织基础；三是通过信息共享、联席会议等机制，畅通政策制定主体交流，并将其纳入评估考核内容，加强政策监督与落实。

第三，不断强化全民健身公共服务配套政策要素保障。一是打破政府作为唯一资源供给方的传统模式，通过实施减税政策，积极吸纳体育社会组织、市场主体等多元社会力量共同参与公共服务的提供，包括体育器材的采购、场馆的租赁等工作，并酌情给予一定的物质奖励，以激发社会力量的积极性和创造力；二是加强社会体育指导员队伍建设，提升队伍的专业素养和服务水平，为全民健身提供更加科学、专业的指导服务。

（二）优化全民健身公共服务和产品

为解决全民健身公共服务内容供给不平衡与不充分的问题，满足人民日益增长的健身需求，多措并举助力提供更高水平的全民健身公共服务和产品。

第一，加大科学健身指导服务和产品供给。进一步丰富科学健身指导的方式、拓宽指导渠道，并增加指导频次，强化全民健身的激励机制。针对不同群体的特点和需求，研发具有特色的科学健身方法，大力支持创编各类体育健身科普作品，以提供更加精准、实用的健身指导。此外，还应鼓励各全国性单项体育协会建立面向全社会的运动水平等级标准，通过举办各类赛事来开展相应的评定工作，从而激发广大群众参与健身活动的热情和积极性。

第二，制定全民健身公共服务和产品标准。采取多种形式扩大影响力，探索在社区体育运动会中设立国家体育锻炼标准达标测验项目；修订《社会体育指导员管理办法》，扩大社会体育指导员队伍规模，提高指导服务率和科学健身指导服务水平；推动研制体育公园配置等国家标准，印发公共体育场馆平战两用改造设计、智慧健身中心配置、体育场馆直播系统布设、室外健身器材配建管理等工作指南，健全完善健身设施配建管理标准体系。

第三，完善多层级全民健身赛事活动体系。以全运会群众赛事活动、全国全民健身大会、全民健身日主题示范活动等为引领，各级全民健身大会、社区运动会以及各类群众性赛事活动实现深度融合与开展。在此基础上，逐步构建国家、省、市、县四级联动机制，形成线上线下互补、贯穿全年的赛事活动格局。同时，进一步丰富全民健身赛事活动的供给，逐步打造出一批具有广泛影响力、深受群众喜爱的品牌活动。通过把赛事活动真正办到群众身边，更好地满足群众多元化的参赛需求，激发全民参与健身的热情，推动全民健身事业的蓬勃发展。

二、统筹资源建设全民健身场地设施

（一）完善全民健身场地配套设施

全民健身场地配套设施通过吸纳多主体协同参与，打造多层级设施网络，充分利用社会闲置空间，盘活存量资源，不断满足群众的健身场地需求。

第一，壮大场地设施建设主体力量。建立健全审批制度、明确审批标准和程序，吸引社会力量的广泛参与，通过减少不必要的行政干预、降低制度性交易成本等措施，简化社会力量参与全民健身场地设施建设的审批手续和操作流程，降低企业在场地设施建设过程中的税费负担，为企业创造更加宽松的发展环境。

第二，打造多层级全民健身设施网络。通过全面了解健身项目普及情况，精准识别群众的健身需求，实施健身步道建设、农民体育健身工程、经济薄弱地区行政村体育设施提档升级和中心城镇拆装式游泳池建设，构建类型丰富、功能完善的省、市、县、乡、村五级公共体育设施服务网络。

第三，盘活存量资源。通过合理的规划与设计，通过充分利用旧厂房、建筑物屋顶、滨水空间、地下空间、城市路桥下等各种城市闲置空间及碎片化空间，不仅可以有效盘活存量资源、增加场地供给，还可以为群众提供独特的健身体验。

（二）推动健身场地全方位开放共享

推动健身场地的全面开放共享，是缓解我国体育健身场地设施资源不足问题的关键举措。当前，我国体育场地设施的分布大致为：70% 属于学校，20% 属于机关企业，10% 属于体育部门。大型体育场馆和新建体育公园等设施能否根据群众的实际需求进行开放，成为制约全民健身事业发展的重点问题。

第一，周密制定健身场地对外开放各项方案。通过促进相关法规制定，明确学校体育场馆和企事业单位场馆的开放人群、开放时间以及安全预案等内容，将体育场地设施对外开放纳入体育领域安全生产工作全局考虑，进一步明确政府相关部门监管责任。

第二，持续加大政府财政补贴力度。通过财政补贴的方式，推动公共体育场馆免费或低收费向公众开放，增设青少年、无障碍等特定人群场地，化解体育场馆供给矛盾，引导体育场馆有序开展市场化经营，解决场馆经营风险。

第三，提高企事业单位和公办学校健身设施的开放率。完善企事业单位和公办学校健身设施对外开放制度，加大相关政策执行力度，鼓励私营企业向社会开放自有健身设施。推进场地查询预约、实名制网络管理、科学健身网络数据库等数字化建设。

三、支持社会力量开展全民健身活动

（一）支持社会力量举办全民健身赛事

社会力量是全民健身活动开展的重要主体，引导社会力量组织群众赛事活动，有助于增加全民健身活动供给，丰富群众日常生活。

第一，深化赛事活动制度建设。一是制定和完善赛事活动管理相关政策，进一步明确赛事活动的组织、运行以及监督等多个环节的职责和要求，确保赛事活动在法律的框架内规范运行；二是构建赛事活动分级、分类管理体系，结合赛事活动的规模、性质以及影响等因素，合理调配资源。

第二，拓宽社会力量参与办赛渠道。一是通过建立公开透明的赛事招投标机制，加大政策支持和保障力度，让更多有实力的企业和社会组织有机会参与进来；二是借助媒体、互联网等多种渠道，广泛宣传社会力量参与办赛的重要性、意义以及成功案例，营造良好的赛事氛围。

第三，加大社会力量办赛支持力度。一是加大社会力量办赛的政策支持，通过招标、竞标等商业手段吸引社会资本注入，营造办赛主体良性竞争氛围，提升赛事供给质量；二是持续完善激励机制，对社会力量参与办赛给予一定的表彰和奖励，激发社会力量办赛的活力和创造力。

（二）培育全民健身赛事活动品牌

全民健身赛事活动品牌培育应考虑不同人群、不同区域的特点，不仅需要大力发展群众喜闻乐见的赛事项目，也需要鼓励区域特色运动项目开发，形成覆盖全民、统筹城乡的体育赛事活动新格局。

第一，优化全民健身赛事布局规划。在规划赛事时，注重赛事的层次性和多样性，既要考虑大型赛事的引领和带动作用，也要注重小型赛事的普及性和便捷性。通过设立不同的赛事级别，以满足不同层次的健身需求，增加赛事的多样性和趣味性。

第二，完善全民健身赛事体系。采取赛事活动竞争性申办机制，完善全民健身赛事活动管理制度，建立科学有效的监督、联动、应急机制，加强医

疗、公安、消防等部门协同联动，打造赛事格局科学、空间布局优化、保障支持完善的赛事体系。

第三，探索赛事活动举办新模式。通过将体育赛事活动与现代信息科技相融合，促进网络赛事活动形成新业态，为群众提供更加满意、更加便捷的赛事活动。

四、健全群众身边的全民健身组织网络

（一）政府引导完善全民健身组织网络

积极稳妥地推进体育协会与体育行政部门的脱钩工作，确保两者在保持独立性的同时，能够形成有效的协作机制。体育行政部门应加强对体育社会组织的政策引导，为其发展提供明确的方向和路径，同时加强监督管理，确保其规范、有序地运行。

第一，加强全民健身组织体系的政府引导。一是优先发展群众基础广泛、参与度高的单项和综合性体育社会组织，着力健全青少年体育俱乐部、社区体育俱乐部、社区体育协会等多样化的组织类型，确保各类健身活动能够广泛覆盖各个社会群体，特别是社区中青少年、老年人等重点人群；二是重点引导城乡社区群众自发性健身组织的发展，鼓励和支持这些组织在全民健身事业中发挥积极作用；三是进一步完善"省、市、区（县）、街道（乡镇）、社区（村）"五级全民健身组织网络构建，确保从省级到村级，每一级都有健全的组织机构和工作机制，为全民健身提供有力的组织保障。

第二，深化体育社会组织脱钩改革。制定体育社会组织实体化运行配套制度，适时修订《社会团体登记管理条例》《全国性体育社会团体管理暂行办法》等政策文件，提供体育社会组织专项资金，增加政府购买公共体育服务，提高体育社会组织市场资源开发能力，加强运动项目的普及与推广。

第三，加强全民健身组织网络监管。一是通过制定完善的监管政策和规章制度，明确监管职责和权限，确保监管工作有法可依、有章可循；二是建立跨部门协作机制，加强体育、民政、市场监管等审计部门的沟通与合作，形成监管合力；三是通过建立全民健身组织监管平台，实现对各类组织的在线监管和动态管理。

（二）激发基层体育社会组织活力

在政府购买公共服务、行业协会脱钩改革、社会组织双重管理体制改革等相关政策安排下，进一步完善以各级体育总会为枢纽，各级各类单项、行业和人群体育协会为支撑，基层体育组织为主体的全民健身组织网络。

第一，发挥体育总会枢纽作用。发挥好各级体育总会连接政府和社会的桥梁纽带作用，主动与业务主管部门对接沟通，积极配合业务主管部门加强对体育社会组织的管理，引导体育社会组织主动承担政府转移的职能和委托的事项，不断创新和转变社会组织管理模式，实现由日常管理向服务指导转变，由被动管理向主动靠前转变。

第二，引导各级各类体育协会自治。鼓励各级各类体育协会加强行业自律和自我监督。通过制定行业规范、信用体系、行业评估等方式，提升行业的整体形象和公信力。同时，体育协会应加强对会员单位的管理和监督，确保会员单位遵守行业规范，维护行业的健康发展。

第三，扶持基层自治性全民健身组织。一是简化基层自治性全民健身组织的合法登记程序，通过优化流程、减少环节、降低门槛，为这些组织提供更加便捷、高效的服务；二是加大政策倾斜力度，向符合基本条件、运行状况良好的基层自治性全民健身组织提供优惠政策支持和资金扶持，引导其更规范有序开展工作；三是加强基层自治性全民健身组织的培训和管理，通过开展定期的培训活动，提升组织者的管理能力和业务水平，确保其能够更好地为群众提供优质的健身服务。

五、组织开展适应不同群体的体育活动

（一）落实全龄友好理念

贯彻落实全龄友好理念，鼓励、支持与引导全民健身资源向基层延伸，促使全民健身福利真正惠及全民。

第一，推动青少年体育活动促进计划落实。根据不同年龄段青少年的特点和发展需求，设定具体的目标、任务和指标，建立科学的监测评估机制，定期对青少年体育活动促进计划的实施情况进行评估和总结。

第二，提升全民健身活动的适老化程度。支持老年人均等、可及地享受公共体育服务，特别是城市流动老年人口、农村留守老人、空巢老人等群体，为老年人使用场地设施和器材提供必要帮扶，积极运用政府购买公共服务政策，增加政府购买农村和中、西部地区老年人公共体育服务的比例，将老年人公共体育服务纳入政府购买服务指导性目录。

第三，营造全龄友好的体育活动氛围。开展残疾人康复健身活动，推动农民、妇女等人群健身活动开展。引导和支持体育社会组织针对不同年龄人群、不同场景，研制科学健身方法，创编各类体育健身科普作品，深入基层、深入群众，举办不同形式的科学健身大讲堂，引导广大群众主动健身、

科学健身，发挥社会组织整合各年龄段群众体育利益诉求、凝聚价值、政策实施的作用。

（二）提高职工的参与度

伴随着我国国有企业改制、产业结构调整、职工文化体育协会成立，全民健身社会化服务要求也随之提高。由此，我国职工体育管理逐渐探索脱离原有模式，寻求发展的新路径。

第一，制定不同职业类型的健身指导方案。充分考量不同职业类型的健身需求、健身环境、职业特征等内外部因素，设计个性化健身指导方案，科学引导各职业人群积极参与健身活动。

第二，完善工会体育管理体制。通过构建由上至下"工会—员工体育俱乐部"的组织架构，改善和优化企业体育组织管理；创新"企业工会为主、社会体育俱乐部为辅"的协同治理思路，发挥领导干部及工会的带动作用，鼓励基层工会组织各类体育健身活动，并将此纳入工会考核内容。

第三，加强要素投入力度。鼓励机关、企事业单位配置健身器材，通过"外包"的管理模式，将场地、器材、教练、裁判等工作交由专业的体育运营机构处理，有效利用外部优质资源，提高职工对健身服务指导的满意度。

六、全面提升全民健身智慧化发展水平

（一）夯实数字基础建设

积极推动数字技术与全民健身工作相融合，通过全民健身智慧化建设，为群众提供个性化和多样化健身指导服务。

第一，深化全民健身基础设施数字化改革。一是夯实基础要素，根据智慧城市建设整体情况，加强基础设施数字化建设，科学统筹算力基础设施布局，夯实全民健身智慧化发展基础；二是推进体育场地数字化建设，基于数字技术的场馆服务实现对体育消费的挖掘、分析，辅助各主体科学决策，提高监管效率。

第二，优化智慧化全民健身产品布局。一是利用物联网、大数据、人工智能等先进技术，开发具有个性化、智能化特点的健身产品；二是针对不同年龄段、性别、职业等人群的特点和需求，设计不同类型、不同功能的健身产品。

第三，加强全民健身数字产品技术研发。一是政府和企业应加大对全民健身数字产品技术研发的投入和支持力度，包括提供资金、人才、设备等方面的保障，为研发工作创造良好的环境和条件；二是通过与高校、科研机构、企业等单位的合作，汇聚各方优势资源，建立产学研用一体化平台，促

进技术成果的转化和应用；三是在研发全民健身数字产品技术时，应注重群众体验和需求，了解群众的真实需求和痛点，针对性地优化产品设计和功能，提高群众的使用满意度。

（二）强化服务保障机制

运用数字技术手段在推动供需精准对接、强化服务保障机制以及构建更高水平的全民健身公共服务体系方面，展现出巨大的潜力和优势。

第一，立足民生需求优化供给效能。加强公共服务体系建设，提升服务水平和覆盖范围，确保人民群众能够享受到优质、便捷的服务。创新供给方式，丰富供给主体和供给方式，激发市场活力，提高供给的灵活性和多样性。

第二，盘活资源优势推动服务升级。通过有效整合资源，通过科技手段、举办赛事活动、促进产业融合以及培养和引进人才等措施，形成优势互补、资源共享的健身服务体系，不断提升全民健身服务的质量和水平。

第三，融入智慧城市建设推动服务保障升级。利用城市群内的信息化基础设施，通过运用大数据、云计算等技术手段，构建全民健身智慧化服务平台，根据不同人群、不同地区的实际需求，有针对性地制定个性化的健身服务方案，实现供需的精准对接。

第五节　全民健身工作发展路径

一、抓好全民健身战略顶层设计，完善全民健身政策法规保障体系

（一）推进全民健身法治化建设

全民健身需要法律法规的持续推动和保障，推进全民健身法治化建设，聚焦难点痛点问题完善立法，有助于全民健身政策措施的有力落地。

第一，落实《中华人民共和国体育法》对全民健身国家战略的要求。各级政府和相关部门应依据《中华人民共和国体育法》的规定，结合本地实际情况，制定具体的实施意见或实施方案，进一步细化全民健身的目标、任务、政策措施和保障机制，确保法律要求得到有效落实。

第二，明确全民健身相关主体的职责和义务。通过完善"全民健身工作协调""基层政府评估公开"等体育法律法规条款，明确各级政府、各类组织、机关企事业单位的职责，保障政府部门落实全民健身计划，支持全社会多元主体共同参与全民健身政策实施监督。

第三，强化公民体育权利与义务的法律保障。坚持以人民为中心的发展思想，立足于满足人民日益增长的美好生活需要，以保护和实现人民体育权利诉求为中心，增加体育法律法规中全民健身、全民健康相关条款内容，倡导养成公民主动健身意识。

（二）提高全民健身政策执行效率

全民健身政策发挥实效的关键在于政策执行，通过强化政府统筹规划、制定各项细则、加强政策执行监督，突破全民健身政策执行阻滞，提高全民健身政策执行效率。

第一，强化国家体育总局与有关部门统筹规划。根据全民健身国家战略的总体要求，突出全民健身事业在"五位一体"总体布局和全面建成小康社会中的重要作用，统筹协调全国全民健身工作，研究并解决全民健身工作的公共服务体系建设、场地设施建设、全民健身活动开展等核心问题，制定统一行动规划，明确重点事项，建立健全全民健身工作部际联席会议制度，保障各有关单位按照制度规定的职责，狠抓落实。

第二，提升地方部门政策执行的积极性。完善地方部门政策执行监督反馈机制，将经费落实情况、项目进展情况、群众满意情况等内容作为重要的监督评估指标，发现问题及时整改，同时利用绩效奖励、评优创先等举措，激发和调动地方部门开展全民健身工作的主动性。

第三，完善政策执行的监督机制。通过政策研制、政策评估、问责制度等政策执行监督机制，对政策执行进行阶段性自我评估、第三方评估，及时修正政策内容，制止或调整不合理、不合规的政策执行手段，强化政策执行约束，完善政策监督机制。

二、加强全民健身工作组织领导，推动全民健身工作治理体系与治理能力现代化

（一）全面加强基层行政部门全民健身工作

基层行政部门作为全民健身工作开展的末端，责任大、担子重，通过完善全民健身联席会议制度、压实工作职责、增加财政支持等措施，全面加强基层行政部门全民健身工作。

第一，完善全民健身联席会议制度。通过各级党委政府"一把手"牵头挂帅机制，积极探索建立全民健身联席会议成员单位工作评价、监督、激励机制，构建跨部门、跨领域间全民健身资源共享、信息互通的融合发展格局，促进区域全民健身协同治理与群众需求的精准对接。

第二，压实基层行政部门全民健身工作职责。根据全民健身工作相关实施方案，建立工作落实机制，细化任务分工，确保各项工作落到实处、见到实效，将全民健身评价指标纳入相关领域的发展指标，主动接受社会各界的监督，提高基层行政部门参与全民健身工作的积极性。

第三，加大基层全民健身工作财政支持。地方体育行政部门应积极争取上级资金支持，加强本级资金统筹，保障本地重要赛事举办及全民健身工程建设，为公共体育设施和场地建设提供资金支持，重点支持体育场、田径场、全民健身中心免费和低收费开放，增加全民健身馆建设、改造城市运动公园等的资金投入。

（二）完善基层全民健身现代化治理机制

推动全民健身治理体系与治理能力现代化，从制度、管理、监督层面不断完善基层全民健身治理机制，破解全民健身政策落实"最后一公里"的实践困境。

第一，强化基层全民健身治理的制度供给。一是提升全民健身政策的效力，确保政策内容具有前瞻性、创新性和可操作性，并建立健全政策执行机制，对于政策执行中的问题和困难及时进行反馈和调整，确保政策能够真正发挥作用；二是编制符合基层群众体育协同治理特点的配套政策，这些政策应充分考虑基层群众的实际需求和特点，注重跨部门、跨领域的协同合作，形成政策合力；三是组织体育、教育、卫健、财政等有关部门联合发文，通过跨部门合作，打破条块分割，实现资源共享、优势互补。

第二，完善基层全民健身工作管理体制。一是构建基层行政部门、体育社会组织等主体协同参与治理的项目清单和工作标准，明确各方主体在全民健身工作中的职责和角色，确保各主体能够协同合作、形成合力；二是明确参与基层群众体育协同治理各方主体责权关系，确保各方主体能够各司其职、各尽其责，共同推动全民健身事业的发展；三是创新基层群众体育治理模式，建立多元主体合作机构，优化主体任务分工，推动基层全民健身计划等相关政策实施。

第三，健全基层全民健身治理的评估机制。一是通过政府购买服务、政策扶持等方式，鼓励和支持第三方评估机构的发展，提升其在基层全民健身治理中的影响力和参与度；二是引入多元主体参与评估指标体系的设计，充分考虑不同主体的需求和关切，制定出更加科学、合理、可操作的评估指标体系；三是加强评估结果的运用，将评估结果作为改进基层全民健身治理的重要依据，将评估结果纳入政府绩效考核体系，作为评价基层政府全民健身工作成效的重要指标。

三、拓宽全民健身工作经费来源，提升体育彩票公益金使用效益

（一）拓宽全民健身工作经费来源

我国全民健身工作的经费来源依然高度依赖政府支持，应通过加大政府支持、引导社会资本投入等措施，拓宽全民健身工作经费来源渠道。

第一，加强中央财政转移支付。扩大全民健身公益资金投入规模，把全民健身事业纳入相应级别的国民经济和社会发展规划，把全民健身工作所需经费列入相应的财政预算和专项财政支持范围。

第二，吸纳社会资本注入全民健身领域。采用赛事冠名、赞助、合作、协办、补助等多种形式吸引社会资金的投入，通过落实税费优惠、运营经费补贴、投融资等金融支持措施，充分调动体育企业、体育社会组织的积极性，运用责任分担、风险转移等手段，吸引社会和个人资金涌入全民健身领域。

第三，提升体育社会组织的自主造血能力。完善政府向体育社会组织购买服务机制和配套政策，实施体育社会组织强基工程，引导体育社会组织参与群众健身指导，推进体育社会组织实体化改革，激发各级体育社会组织活力。

（二）提升体育彩票公益金使用效益

作为全民健身经费重要来源之一，彩票公益金承担了我国全民健身财政投入较大份额，而加强体育彩票公益金使用管理规范，有助于发挥体育彩票公益金促进全民健身工作的作用。

第一，探索因地制宜的公益金分配机制。一是提升适用于全民健身工作的资金的比例，使之成为推动更高水平全民健身公共服务体系建设的重要驱动力；二是将绩效评估结果作为分配彩票公益金的重要指标，从而强化全民健身绩效考核效力，提高公益金的使用效率。

第二，搭建体育彩票公益金项目管理平台。通过加强对平台操作人员的培训和管理、定期对平台运行情况进行评估，完善平台功能和服务，推动体育部门和财政部门协同共治，便于后期资金用途追踪和督查管理。

第三，优化体育彩票公益金监督管理体系。完善体育彩票公益金使用管理内外部审计制度，构建外部审计定期开展、例行推行机制，督查体育彩票公益金使用管理情况，规范并细化公开信息内容及具体流程，主动公开体育彩票公益金资助项目情况、佐证材料、项目和资金管理办法等内容。

四、实施全民健身公共服务分层供给，满足群众的多元需求

（一）推动全民健身基本公共服务均等化

推动全民健身基本公共服务均等化是一个复杂而重要的任务，涉及多个方面措施的统筹推进。

第一，健全均等化标准体系。制定和完善相关政策法规，明确全民健身基本公共服务的范围、标准和责任主体，以及与全民健身计划实施周期相适应的推进机制，制定具有系统性、适应性、可操作性的基本公共服务均等化标准体系。

第二，满足不同人群的健身需求。针对不同年龄段的人群，在服务内容、方式、手段等方面进行创新和改进，引入更多新颖的健身方式和设备，提升全民健身服务的多元化和个性化，满足不同人群的个性化需求。

第三，强化全民健身资源协调配置。以"补齐短板"为重点，通过"多规合一"的方式，充分调动地区资源，促进财政资金、社会体育指导员、体育社会组织等全民健身要素的合理流动和高效聚集，不断强化全民健身资源协调配置。

（二）优化普惠性非基本公共服务供给方式

优化普惠性非基本公共服务供给方式，要认识到不同人群的多元化健身需求，根据群众的体育消费能力、个性化健身需求等差异提供全方位、立体化的普惠性非基本公共服务。

第一，科学制定普惠性非基本公共服务标准。根据全民健身非基本公共服务内容，精准定位服务人群，划分普惠性非基本公共服务类型及种类，创新服务供给方式，提高普惠性非基本公共服务供给质量。

第二，推动普惠性非基本公共服务多元主体参与。积极推动政府、社会、市场多元参与，分担服务供给责任，充分发挥市场作用，通过打造高端全民健身赛事品牌、推出个性化全民健身私人服务等手段，推动全民健身跨界融合新业态，释放个性化消费的潜力。

第三，创新普惠性非基本公共服务市场化供给。通过放宽市场准入、提供税收优惠、建立公平竞争环境等措施，鼓励和支持良性社会资本进入全民健身服务市场领域，引入市场竞争机制，提供高质量的全民健身服务产品。此外，针对不同层次、不同需求的人群，提供差异化、个性化的服务供给。对于中高层次需求的人群，推出更加专业化、高端化的全民健身服务产品，提高全民健身服务产品的多样性和灵活性。

五、建立主动健康教育体系，探索全民健身与全民健康深度融合新模式

（一）搭建教育体系，营造全社会主动健康氛围

为进一步推动广大群众积极参与全民健身，要坚持全民健身和全民健康深度融合的发展定位，建立主动健康教育体系，用群众喜闻乐见的方式传播健康生活理念，在全社会营造追求健身健康的新风尚。

第一，建立主动健康教育体系。围绕各阶段青少年和教职员工主动健康需求，在体育与健康课程、学校管理和教育教学活动、学校文化建设、官方宣传平台等软硬件中一体化融入主动健康相关内容，搭建主动健康教育体系，促进青少年主动健康兴趣培养、能力形成和习惯养成。

第二，营造全社会主动健康氛围。增强群众的主动健康意识，转变"重医疗，轻运动"的被动健康理念。建立主动健康的宣传素材库，结合不同人群需求开发科普读物、健康指南、微视频等系列文化内容产品。将主动健康文化有机融入厂矿机关、企事业单位、社区、校园、家庭等贴近百姓身边的生活场景。搭建由权威媒体、新媒体等构成的宣传媒体矩阵，有计划、有步骤、常态化开展主动健康宣传。推出能够激励百姓追求主动健康的人物、故事、评选等，在全社会营造追求健身健康的新风尚。

第三，加大主动健康示范和引领。在国家层面统筹推进全民健身和全民健康深度融合顶层设计的同时，在全国选取一批有条件的地区和城市，在关键环节和重点工作上先行先试、探索突破。在全国遴选一批有良好基础和成功探索经验的企业、社会组织、学校、社区、医院和项目加大创新力度，形成引领和示范。

（二）探索全民健身与全民健康深度融合新模式

各级体育部门会同有关方面始终把人民健康放在优先发展的战略地位，切实发挥好全民健身在健康促进中的独特优势。

第一，加强政策引领与规划布局。统筹体育、卫健、教育、民政、文旅、科技等部门，形成引导各级、各界寻求主动健康、推动健康端口前移的强大合力，实现资源有效配置。对全民健身和全民健康深度融合工作进行全面调研、总结经验成果，厘清问题，谋划融合工作的新思路与新路径，形成系统性方案。研制出台全面推动全民健身和全民健康深度融合的指导意见，各级政府、各部门匹配相应的配套政策和专项方案，形成相互衔接、互为补充的政策组合牌，并在工作推进落实中加强常态化评估和研究。

第二，运用数字技术提升全民健身服务精准度。利用大数据、人工智能等现代科技手段，构建集健身指导、运动处方、健康管理、互动交流等功能于一体的全民健身数字化平台，推广使用具有智能化功能的健身设备和器材，提供精准的科学运动建议和健康管理方案，提升人民群众的健康水平和生活质量，推动全民健身事业的持续发展。

第三，推进基层全民健身融合发展试点工作。立足社区和乡村健身中心、文化站、卫生所等服务单元，加快推进社区开展健身与健康融合中心、社区运动健康中心试点等工作，将体育、文化、卫健、养老等多领域与群众主动健康促进工作有机整合。加大基层运动康复师等专业人才培养和使用力度，深入实施社区运动健康门诊康养小镇和"体卫融合"样板建设，总结运动促进健康的新经验、新模式。

六、构建全民健身人才培养体系，培育运动健康促进复合型人才

（一）完善社会体育指导员培训体系

复合型专业人才是全民健身与全民健康融合发展的刚需，围绕群众体育人才短缺问题，研制系统化人才培养方案，打造集体育教师、社会体育指导员、退役运动员就业创业于一体的人才体系，服务群众体育高质量发展。

第一，优化体育专业学科建设。探索将体卫融合纳入新学科建设，将运动健康促进复合型人才培养纳入学科建设方案。体育专业学科不仅要培养具备专业技能和知识的体育人才，还要注重培养具有创新精神和实践能力的高素质人才。同时，学科目标应紧密结合国家全民健身战略，为提升国民身体素质和健康水平提供有力支撑。

第二，强化复合型人才培养。通过职业认证和继续教育，将具有体育、医学等相关专业背景的学生纳入体卫融合人才队伍，弥补人才缺口。研制运动健康从业人员职业资格认证方案，利用体医交叉培训、前沿专题讲座等措施，提升从业人员综合素质。

第三，发挥好社会体育人才的作用。鼓励优秀退役运动员进社区，落实组织岗位设立、征集，面向社会进行公开招聘，明确奖惩机制，吸引优秀退役运动员进社区服务；加强校企合作，鼓励高校定期安排体育专业教师、学生进社区进行体育指导工作；引导校方建立社会体育指导学分制度，鼓励教师、学生积极参与社区体育指导。

（二）培养运动健康促进复合型人才

联合体育局、卫健委、医院及高校等多元主体共建体医结合研究实践基

地、健身与健康指导中心，建立并壮大运动健康促进专业人才队伍，提升复合型人才队伍水平。

第一，强化运动健康促进相关专业建设。运动健康促进专业应定位于培养具备运动科学、健康管理和教育能力的复合型人才。在培养目标上，应强调学生掌握运动健康促进的理论知识与实践技能，具备开展运动处方、健康咨询和健身指导等工作的能力。同时，教学内容应紧密结合实际需求，不断更新和优化，确保学生掌握最新的运动健康促进知识和技能。

第二，提升复合型人才能力。通过建立基础理论、专业技能、跨学科知识等多元化的教育体系，为人才提供多样化的学习和发展路径，不断强化跨学科学习与培训，鼓励学生参与不同专业之间的交叉学习。此外，还应鼓励学生参与社会实践活动、实习和创新创业项目，注重复合型人才实践能力的培养。

第三，搭建运动健康促进平台。通过打造体育"治未病"预防保健服务试点单位、长者运动健康之家等平台，推动医、体、教一体化建设，强化基层机构服务，安排专人专班定期组织人员参与培训，同时通过包项目、包片区、包村等形式，专业指导广大群众进行健身和康复医疗工作，实现服务全覆盖。

Ⅱ 专题研究篇

第二章 全民健身公共服务体系建设

全民健身公共服务体系建设，既是全民健身工作开展的核心环节，也是体育强国战略的重要组成部分。回顾过去，全民健身公共服务体系从起步到逐步完善，体育设施不断完善，健身活动日益丰富，参与人群持续扩大，为我国体育事业的发展奠定了坚实基础。

党的十八大以来，全民健身公共服务体系建设迈上新台阶。政策体系更加完善，全民健身被纳入国家发展战略，各级政府高度重视，不断加大投入力度，推动全民健身与全民健康深度融合。同时，社会参与更加广泛，各类体育社会组织如雨后春笋般涌现，市场化、社会化运营模式不断创新，为全民健身注入新的活力。

展望未来，全民健身公共服务体系将继续以人民为中心，不断优化结构、转型升级，努力构建更高水平的全民健身公共服务体系，为实现体育强国目标、促进健康中国建设、满足人民对美好生活的向往贡献更大力量。

第一节 全民健身公共服务体系发展概述

一、全民健身公共服务体系构成内容

全民健身公共服务体系是指政府为满足社会成员参与体育健身的需要，向全社会提供公益性体育服务产品，所形成的系统性、整体性的制度安排。主要涵盖基本公共服务和普惠性非基本公共服务两大部分。

从构成内容来看（图2-1），全民健身公共服务体系具体包括：第一，以政府为供给主体，政府、体育社会组织、体育企业等组织为生产主体的供给体系。第二，以场地设施、健身指导、体育培训、竞赛活动、体育信息、体质监测等为主要内容的产品体系。第三，以人力资源和财力资源为基础的

资源配置体系。第四，以绩效评估和监督反馈为保障的管理运行体系。第五，以覆盖全社会为目标的服务对象体系。

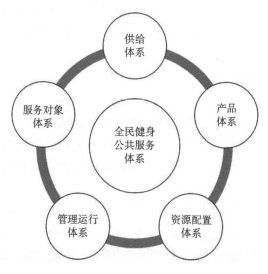

图 2-1　全民健身公共服务体系构成内容

（一）供给体系

1. 基本公共服务供给体系

全民健身公共服务中的基本公共服务是为满足社会成员参与体育健身的基本需要，向全社会提供的具备公共产品性质的体育服务产品。政府在基本公共服务的供给中占据主导地位，其供给模式可依据是否直接参与公共体育服务的生产，划分为直接供给和间接供给两种形式。直接供给模式是由政府全额出资，以直接投资的方式进行。这种供给模式能够充分发挥政府"集中力量办大事"的制度优势，然而，在实践中也暴露出一些现实问题。例如，服务产品的数量有时难以满足社会需求，种类相对单一，质量参差不齐，维护管理力度不足，甚至存在供给过剩和供需不匹配的情况。间接供给模式是私人生产、政府提供的模式，服务的生产由私营部门或社会机构通过合同承包、补助、凭单、特许经营来完成，政府通过购买服务并面向社会提供。

2. 普惠性非基本公共服务供给体系

普惠性非基本公共服务供给的主要供给方式依赖于市场力量。在市场的运作下，公共体育服务成为可交易的商品，通过市场化模式进行资源配置。然而，这种服务又不仅仅是一种简单的商品，它同样承载着满足社会公共需求的使命。同时，普惠性非基本公共服务的发展应遵循一系列基本原则，包括政府的积极支持、服务质量的严格保障、价格的合理可承受以及服务的有效监管。这意味着，虽然市场是主要的供给方，但政府的角色同样不可或缺。政府需要通过引导、支持和监管，确保普惠性非基本公共服务供给的顺利进行。

（二）产品体系

1. 场地设施

场地设施服务指提供多样化的运动场地和设施，包括公共体育场馆、社区体育公园、学校体育场地等。这些设施的建设和运营旨在满足不同年龄层次和运动需求的群众使用，提高公共体育服务的覆盖率和便利性。

2. 健身指导

健身指导服务指提供专业的健身指导和技能培训。通过科学合理的运动计划和个性化指导，帮助群众掌握正确的运动姿势和技巧，提高运动效果和安全性。同时，开展健身知识宣传和培训活动，增强群众的健身意识和技能水平。

3. 体育培训

体育培训服务指针对不同年龄和水平的群众提供各类体育项目培训，包括基础体能训练、专业技能培训、团队训练等，帮助群众提升运动水平和竞技能力。同时，也为青少年和儿童提供体育教育和兴趣培养的机会。

4. 竞赛活动

竞赛活动服务指组织各类体育比赛和活动，满足群众的竞技需求和观赏需求，包括全民健身日、运动会、挑战赛等，吸引更多人参与体育锻炼和竞技活动。同时，通过举办高端赛事和国际性比赛，提高国内体育竞技水平和国际影响力。

5. 体育信息

体育信息服务指提供科学健身知识和信息，帮助群众了解健身的原理和方法。通过发布健身指南、运动营养知识、健康管理建议等内容，引导群众科学合理地进行体育锻炼和健康管理。同时，利用信息化手段提供在线咨询、运动监测等服务，满足群众的个性化需求。

6. 体质监测

体质监测服务指开展定期的体质监测和评估服务，及时发现潜在的健康问题并给予建议和指导。通过体测数据的收集和分析，为群众提供个性化的健康报告和运动计划，促进健康管理和预防保健。同时，也为政府和社会组织提供数据支持，为全民健身服务体系的优化和发展提供科学依据。

（三）资源配置体系

1. 人力资源

人力资源是全民健身服务体系的核心资源，包括政府管理人员、体育社会组织工作人员、体育教师、健身指导员、医护人员等。政府应制定相应的人才培养计划和引进政策，吸引和留住优秀人才，提高全民健身服务的人力资源素质。同时，还应建立健全人力资源的培训和激励机制，提高服务人员的专业水平和积极性。

2. 财力资源

财力资源是全民健身服务体系的重要保障，包括政府财政拨款、社会捐赠、体育彩票公益金等。政府应合理安排财政预算，加大对全民健身服务的投入力度，同时积极引导社会资本参与全民健身服务体系建设。此外，还应加强对资金使用的监管和审计，确保资金的有效利用和安全。

3. 物力资源

物力资源是全民健身服务体系的基础设施，包括体育场地、器材、设备等。政府和社会组织应加大物资投入，建设和完善全民健身服务所需的设施和设备，提高公共体育设施的覆盖率和便利性。同时，还应加强对设施的维护和管理，确保设施的正常运转和安全使用。

4. 技术资源

技术资源是全民健身服务体系的重要支撑，包括信息技术、监测技术、健康管理技术等。通过引进和应用先进技术，可以提高全民健身服务的智能化水平和个性化程度，为群众提供更加科学、便捷的服务。同时，还应加强技术的研发和创新，推动全民健身服务的科技进步。

（四）管理运行体系

1. 绩效评价

建立科学的绩效评估体系，对全民健身公共服务体系的运行效果进行定期评估。评估指标应包括服务覆盖率、满意度、运动效果等方面，以便及时发现问题并采取改进措施。同时，绩效评估结果还可作为资源配置和政策调整的重要依据。

2. 监督反馈

建立健全监督反馈机制，对全民健身公共服务体系的运行过程进行实时监控。通过收集群众的反馈意见和建议，及时调整服务内容和方式，提高服务质量和群众满意度。同时，对违规行为进行纠正和处罚，保证服务公平公正。

(五) 服务对象体系

1. 覆盖全人群

全民健身公共服务体系的服务对象是全体国民，包括不同年龄、性别、职业、健康状况的人群。政府应制定相应的政策和措施，为全体国民提供平等参与体育健身的机会和条件。

2. 差异化服务

由于不同人群的体育需求和特点存在差异，服务对象体系应针对不同人群的需求和特点，提供个性化的体育服务。例如，针对老年人、残疾人等特殊人群，提供专门的健身设施和服务；针对青少年和儿童，开展体育教育和兴趣培养等。

3. 保障公平性

服务对象体系应遵循公平原则，确保不同地区、不同社会群体都能享受到基本的体育服务。政府应加大对贫困地区和弱势群体的支持力度，提高公共体育服务的覆盖率和均衡性。

4. 动态化调整

服务对象体系应具有一定的动态调整能力，以适应社会发展和群众需求的变化。政府和社会组织应定期收集和分析群众的体育需求和反馈意见，及时调整和完善服务内容和方式，提高服务质量和效益。

5. 互动化参与

服务对象体系应鼓励和促进群众的互动和参与。通过举办各类体育活动、竞赛和培训课程，吸引更多人参与体育锻炼和体育交流。同时，建立健全的群众反馈机制，鼓励群众提出意见和建议，共同推动全民健身事业的发展。

二、全民健身公共服务体系主要特征

(一) 服务理念的人民性

服务理念的人民性，其核心便是将人民置于首位，将最广大人民的根本利益作为所有工作的起点和归宿。全民健身公共服务体系要明晰服务对象是人民，坚持以人民为中心，不断实现人民对美好生活的向往，要切实思考如何解决人民健身需求中面临的问题，比如"去哪儿健身"的场地设施问题、"与谁一起健身"的健身组织网络问题、"如何健身"的科学健身问题等。想人民之所想，急人民之所急，结合当地实际情况，紧紧围绕当前人民健身需求的主要矛盾点有序推进工作。

(二) 服务内容的层次性

服务内容的层次性强调的是全民健身公共服务内容应充分考虑地区差异、人群差异等客观现实并有所区别，以确保服务的广泛覆盖与全民普惠。一方面，我国地域辽阔，各地区在经济、社会、文化等方面存在显著差异，因而在全民健身公共服务资源的供给和配置上，应充分考虑地区差异，根据不同地区的实际情况制定相应的服务内容和标准，以适应各地经济社会发展情况。例如，针对农村地区，全民健身公共服务应着重解决农村居民健身场所匮乏、设施简陋的问题，加强农村健身设施的建设和改造。

另一方面，不同年龄、性别、职业的人群对健身服务的需求存在显著差异。例如，青少年和老年人对健身服务的需求较高，因为青少年处于身体发育期，需要足够的运动促进生长发育；而老年人则由于健康状况下降，更加注重通过锻炼保持身体健康。因此，针对不同人群的健身需求，全民健身公共服务应提供有针对性的服务内容。

(三) 服务价值的公共性

服务价值的公共性是全民健身公共服务体系最本质的特性，其内涵包括利益取向的公益性和资源配置的公有性。首先，全民健身公共服务的利益取向具有显著的公益性。作为现代公共服务的重要组成部分，全民健身公共服务的目的是满足广大人民群众的基本体育需求，保障公民的基本体育权利。这意味着全民健身公共服务应当面向社会普遍提供基本无差别的公共体育服务，确保公民平等地享有参与体育、健身、娱乐的机会。

其次，全民健身公共服务资源配置的公有性也是公共性的重要内涵。政府作为全民健身公共服务的主要提供者，承担着保障公民基本体育权益、满足群众多元化体育需求的责任。在资源配置方面，政府通过财政拨款、政策扶持等方式，加大对全民健身公共服务的投入力度，提高服务质量和覆盖面。

最后，全民健身公共服务应当深刻反映社会的共同价值观念以及主流意识形态的指引。这种公共性价值伦理，以公平与正义为核心，应确保每位公民都享有平等的参与权利与机会。

(四) 服务供给的多元性

服务供给的多元性，是指供给主体间需要多元化合作，政府、社会组织、企业乃至个体都是全民健身公共服务的供给主体。通常认为，政府在全民健身公共服务的提供中扮演着重要角色。然而，随着社会的快速发展，人们对体育活动的需求日益旺盛，单纯依赖政府直接供给的模式已显得力不从心。因此，鼓励社会力量参与全民健身公共服务的供给逐渐成为一种实践趋势。目前，社会力量协同参与全民健身公共服务供给快速发展，社会组织、体育企业、社会精英等越来越多的社会力量通过独立供给、慈善捐赠、志愿服务、合同外包等多种方式广泛参与全民健身公共服务供给，供给主体越发呈现多元性的发展态势。

（五）服务保障的制度性

全民健身公共服务保障的制度性是确保服务质量和效果的重要特征，其内涵展现的是政府对全民健身公共服务的法治化推进。从 1995 年颁布实施《全民健身计划纲要》以来，全民健身已经成为各级政府及其体育部门进行公共政策调整和履行公共服务职能的重要内容。国务院于 2009 年 8 月颁布的《全民健身条例》，成为我国首部全面、系统的关于全民健身事业的行政法规，标志着我国全民健身事业的法治化发展进入到一个新的阶段。自 2011 年开始，我国政府已推出 3 部五年实施的全民健身计划，是在操作层面对全民健身进行的工作部署和行动纲领。进入新时代，全民健身作为重要章节被写入《中华人民共和国体育法》。《关于构建更高水平的全民健身公共服务体系的意见》的颁布预示着全民健身公共服务向高水平、高标准、高质量进发。

第二节　全民健身公共服务体系发展情况

一、全民健身工作联席会议设立和运作情况

（一）全民健身工作联席会议概况

作为复杂的社会公共性事务，全民健身工作开展涉及体育、民政、自然资源、城乡规划、旅游、文化等多部门，因此需要各部门的通力合作才能实现全民健身工作的有效推进。为强化全民健身公共服务体系建设的组织保障，《体育强国建设纲要》《全民健身计划（2021—2025 年）》《关于构建更高水平的全民健身公共服务体系的意见》等文件均强调发挥全民健身工作联席会议的重要作用，推动完善全民健身工作机制。

全民健身工作联席会议属于政府内部议事协调机构，是由体育部门主导发起，全民健身所涉及其他部门参与的，为了全民健身工作的决策与政策执行，所形成的相互合作、协调的运行机制，目的是通过加强部门间的

合作与协调，共同解决全民健身事业发展中的问题，促进全民健康水平的提高。

（二）部际联席会议设立和运作情况

为了深化对全民健身工作的全面指导和协调，进一步推动健康中国的建设，国务院于 2016 年 12 月批复成立国务院全民健身工作部际联席会议制度。由国务院办公厅、中宣部、体育总局等 28 个部门组成。

国务院全民健身工作部际联席会议的主要职能是，贯彻落实党中央、国务院关于实施全民健身国家战略的决策部署；系统研究提出落实《全民健身条例》、实施全民健身计划的政策措施；强化各级政府主导全民健身事业发展的主体责任；协调有关部门和单位抓好全民健身计划相关任务措施的落实；推动完善政府主导、部门协同、全社会共同参与的全民健身事业发展新格局；加强对全民健身计划实施情况的督导检查，及时按程序向党中央、国务院报告工作情况。联席会议制度建立以来，多次召开全体会议和联络员会议，研究制定全民健身重要政策文件，推进相关难点、重点工作。

（三）地方政府联席会议工作成效状况

1. 部门协同提升全民健身相关政策会签效率

地方全民健身工作的开展是一项综合性的社会事务，业务范围涉及多个行政部门。地方政府全民健身工作联席会议的首要任务是整合各部门资源，形成地方全民健身工作开展的顶层设计。通过全民健身工作联席会议，商议制定地方全民健身工作的重点任务和方案，可以有效形成部门合力，确保政策制定的科学性、针对性和可操作性，提升全民健身相关政策会签效率。例如，2023 年江苏省全民健身工作部门联席会议审议通过了《江苏省全民健身工作部门联席会议 2023 年工作要点》，成为未来江苏全民健身工作开展的重要遵循。

2. 部门协同筹办大型全民健身赛事

大型全民健身赛事的筹办需要地方各部门的沟通与协作，根据各部门的专业优势和资源情况进行明确的分工，并建立合作机制。例如，体育部门负责赛事的组织和策划，宣传部门负责赛事的宣传推广，公安部门负责安全保障工作等。通过召开地方政府全民健身工作联席会议，可以对赛事筹办过程中出现的问题进行讨论和解决，确保各项工作顺利进行。例如，2023 年淄博市全民健身工作联席会议要求进一步建立和强化政府主导、部门协同、社会参与的工作机制，在举办好全民健身运动会、智力运动会的基础上，打造马拉松、健身气功等具有淄博特色的群众性体育赛事品牌，繁荣群众身边的赛事活动。

3. 部门协同推动全民健身融合发展

全民健身不仅强健人民体魄，更对经济社会发展产生深远影响。自全民健身跻身国家战略之列，其健康促进、文化传承、社会教育及经济发展等多重功能越发凸显，为构建体育强国、健康中国注入强大动力，不断满足人民对美好生活的向往。地方政府开展全民健身工作联席会议，可以充分发挥全民健身多元功能，进一步推进全民健身融合协同发展，将全民健身公共服务发展融入经济社会各相关领域，践行跨领域融合、多元化供给、全社会共享的融合发展理念。例如，2023 年菏泽市全民健身工作联席会议强调，要促进全民健身融合发展，充分利用"体育＋"的发展模式，推动全民健身工作与其他业务相互融合、共同发展。

二、全民健身"六个身边"工程建设情况

（一）全民健身"六个身边"工程概况

自 1995 年起，我国开始系统推进全民健身工作，其中"三个身边"工程，即设施、活动、健身指导的完善，成为推动全民健身发展的重要举措，对于相关工作的落地实施起到关键作用。2017 年，鉴于社会进步的需求，国家体育总局在"三个身边"工程基础上，提出全民健身"六个身边"工程，包括完善群众身边的体育健身组织、建设群众身边的体育健身设施、丰富群众身边的体育健身活动、支持群众身边的体育健身赛事、加强群众身边的体育健身指导、弘扬群众身边的体育健身文化。这一举措旨在构建一个覆盖面更广、功能更完善的服务体系，从而推动全民健身公共服务向均等化目标迈进。经过多年的不懈努力，以"六个身边"工程为驱动的全民健身公共体育服务体系取得显著成效。

（二）群众身边的体育健身组织建设情况

随着人们健康意识的提高和体育健身的普及，群众身边的体育健身组织数量迅猛增长。这些体育健身组织大多以社区、街道为单位，也有一些以兴趣爱好、年龄、性别等为纽带，将志同道合的人们聚集在一起，通过组织各种形式的体育活动，如晨练、夜跑、广场舞、太极拳等，吸引了大量群众参与。2012—2021 年我国体育社会组织数量呈现出明显的上升态势，由 2012 年的 34806 个增长至 2021 年的 64754 个，其中 2014—2019 年的增长幅度最

大。与体育社会组织总量的变化趋势类似，每万人拥有体育社会组织数增长态势同样非常明显，由 2012 年的每万人 0.26 个增长至 2021 年的每万人 0.46 个。

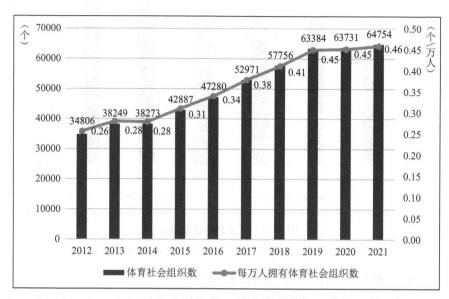

图 2－2　体育社会组织建设情况
数据来源：《体育事业统计年鉴》《中国统计年鉴》

（三）群众身边的体育健身设施建设情况

作为破解群众健身"去哪儿"难题的关键举措，体育健身设施建设是群众广泛参与体育活动的基础和前提。党的十八大以来，我国政府高度重视体育健身设施建设，将其作为全民健身工作开展的重要抓手。一方面，出台一系列关于体育设施建设的指导文件，如《关于加强全民健身场地设施建设发展群众体育的意见》《"十四五"时期全民健身设施补短板工程实施方案》等，明确了设施建设的目标、任务和要求，深入推进健身设施强基础行动、健身设施提质量行动、健身设施优服务行动、健身设施增效益行动。

另一方面，加大对体育设施建设的投入，通过财政拨款、专项资金等方式提供支持。全国体育场地数量增长迅速，全国体育场地数量由 2018 年的 316.20 万个增长至 2023 年的 459.27 万个，人均体育场地面积由 2018 年的 1.86 平方米增长至 2023 年的 2.89 平方米。

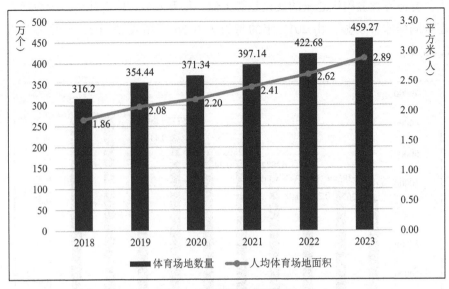

图 2 - 3 体育场地建设情况

数据来源：国家体育总局经济司《全国体育场地统计调查数据》

（四）群众身边的体育健身活动开展情况

全民健身、体育强国等国家战略的实施使群众体育活动的广泛开展、全民健身公共体育服务水平的提升达到前所未有的新高度，群众参与体育健身活动的热情逐渐提高，体育健身活动的形式和内容趋向多样化，形成"全民健身日""大众冰雪季"等品牌性、常规化的全民健身活动。《2020 年全民健身活动状况调查公报》显示，2020 年我国 7 岁及以上居民经常参加体育锻炼的人数比例为 37.2%，较 2014 年增长 3.3 个百分点。

一方面，群众身边的体育健身活动形式多样，既有传统的太极拳、气功、武术等，也有现代的瑜伽、健身操、户外运动等。这些活动满足了不同年龄、性别和兴趣爱好的人群的健身需求。另一方面，群众身边的体育健身活动逐渐形成政府主导、社会参与的组织管理模式。政府通过制定政策、提供资金支持等方式引导和推动体育健身活动的开展。同时，各类体育社会组织、社区组织等也积极参与体育健身活动的组织和管理，形成多元化的管理格局。

（五）群众身边的体育健身赛事发展情况

开展多层次、多类型、多样态的群众体育健身赛事是顺应健康中国战略、推动全民健身与全民健康深度融合的应然之举。群众体育健身赛事是通过吸纳民间社会资本参与的"草根"赛事，具有属地性、节庆性、民族性特征。中华龙舟大赛、潍坊国际风筝会、青海玉树赛马会等系列赛事呈现出快速发展的势头。

群众体育健身赛事具有以下特点：一是赛事扶持政策不断。诸多扶持文件的先后出台，为推动群众体育健身赛事规范化发展带来重大机遇。二是赛事基础夯实。《2020年全民健身活动状况调查公报》显示，成年人与老年人参加过群众体育赛事活动的比例为35.8%，群众体育健身赛事的"普及化"特征凸显。三是赛事项目设置广泛多元。既有发展比较成熟、群众参与度较高的项目，也有具有浓郁民族特色的武术、射箭、舞龙舞狮等。四是赛事经济社会效益显著。以2023年无锡马拉松为例，该赛事吸引超七成外地观众提前到访无锡，估算产生6960万元餐饮经济效益、11661万元住宿经济效益、600万元交通经济效益、209万元旅游经济效益和50万元的赛事展位销售额。

（六）群众身边的体育健身指导发展情况

体育健身指导对全民健身工作的科学开展具有重要意义。一方面，体育健身指导可以帮助人们了解自身身体状况，掌握科学合理的运动方法和技巧，提高健身效果和健康水平。另一方面，科学的体育健身指导能够针对不同年龄、性别、身体状况和运动目的，指导人们选择合适的运动项目和强度，达到更好的健身效果。当前，群众身边的体育健身指导朝向普及化、科学化、常态化的高水平方向迈进，并取得良好效果。例如，2024年春节，多地开展了"奋进新征程 运动促健康 红红火火过大年"全民健身志愿服务活动和社会体育指导员公益健身指导服务活动。志愿服务队伍和社会体育指导员深入基层，开展各类全民健身志愿服务活动，让体育健康走近群众身边。

体育健身指导工作的顺利推进，离不开社会体育指导员的积极参与，他们是推动我国体育事业发展的重要力量，在增进公民身心健康、提升生活质量以及建设社会主义精神文明方面发挥着积极作用。近年来，我国社会体育指导员队伍不断壮大，《中国社会体育指导员发展报告（2016—2020）》显示，我国社会体育指导员数量由2015年底的186万人增加到2020年底的260万人，增长幅度为39.7%，约占全国人口的1.86‰[①]。

（七）群众身边的体育健身文化建设情况

体育健身文化是人民在各类健身活动中自主创造、自主运动的结果。积

---

① 国家体育总局社会体育指导中心、社会体育指导员协会编：《中国社会体育指导员发展报告（2016—2020）》，人民体育出版社2022年版。

极培育体育健身文化、发挥其软性推动力作用，对于推动全民健身事业的科学发展至关重要。这不仅能够激发人们参与运动的自觉性和内驱力，更能让人们享受到运动的乐趣，进而形成人人愿意运动、喜欢运动、享受运动的良好氛围。

我国高度重视体育健身文化的弘扬和宣传工作，2023年1月1日起施行的新修订的《中华人民共和国体育法》明确"每年8月8日全民健身日所在周为体育宣传周"，进一步推动全民健身事业、弘扬中华体育精神、培育中华体育文化。2023年，国家体育总局、科技部联合公布首批国家体育科普基地名单，共58家，面向大众广泛科普体育知识。在此背景之下，各级地方政府纷纷推出具有地方特色的体育健身文化建设实践方案。例如，2023年上海市"全民健身日"和"体育宣传周"首次联动，在"全民健身，绘就幸福生活"的大主题下，开展一整周的全民健身和体育文化活动，多形式多层次普及全民健身文化。

三、体育强省、全民运动健身模范市（区）、全民运动健身模范县（市、区）建设情况

（一）体育强省建设情况

1. 体育强省概况

建设体育强省是体育强国战略不可或缺的一环，它不仅是实现体育强国梦想的基础，更是重要的支撑力量。体育强省建设具有系统性，作为连接体育强国建设上下层级的重要环节，在全民健身战略与健康中国战略的共同推动下显得尤为迫切。体育强省体现在省域内体育与经济、社会、文化、科技等各领域的深度融合发展，这对于提升省域综合实力具有举足轻重的作用。

体育强省应具有以下五大特征：一是群众体育的繁荣，表现为广大民众积极参与，体育氛围浓厚；二是竞技体育的强盛，表现为整体竞技水平显著提升，竞争力显著增强；三是体育产业的壮大，表现为产业规模持续扩大，产业结构更加合理；四是体育文化与交流的繁荣，即体育文化的传承与创新以及体育交流活动的频繁与深入；五是体育保障的完善，包括体育基础设施的健全，充足的资金支持和优质的公共服务，以及良好的生态环境。

2. 体育强省建设政策概况

2019年，国务院办公厅印发的《体育强国建设纲要》明确提出要积极建设体育强省。在国家政策的号召下，各地积极推进体育强省建设，取得了一定的成效。表2-1所示为部分省（区、市）颁布的体育强省建设政策，

各省（区、市）体育强省建设政策重点围绕全民健身、竞技体育、青少年体育、体育产业、体育文化等基础领域，结合各省份发展实际，提出了具有针对性的行动方案。

表2-1 各省（区、市）体育强省建设政策

省（区、市）	政策名称	发文机构	发文时间
天津	关于推进体育强市建设的实施意见	天津市体育局	2019-12-31
陕西	关于加快建设体育强省的实施意见	陕西省人民政府办公厅	2020-02-24
青海	关于印发青海省高原体育强省建设行动方案的通知	青海省人民政府办公厅	2020-05-24
吉林	关于加快建设体育强省的实施意见	中共吉林省委办公厅 吉林省人民政府办公厅	2020-06-01
广西	关于印发广西体育强区建设行动实施方案的通知	广西壮族自治区人民政府办公厅	2020-06-03
贵州	关于印发贵州省建设山地民族特色体育强省行动方案的通知	贵州省人民政府办公厅	2021-06-09
江苏	关于印发江苏省贯彻体育强国建设纲要实施方案的通知	江苏省人民政府办公厅	2020-06-30
湖南	关于印发《湖南体育强省建设规划（2020—2030年）》的通知	湖南省人民政府办公厅	2020-07-12
云南	关于加快建设体育强省的意见	云南省人民政府办公厅	2020-08-05
广东	关于印发广东省体育强省建设实施纲要的通知	广东省人民政府	2020-08-19
黑龙江	关于推进体育强省建设的实施意见	黑龙江省人民政府办公厅	2020-09-23
上海	关于印发《上海全球著名体育城市建设纲要》的通知	上海市人民政府办公厅	2020-10-17
北京	关于印发《北京市贯彻落实〈体育强国建设纲要〉实施方案》的通知	北京市体育局	2020-11-27
重庆	关于建设体育强市的实施意见	重庆市人民政府办公厅	2021-02-22
浙江	关于高水平建设现代化体育强省的实施意见	浙江省人民政府办公厅	2021-03-23
安徽	关于印发体育强省建设方案的通知	安徽省人民政府	2021-09-07
河南	关于加快建设体育强省的实施意见	河南省人民政府	2021-12-04
山东	关于加快推进新时代社会主义现代化体育强省建设的实施意见	山东省人民政府	2021-12-09
辽宁	关于高质量建设体育强省的实施意见	辽宁省体育局	2022-01-18
甘肃	关于建设体育强省的实施意见	甘肃省人民政府办公厅	2022-03-23
四川	关于加快推进新时代体育强省建设的实施意见	四川省人民政府办公厅	2022-10-19

3. 体育强省建设地方实践

（1）江苏省体育强省建设情况

2020 年以来，为贯彻落实《体育强国建设纲要》精神，江苏省政府办公厅相继印发《江苏省贯彻体育强国建设纲要实施方案》《体育强省建设三年行动计划（2023—2025 年)》等文件，强调要深入推进体育强省建设。

一是在全民健身方面，致力于实现从"健身去哪儿"到"怎样高质量健身"的突破，在全国率先提出并建成城市社区"10 分钟体育健身圈"，同时围绕建设农村乡镇"15 分钟体育健身圈"要求，启动"万村群众健身放心工程"，加大对苏中苏北地区的扶持力度，推动城乡全民健身基本公共服务均等化。

二是在体卫融合方面，重点依托体育和卫生健康现有公共服务单位，推进五级体卫融合服务机构平台建设，建立资源要素流动、整合、共享机制。

三是在竞技体育方面，持续推进"训科医教服"一体化系统和数据中心建设，加强训练场地器材设施智能化改造升级，支持省体育科学研究所创建国家体育总局重点实验室等平台，着力打造"竞技训练、科技助力和综合保障"多元融合的竞技体育训练体系。

四是在体育产业方面，引导提升体育产业数字化水平，扩大体育休闲服务业比重，将数字体育产业作为省体育产业发展专项资金的重点扶持领域；培育一批领军体育企业、"专精特新"体育企业和品牌体育产品，深化体育产业政企沟通联系点建设，强化资源信息推介和供需对接服务；促进体育旅游深度融合，发展水上、户外、露营等时尚体育休闲项目，推动各地开展体育消费季、体育嘉年华、体育夜市、运动市集、体育大卖场等活动拉动消费。

（2）浙江省体育强省建设情况

2021 年，浙江省人民政府办公厅印发《关于高水平建设现代化体育强省的实施意见》，提出到 2025 年，基本建成体育强省；到 2035 年，建成现代化体育强省。该文件还明确了体育强省建设的主要举措，并逐渐形成体育强省建设的"浙江经验"。

一是着力推动体育事业融入中心、服务大局，积极推动体育纳入并助力三个"一号工程""十项重大工程"等省委、省政府重大决策部署，推动纳入各级党代会工作报告、政府工作报告和民生实事项目。

二是着力推动竞技体育突破性发展，实施优秀教练员、精英运动员"双百培养工程计划"，推动科学训练科技助力。

三是着力打造现代体育产业体系，实施体育产业"双倍增"计划，着力将体育产业打造成为浙江第九大万亿产业。

四是着力建设体育赛事强省，制定《浙江省赛事之城和赛事集聚县认定办法》，开展省级赛事之城和赛事集聚县认定工作，努力构建赛事体系。

五是着力深化体育领域改革，加快建设全国唯一的体育数字化改革先行区，打造"浙里健身"等数字化场景应用，全面推进体育赛事、优秀运动员教练员职业生涯管理、体育彩票管理、反兴奋剂等"一件事"集成改革。

六是着力增强体育治理能力，全面推广基层体育委员工作机制，率先建立全民健身发展指数评估制度，探索建立竞技体育发展指数和体育产业发展指数，初步形成整体智治、量化闭环的体育治理体系和工作推进机制。

（3）陕西省体育强省建设情况

2020 年，陕西省人民政府办公厅印发《关于加快建设体育强省的实施意见》，从"推动全民健身生活化""提升竞技体育能力""推动体育产业高质量发展""扩大体育文化影响力""加强组织领导"等维度入手提出了具有地方特色的体育强省建设方案，并取得了积极成效。

一是推广全民健身上，坚持大健康与大健身相结合的理念，有效实施全民健身工作联席会议机制，细化落实全民健身场地设施建设备忘录，并精心组织"体育健康行·助力三个年"活动、"五进三送"等活动，旨在动员全省上下、城乡共同参与，确保全民受益。

二是提升竞技体育上，积极探索并建立"训科医教服"相互协调的复合型教练团队，制定"三大球"振兴计划，旨在提升竞技水平，推动体育事业发展。

三是发展体育产业上，积极发展竞赛表演、户外运动、体育旅游等特色产业，推动体文旅商深度融合。同时，修订《陕西省体育服务综合体评定暂行办法》，开展体育服务综合体申报评选，出台扩大体育消费的若干措施，启动体育消费券发放，以激发市场活力。

四是弘扬体育文化上，深入挖掘延安、榆林、渭南等地的红色体育文化资源，编撰《中国红色体育》系列图书，为体育文化的传承与发展贡献力量。

（二）全民运动健身模范市（区）建设情况

1. 全民运动健身模范市（区）概况

为深入实施全民健身国家战略，激发各地全民健身工作的热情与活力，国家体育总局于 2018 年正式印发《关于开展全民运动健身模范市和全民运动健身模范县（市、区）创建工作的通知》，推动全民健身事业再上新台阶。

全民运动健身模范市（区）的评选侧重于考察市（区）全民健身公共服务的建设情况，评选指标体系的一级指标包括完善全民健身组织保障体系、健全全民健身政策保障体系、加强全民健身场地设施建设、提升全民健身公共服务水平、推进落实重点项目。

2. 全民运动健身模范市（区）遴选情况

国家体育总局于2022年12月27日和2024年3月8日分别公布了第一批和第二批全民运动健身模范市（区）和全民运动健身模范县（市、区）名单。这些市（区）在全民健身领域成效显著，其典型性和广泛性得以充分体现，全方位符合全民运动健身模范市（区）的创建标准。

3. 全民运动健身模范市（区）建设地方经验

（1）上海市杨浦区建设经验

杨浦区位于上海市东北部，是面积最大、人口最多的中心城区。在区委、区政府领导下，在市体育局指导下，体育局紧紧围绕全区建设"三区一基地"的中心目标，全面落实全民健身国家战略，倡导健康文明的生活方式，成功入选全国首批全民运动健身模范市（区）。

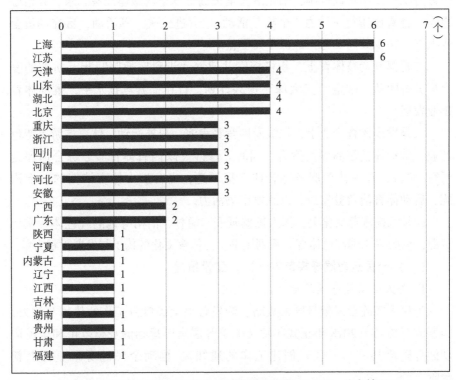

图2-4　第一批和第二批全民运动健身模范市（区）分布情况

杨浦区在开展全民健身工作过程中，一是完善全民健身工作体系，通过全民健身联席会议，形成各部门协同推进的大联动格局，通过"社区、校区、园区、营区、商区"五区联动，以建设"15分钟体育生活圈"为目标，有效提高了广大市民对体育健身的参与度和活动的辐射力。

二是提高公共体育服务供给水平，将公共体育设施建设列入区体育发展"十四五"规划，将建设健身点、步道、公共运动场等列入区政府实事项目，有力盘整企业资源用于公共体育。

三是创新全民健身赛事活动机制，坚持以市民健身需求为导向，推进赛事活动多样化，打造品牌赛事，建立区、街道、居委会多元互动的群众体育活动体系，12个街道每月承办至少两项赛事活动，做到月月有比赛、周周有展示、天天有活动。

四是提升全民健身科学指导能级，转变体育行政部门工作职能，扩大体育健身有效供给，加强科学健身指导，进一步夯实区级、社区、居民区三级健身指导服务网络，培训骨干使更多的市民就近享受科学健身指导和服务。

（2）广东省深圳市建设经验

2014年8月，深圳出台《深圳经济特区促进全民健身条例》，率先在全国以地方立法形式确立了全民健身活动。历经多年发展，深圳逐渐形成全民健身工作开展的"深圳经验"，并入选第一批全民运动健身模范市（区）。

一是加大体育场地设施投入，提升健身设施品质。不断加大公共体育设施投入力度，探索城市社区运动场地设施试点城市建设，着力打造市民身边的体育设施。

二是加强健身指导，引领全民健身运动健康新风尚。市、区两级成立社会体育指导员协会、国民体质测定站、体育义工组织，全市街道、社区社会体育指导员服务站点实现全覆盖，每年开展科学健身指导活动1万场次，为5万人次市民提供体质测试服务。

三是发挥社会力量，构建更高效率的全民健身工作网络。充分发挥购买服务、职能转移等方式将相关事项交由社团承担，培养体育社会组织参与全民健身公共服务的能力，深圳社会组织每年举办上百项重点群众性体育赛事活动。

四是竞技体育、体育产业助力构建更高水平全民健身公共服务体系。在加快建设国际著名体育城市和全国体育消费试点城市的过程中，群众体育、竞技体育、体育产业携手并进、共同发展，助力构建更高水平全民健身公共服务体系，让深圳全民健身迈上新高度。

（三）全民运动健身模范县（市、区）建设情况

1. 全民运动健身模范县（市、区）概况

全民运动健身模范县（市、区）的评选侧重于县（市、区）乡村全民健身的发展，其评价体系重点考查以下四个方面。一是健全乡村全民健身组织网络，强调培育发展基层城乡社区服务类社会组织，重视发挥基层体育草根组织作用。二是改善乡村全民健身基础设施，要求构建县、乡、村三级群众身边的全民健身设施网络，建设县级体育场、全民健身中心、社区多功能运动场等场地设施。三是丰富乡村全民健身活动赛事，鼓励开展群众冬季运动和民族、民俗、民间体育活动。四是加强健身指导，提高健康素养，培养居民建立健康文明生活方式。

2. 全民运动健身模范县（市、区）遴选情况

共有 144 个县（市、区）入围全民运动健身模范县（市、区）名单，其中第一批入围 19 个县（市、区），第二批入围 125 个县（市、区）。通过创建工作，全国各地基层全民健身工作得到推动，乡镇各类全民健身场地设施持续增加，赛事活动丰富多彩，各类体育社会组织不断完善，科学健身指导惠及群众，群众参与体育锻炼热情日益高涨，城乡全民健身公共服务均等化水平进一步提高，切实激发了当地党委、政府开展全民健身工作的积极性，进一步增强了人民群众幸福感获得感，实现了"以创建促引领、以创建促民生"的良好效果。

3. 全民运动健身模范县（市、区）建设地方经验

（1）湖北省孝感市应城市建设经验

应城出台《应城市全民健身实施计划（2021—2025 年)》，旨在通过一系列具体措施推动体育设施和赛事活动向基层延伸，为市民提供更多、更便捷的健身机会。同时，该市还计划逐步在全市所有行政村（社区）实现体育健身器材全覆盖，确保每一位市民都能享受到便捷的健身服务。

结合群众喜好，通过科学举办全民健身活动，与汤池温泉、爱漫文旅小镇等全市重点旅游企业合作办赛，在为企业打造商业亮点、刺激群众消费的同时，全民健身工作也同频共振得到高质量发展。例如，先后组织开展全市太极拳展演、全民健身八进乡村、千人健步行、篮球比赛等活动，进一步激发群众的参与热情，在全市掀起全民健身的热潮。

（2）广东省佛山市南海区建设经验

一方面，城市文化底蕴是南海区全民健身开展的有效支撑。全区现拥有近 2700 支武术醒狮队、1047 条龙舟、238 家武术馆、超 6 万名武术人口，有着雄厚的群众基础，与此同时，南海区还将传统体育项目与现代竞技体

育、休闲体育创新融合，成功举办了世界华人狮王争霸赛、定向世界杯决赛、西樵山国际超级马拉松等享誉海内外的特色品牌赛事活动，促进了全民健身和体育产业发展。

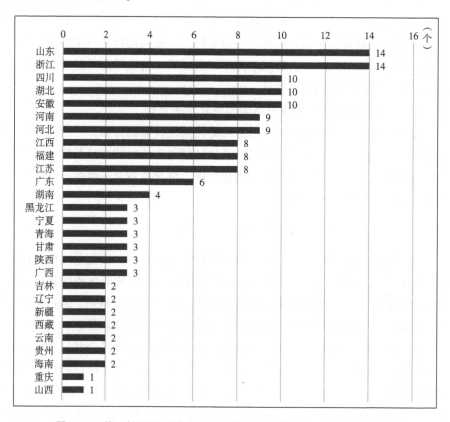

图 2-5　第一批和第二批全民运动健身模范县（市、区）分布情况

另一方面，十分钟体育健身圈的建成为南海区全民健身提供了重要保障。南海不断完善区、镇、村三级体育设施网络，已建成南海区体育中心、全民健身体育公园、飞鸿馆等城市新地标，推进镇（街道）"一馆两场"和社区"一馆三场"建设。同时，利用城乡金角银边地、桥下空间、滩涂地等闲置空间建成社区体育公园351个，实现292个村（居）全覆盖，融入智能科技、趣味潮玩、亲子互动等元素，不断满足群众高品质多样化健身需求。

四、全民健身公共体育服务均等化情况

（一）全民健身公共体育服务均等化概况
推进全民健身公共服务均等化，让全体公民公平地享有体育公共服务，

既是保障社会成员基本体育权益的必要举措，又是我国体育事业发展的价值追求。

我国全民健身公共服务呈现出非均衡性的发展特征。一方面，由于城乡经济二元结构、区域发展差异等客观现实，政府对场地设施、人力资源、财力保障等全民健身公共服务的供给在城乡间、区域间均存在一定差异。另一方面，受信息不对称、社会阶层分化等因素影响，公众对全民健身公共服务的享受也在不同群体间存在差异。

（二）全民健身公共服务地区间均等化水平评价

采用国家统计局对基本公共服务均等化的统计监测方法，对全民健身公共服务均等化进行科学测度。通过计算地区间每个指标的变异系数，反映全民健身公共服务均等化地区间的均等化程度。变异系数是一组数据标准差与其平均值之比，计算公式为：

$$变异系数 CV = \frac{标准差}{平均值}$$

变异系数为无量纲测度，用于表示变量的离散程度，当变量均值为正数时，变异系数越趋近于 0，表明变量离散程度越低，即均等化程度越高；反之，变异系数越大，表明变量离散程度越高，均等化程度越差。通过比较不同年份同一指标的变异系数，可以看出均等化程度的变化趋势。

人力资源、财力资源、物力资源和组织资源是全民健身公共服务供给的主要层面。因此，从上述 4 个维度入手，各维度分别选取 1 个指标反映全民健身公共服务均等化的重点任务，即各省份每千人社会体育指导员数量（人力资源）、各省份人均群众体育政府财政支出（财力资源）、各省份人均体育场地面积（物力资源）、各省份每万人体育社会组织数量（组织资源），数据来源于 2012—2021 年《体育事业统计年鉴》《中国统计年鉴》（表 2 - 2）。

表 2 - 2　全民健身公共服务地区间均等化的评价指标

维度	指标
人力资源	各省份每千人社会体育指导员数量
财力资源	各省份人均群众体育政府财政支出
物力资源	各省份人均体育场地面积
组织资源	各省份每万人体育社会组织数量

基于变异系数的全民健身公共服务均等化测算结果如图 2 - 6 所示。由该图可知，多数年份全民健身公共服务财力资源的变异系数高于人力资源、物力资源和组织资源，说明全民健身公共服务财力资源地区供给差异较大，

呈现出不均衡的发展态势。

物力资源的变异系数呈波动下降趋势，由 2012 年的 3.096 下降至 2021 年的 0.826，说明地区间体育场地设施的供给进一步趋于均衡，全民健身设施补短板工程取得一定成效，在补短板工程的推动下，各地政府加大了对体育场地设施的投入力度，建设了一大批高质量的体育场馆、健身步道、公共健身器材等，满足了人民群众的健身需求。

人力资源和组织资源的变异系数同样呈下降趋势，说明各地区全民健身公共服务人力资源和组织资源供给差距较小。产生该结果的原因可能是排除了地区人口因素的影响，例如人力资源和组织资源较发达的地区往往人口众多，而人力资源和组织资源欠发达地区往往人口稀少，这在一定程度上致使相对化的全民健身人力资源和组织资源在全国范围内趋于均等。

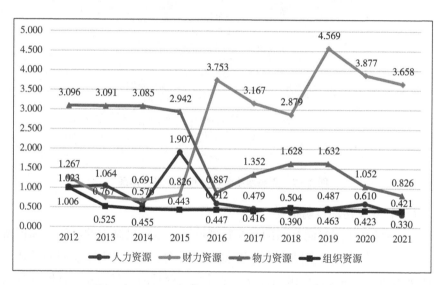

图 2-6　全民健身公共服务地区间均等化水平测算

第三节　更高水平全民健身公共服务体系发展定位

一、更高水平全民健身公共服务体系的内涵

2022 年，中共中央办公厅、国务院办公厅印发《关于构建更高水平的全民健身公共服务体系的意见》（以下简称《意见》），标志着我国全民健身公共服务体系踏上高要求、高标准、高质量的建设新征程。《意见》从更灵

活的体制机制、更均衡的资源布局、更绿色的健身载体、更丰富的赛事活动、更广泛的群众参与、更科学的运动方式、更浓厚的社会氛围、更强大的要素支撑 8 个方面，明确了全民健身公共服务体系"更高"的内涵，揭示了其实现更高水平、更广泛覆盖的坚定决心（图 2 - 7）。

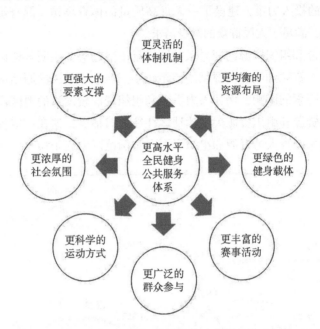

图 2 - 7　更高水平全民健身公共服务体系

（一）更灵活的体制机制

"更灵活的体制机制"指的是在管理体制和运行机制上的灵活性和创新性。《意见》旨在完善全民健身组织网络，夯实社区健身基础，促进竞技体育成果全民共享。体育社会组织将成为推动全民健身的关键力量，社区健身网络将更加畅通，竞技体育成果将普惠全体人民。这预示着，首先，政府职能发生转变，进一步简政放权，充分发挥市场机制的作用，激发社会力量的积极性和创造性，为各类主体提供更多参与全民健身服务的机会和平台。其次，全民健身组织体系更加健全，形成以体育总会为龙头、单项体育协会为支撑、基层体育组织为基础的覆盖城乡、功能完善的全民健身组织网络。再次，社区在全民健身服务中的地位和作用得到凸显，社区的基层优势得到发挥，通过加强社区体育设施建设、丰富社区体育活动、提升社区体育服务水平等措施，更好地满足群众的健身需求。最后，竞技体育与群众体育之间的壁垒被打破，通过优化竞技体育成果向全民健身转化的机制，实现竞技体育与群众体育的良性互动，让更多人有机会接触和体验到竞技体育的魅力和乐趣。

（二）更均衡的资源布局

"更均衡的资源布局"指的是在全民健身设施和服务资源的配置上，要更加注重均衡性和公平性。《意见》倡导按常住人口配置服务资源，为不同规模城市定制差异化健身路径，优质资源下沉基层，推动城乡区域全民健身服务协调发展。具体而言，一是地区均衡。不同地区，特别是城乡之间，在全民健身设施和服务资源的配置上保持均衡。二是类型均衡。不同类型的全民健身设施和服务资源合理配置，以满足不同年龄、不同性别、不同健康状况的群众的需求。三是公平分配。全民健身资源按照公平原则进行分配，确保每一个人都有平等的机会享受到优质的健身服务。四是动态调整。资源的布局根据人口分布、需求变化和地区发展的实际情况进行动态调整，确保资源的有效利用和持续满足群众需求。五是强化基层服务。基层是全民健身服务体系的基础，基层的全民健身设施和服务资源建设得到加强，基层服务能力提高，基层成为群众就近、方便参与健身活动的重要场所。

（三）更绿色的健身载体

《意见》强调绿色发展，结合生态文明打造体育生态圈，拓展体育公园、国家步道等健身空间，推动健身设施绿色低碳转型和共享，实现健身设施公平、绿色、便捷。"更绿色的健身载体"的内涵主要体现在以下几个方面：一是强调绿色理念。贯彻绿色发展理念，注重生态保护和可持续发展，推动健身设施与生态环境的和谐统一。二是拓展绿色空间。积极拓展绿色空间，包括公园、绿地、步道等，为群众提供更多便捷、舒适、安全的健身场所。三是推动绿色转型。推动健身设施的绿色转型，包括设施的节能减排、环保材料的使用等方面，并积极推广环保技术和产品，提高设施的能源利用效率和环保性能，减少对环境的影响。四是倡导绿色生活。倡导绿色生活方式，引导群众树立健康、环保的健身意识，加强宣传教育，提高群众对环保和健康的认识和理解，鼓励群众积极参与绿色健身活动，养成健康的生活习惯。

（四）更丰富的赛事活动

《意见》强调降低社会力量办赛的制度性成本，积极支持社会力量参与赛事举办，精心打造品牌赛事活动，并加强赛事安全管理，从而构建分层多类、安全有序的赛事活动体系，使之成为推动全民健身的引领力量。具体而言，一是简化和规范赛事活动举办的相关手续和流程，减少行政干预和审批，降低赛事活动的制度性交易成本，激发社会力量举办赛事活动的积极性和创造性，促进赛事活动的多样化和普及化。二是加大对社会力量办赛的支持力度，包括提供场地、资金、宣传等方面的支持，鼓励社会力量举办各类赛事活动。三是政府和社会力量共同打造一批具有地方特色的品牌赛事活动，通过这些活动吸引更多人参与全民健身，提高群众的健身意识和水平。四是加强对赛事活动的安全管理，制定完善的安全管理制度和应急预案，确保赛事活动的安全有序进行。

（五）更广泛的群众参与

《意见》提倡全龄友好，聚焦青少年培养终身运动习惯，保障老年人、残疾人等弱势群体的运动权益，提升职工参与度，使全民健身成为全社会普遍的生活风尚。第一，全民健身服务应覆盖各个年龄段的人群，倡导全龄友好的理念，为不同年龄段的群众提供适合其身心特点的健身活动和赛事。第二，青少年是全民健身公共服务的重要对象，应以青少年为重点，培养其成为终身运动者。通过加强青少年的体育教育和运动训练，提高其对体育的认识和兴趣，使其养成积极参与体育活动的习惯，从而在成年后继续保持健康的生活方式。第三，全民健身公共服务应关注老年人、残疾人等弱势群体的需求，着力保障其运动权益。通过提供适合这些群体的健身设施和活动，制定相应的政策和措施，鼓励和帮助他们积极参与体育活动，提高其健康水平和生活质量。第四，广大职工是全民健身服务的重要参与者，应通过各种方式提高其参与度。第五，全民健身公共服务的目标是让健身成为人们日常生活的一种普遍方式，成为人们的一种自觉行为和生活习惯。

（六）更科学的运动方式

"更科学的运动方式"旨在使全民健身服务更加科学化、规范化、专业化，提高人们的健康水平和生活质量，推动全民健身事业的可持续发展。《意见》强调完善全民健身公共服务标准体系，强化统计监测，改革社会体育指导员制度，推动运动与健康深度融合，深化体卫结合，将健康关口前移，使"运动是良医"理念深入人心。第一，凸显全民健身公共服务标准的重要作用，包括设施建设、服务内容、组织管理等方面的标准，为全民健身服务提供科学依据和指导。第二，鼓励建立全民健身服务统计监测制度，对全民健身服务的相关数据进行收集、整理和分析，为政府决策和社会参与提供科学依据。第三，聚焦社会体育指导员的培养和管理，提高其专业素质和服务能力。通过改革社会体育指导员制度，提高其社会地位和待遇，吸引更多人才投身于全民健身服务事业。第四，强调运动与健康的深度融合，加强体育与卫生部门的合作，实现资源共享和优势互补。第五，倡导广泛宣传和普及科学运动知识，提高人们对运动的认知和理解，形成全社会共同参与、共同受益的良好氛围。

（七）更浓厚的社会氛围

普及全民健身理念和知识，发挥体育明星的积极作用，定期发布城市活力指数，表彰运动达标者，加强国际交流，推动全社会共同参与体育锻炼，形成共同行动。"更浓厚的社会氛围"强调营造一个全社会关注、支持和参与全民健身的良好氛围。一是强调通过各种渠道和方式，广泛宣传全民健身的理念和知识，提高人们对健身的认识和理解，使人们了解健身的重要性和科学方法。二是鼓励和支持体育明星积极参与全民健身活动，发挥其榜样和引领作用，激发更多人对体育的热情和参与度。三是倡导制定和发布全民健身城市活力指数，对各城市的全民健身活动进行评估，激励城市加强全民健身设施建设和服务提供。四是要求制定科学合理的运动达标标准，对达到标准的个人或团体颁发证书，鼓励更多人积极参与全民健身活动。五是支持国际全民健身交流与合作，引进国外先进的全民健身理念、经验和资源。同时，向世界推广我国的全民健身成果和经验，提升我国在国际上的影响力和形象。

（八）更强大的要素支撑

《意见》强调土地、资金、人才、数据等要素的支撑作用，明确政府应保障基本、兜住底线，同时激发社会力量的积极性，以确保全民健身公共服务实现更高质量、更有效率、更加公平、更可持续、更为安全的发展。具体而言，一是强大的土地要素支撑。加大对全民健身设施建设的土地供应，提高土地利用效率。同时，鼓励社会力量参与全民健身设施建设，通过多种方式盘活闲置土地资源，为全民健身服务提供更多的土地支撑。二是强大的资金要素支撑。加大对全民健身设施建设和运营的投入，提供稳定的资金来源。同时，通过制定优惠政策、引导社会资本参与等方式，吸引更多的资金投入全民健身服务领域，形成政府与社会共同投入的格局。三是强大的人才要素支撑。支持高校、研究机构等培养全民健身专业人才，加强对从业人员的培训和管理，提升其专业素质和服务能力。四是强大的数据要素支撑。利用现代信息技术手段，加强对全民健身数据的收集、整理和分析，为科学决策和精细管理提供有力支持。五是发挥政府保基本、兜底线的作用。加强对全民健身公共服务的规划和投入，保障基本公共体育服务的覆盖和供给。

二、更高水平全民健身公共服务体系的发展方向

(一) 面向国家需求，建设体育强国的重要基石

面向国家需求，构建更高水平全民健身公共服务体系是实现体育强国战略的重要基石，对于推动我国体育事业的长远发展具有深远的意义。《体育强国建设纲要》从群众体育、竞技体育、体育产业、体育文化、体育交往5个维度入手，为加快推进体育强国建设擘画了蓝图。

第一，群众体育是体育强国战略的重要组成部分，而全民健身是推动群众体育发展的重要途径。通过构建更高水平全民健身公共服务体系，可以提供更加便捷、科学的健身服务，满足人们多元化的健身需求，提高人们的健康水平和生活质量，为群众体育的发展提供坚实的基础。

第二，构建更高水平全民健身公共服务体系，既可以为竞技体育提供更多的人才储备和选拔机会，同时也能实现竞技成果的全民共享，进而促进竞技体育和群众体育的协调发展，形成良性的互动机制。

第三，构建更高水平全民健身公共服务体系有助于促进体育产业的发展。更高水平全民健身公共服务体系，可以带来更加旺盛的体育市场需求及完善的体育场馆设施，进而促进体育旅游、健身服务等产业的发展。

第四，构建更高水平全民健身公共服务体系有利于培育和弘扬中华体育精神，通过参与全民健身活动，人们能够亲身感受到这些价值观的实践与传承，从而激发集体荣誉感、爱国热情和民族自豪感。

第五，构建更高水平全民健身公共服务体系有助于提升国家形象和国际竞争力，在国际上树立我国良好的形象，展示我国人民的精神风貌。

(二) 面向人民健康，谋划健康中国的有力抓手

健康中国战略是我国卫生健康事业发展的重要目标，旨在全面提升人民健康水平，实现人人享有健康的目标。而全民健身是实现这一目标的基础和关键，通过构建更高水平全民健身公共服务体系，可以有效推动健康中国战略的实施。

首先，构建更高水平全民健身公共服务体系意味着提供更优质、更全面的健身服务，满足不同年龄、不同层次、不同需求的群众的健身需求。提高人民的健康水平和生活质量，增强人民的获得感、幸福感、安全感。

其次，构建更高水平全民健身公共服务体系有助于预防和控制慢性疾病，为人们提供更加科学、专业的健身指导和服务，增强人们的身体素质，促进健康关口前移，实现"治已病"向"治未病"的转变。

再次，构建更高水平全民健身公共服务体系有助于完善基层公共卫生服务体系，促进基层公共体育服务与基层公共卫生服务的有机衔接，更好地提供全面的健康管理和健身服务，满足基层群众的健康需求。

最后，构建更高水平全民健身公共服务体系有助于提升全社会的健康素养。全民健身不仅是个人行为，更是社会行为。通过构建更高水平全民健身公共服务体系，可以普及健康知识，营造"运动是良药"的社会共识，进而提高全社会的健康素养。

（三）面向经济转型，扩大有效内需的关键举措

随着中国经济进入高质量发展阶段，经济结构转型升级和内需扩大成为推动经济发展的关键。构建更高水平全民健身公共服务体系对于促进经济结构转型升级、扩大内需、推动经济发展具有重要意义。

一方面，更高水平全民健身公共服务体系强调发挥普惠性非基本公共服务重要作用，在提供优质的健身服务、丰富的赛事活动、科学的健身指导，满足人们多元化的健身需求，促进体育消费、健康消费增长的同时，还能促进多元主体参与服务供给，进一步激发市场主体活力，从而起到扩大内需、推动经济发展的作用。

另一方面，更高水平全民健身公共服务体系能够有效助力体育产业、健康产业等新兴产业的发展，增加就业机会、创造经济效益，有助于优化产业结构，推动经济结构向更加绿色、健康、可持续的方向发展。

（四）面向社会福祉，实现共同富裕的有效途径

共同富裕是中国特色社会主义的本质要求，也是全面建设社会主义现代化国家的目标之一。构建更高水平全民健身公共服务体系可以为实现共同富裕提供有力支撑，增进人民的健康福祉、促进经济社会发展。

首先，构建更高水平全民健身公共服务体系对于增进人民的健康福祉至关重要。能够满足人们多样化的健身需求，提升人民的健康状况和生活品质，进而减轻医疗负担和社会福利支出，为共同富裕的实现提供有力支撑。

其次，《中华人民共和国体育法》和《全民健身计划（2021—2025年)》等法律法规和文件，为构建更高水平全民健身公共服务体系提供了制度保障。通过优化制度设计，不仅扩大了全民健身公共服务的覆盖范围，还提升了服务水平，为共同富裕提供了坚实的制度基础。

最后，构建更高水平全民健身公共服务体系有助于缩小城乡差距，推动区域协调发展。应加大对农村和欠发达地区的投入，完善基层体育设施和服

务，努力缩小城乡和区域间的发展差距，促进社会公平的机会均等、区域协调的过程均等和成果共享的结果均等。

第四节　构建更高水平全民健身公共服务体系面临的挑战

一、财政保障投入有限

我国全民健身公共服务体系的建设主要依赖政府的财政支出，体育事业单位、运动项目协会、职业联赛和俱乐部业务创收能力较弱，构建更高水平全民健身公共服务体系存在一定的经费紧张问题，影响全民健身公共服务供给质量。

二、有效供给压力增加

更高水平全民健身公共服务的出发点是人民，落脚点也是人民，应坚持以人民为中心，顺应人民对高品质生活的期待。因此，构建更高水平全民健身公共服务体系必须适应人口结构变化的趋势。

随着我国老龄化程度日益加剧，全民健身公共服务在提升老年人群健康水平、减轻家庭和社会医疗保障负担、最大限度保持老年人群社会生产力等方面的需求急剧上升。同时，人口老龄化也对场地设施的适老性、老年健身组织建设、老年赛事活动平台等全民健身公共服务提出了新的要求。

三、社会力量参与有限

在"社会力量办体育"等政策号召下，我国社会力量参与全民健身公共服务供给成为一股强大力量，但面临的制约因素仍然较多，难以适应更高水平全民健身公共服务体系的要求。

一方面，相关政策的制定和执行存在不足，未能为社会力量参与全民健身公共服务供给提供明确、具体的指导和支持。另一方面，政策体系尚不完善，缺乏对社会力量参与全民健身公共服务的系统性规划和布局。此外，社会力量对政策的理解和把握存在偏差，社会力量参与存在零散、重复、无序和针对性不强等问题，难以形成有效的工作合力。

四、资源配置分布不均

全民健身公共服务资源在分布上仍面临不均衡问题，体现在区域、人群、城乡以及服务内容等多个方面，尚未能满足构建更高水平全民健身公共服务体系的要求。

从区域差异来看，首先是东、中、西部地区的明显差距。东部地区凭借良好经济水平，全民健身公共服务资源的配置水平高于中西部地区。即使在同一区域内，不同城市之间以及城市内部的不同区域也存在服务资源配置的差异。

从城乡差异来看，农村地区相较城市地区全民健身公共服务资源相对匮乏，全民健身公共服务基础设施建设明显滞后，城乡之间的服务资源配置差距明显。

第五节　构建更高水平全民健身公共服务体系发展建议

一、夯实全民健身公共服务法治基础保障

（一）加强全民健身领域法律法规的设立与修订工作

为夯实全民健身的法治基础，必须深化对全民健身法治重要性的认识，并持续加强相关法律法规的设立与修订工作。在此过程中，应以《中华人民共和国体育法》为指导，辅以《全民健身计划（2021—2025 年）》《"十四五"体育发展规划》《关于构建更高水平的全民健身公共服务体系的意见》等一系列行政法规和政策文件，形成完备的法规政策体系。同时，要着力推动全民健身公共服务在均等化、标准化、智慧化、融合化等方面的高水平发展，以此为切入点不断构建和完善我国全民健身领域的法治体系。通过这一系列制度性安排，为构建更高水平全民健身公共服务体系提供坚实的法治保障。

（二）着力推动全民健身公共服务政策的执行与落地

横向来看，通过国务院牵头、全民健身工作联席会议等举措，遵循文化、教育、体育、卫健和旅游业发展的规律，明确部门内设机构的事权，划清职责边界，在全民健身核心业务板块上强化多方融合，整合已有的工作抓手和扶持政策，形成工作合力，积极推进平台、项目、工程、活动、资源等的交流与合作。纵向来看，鼓励地方政府根据地方的实际情况，因地制宜、因情施策，以国家层面的政策法规为指引，出台全民健身领域的配套细则，同时总结地方先进做法和经验，逐步实现以点带面、逐级推广。

（三）建立全民健身公共服务政策评估机制

定期对各项工作的开展和政策实施的效果进行评估和总结，根据评估结

果及时修订和完善法律法规，保证政策的动态调整和持续改进，确保其适应时代发展和人民群众需求的变化。

二、强化全民健身公共服务标准建设引领

（一）明确全民健身公共服务标准建设发展思路

应厘清全民健身公共服务标准化的指导思想与发展思路，构建包括场地设施标准、体育活动标准、体育信息标准等内容在内的统一完整的全民健身公共服务标准体系，形成全民健身公共服务标准化发展规划或法律条例，有效推进和保障全民健身公共服务标准化建设进程。

（二）聚焦全民健身公共服务标准建设细化落地

一方面，应重点健全全民健身公共服务标准化建设的组织机构，强化认证管理，发挥独立于政府部门与消费者之间的第三方认证机构对产品和服务质量的认证评价作用。另一方面，应加强全民健身公共服务标准化建设的要素投入，围绕人才培养、理论研究、资金投入、媒体宣传、技术创新等方面形成合力。此外，还应建立标准动态监测和绩效评估制度，科学设置监测和评估指标，加大标准的反馈监督，跟踪标准的实施情况，及时进行标准修订。

三、突出全民健身公共服务均等共享特性

（一）优化全民健身公共服务资源配置

一方面，政府应发挥主导作用，制定长期规划，明确全民健身公共服务体系建设的目标和路径。加大财政投入力度，确保全民健身公共服务经费的稳定增长，并引导社会资本参与，形成多元化投入机制。另一方面，根据城乡发展差异和人口分布特点，合理规划体育设施布局。在城市，应充分利用公共空间，建设更多便民利民的健身设施；在农村，应结合新农村建设，推动体育设施向基层延伸。同时，加强体育设施的维护和管理，确保其安全、有效使用。

（二）推动全民健身公共服务普惠共享

一方面，通过各种渠道和形式，普及健身知识，提高公众对健身的认识和参与度。加强全民健身的宣传力度，营造浓厚的健身氛围。另一方面，推动学校体育设施、企事业单位体育设施等向社会开放，实现资源共享，提高设施的使用效率。同时，鼓励各类体育组织、俱乐部等开展形式多样的健身活动，满足公众多样化的健身需求。

四、健全全民健身公共服务现代化治理体系

（一）秉持整体系统治理的理念

健全全民健身公共服务现代化治理体系，要明确全民健身公共服务治理的战略高度，将其融入国家治理体系当中，以整体系统治理的理念构建全民健身公共服务现代化治理体系。一方面，秉持"大体育"的发展观，充分考虑体旅融合、体医融合、体教融合等现实情况，推动跨部门、跨领域间信息互通与资源共享，整合各领域内的资源优势，进一步完善"体育＋"的顶层设计，实现协同治理新格局。另一方面，将全民健身治理与区域发展相结合，鼓励各地区秉持优势互补、共建共享、服务民生的原则，积极与其他区域建立全民健身协同治理关系。同时，加强全民健身区域一体化协同治理的顶层设计，确保各项政策和措施能够协调一致、有效实施。此外，还应建立健全常态化的区域沟通、协商、合作渠道，以促进各地区在全民健身治理方面的深度合作，共同提升跨区域的全民健身治理能力，从而推动全民健身事业实现更高水平的发展。

（二）打造共建共治共享的治理模式

着力形成多元主体治理模式，打造共建共治共享的全民健身治理格局。"共建"要求全体社会成员合作参与全民健身事业建设，是对全民健身治理方式的集思共创和群策构建；"共治"要求同心协力的多元主体共同参与全民健身治理，是解决日益复杂化和动态化的全民健身治理问题的新思路；"共享"要求参与主体共同享有全民健身治理成果，包含全民共享、全面共享、共建共享和渐进共享等方面。

五、构建全民健身公共服务多元供给体系

（一）引导社会力量参与供给

在供给主体上，更多地引入社会组织、企业、个人等多元主体参与。一方面，应出台更具吸引力的政策，鼓励和引导社会力量参与全民健身公共服务供给。比如为相关企业或组织提供税收优惠、资金扶持等政策，降低其参与全民健身公共服务的门槛和成本。另一方面，应与社会力量建立紧密的合作关系，形成多元化的供给主体。通过公私合营、政府购买服务等方式，将社会力量的专业优势与政府的政策优势相结合，共同推动全民健身公共服务的发展。此外，政府应设立奖励机制，对在全民健身公共服务供给中表现突出的社会力量给予表彰和奖励，这不仅可以激发社会力量的积极性，还可以

为其他潜在参与者树立榜样。

（二）丰富全民健身产品体系

一是要加强健身设施建设。建设适合不同年龄段和不同需求的健身设施，形成覆盖面广、设施齐全的健身设施网络。加强对现有设施的维护和管理，提高设施的使用率。二是要组织多样化的体育赛事活动。根据当地的特点和传统，组织各类体育赛事活动，满足不同人群的需求。三是要促进服务内容多样化。除了提供健身设施和赛事活动外，还可以提供健身指导、健康咨询等服务。例如，通过开展全民健身活动周、全民健身日等活动，增强公民的健身意识和参与度。

（三）促进多领域融合发展

推动全民健身深入发展，需要将其与多个领域进行有机融合，形成协同效应。例如，在教育领域，加强学校体育教育，推广校园体育活动，培养学生的运动兴趣和习惯，为全民健身打下坚实基础。在医疗领域，通过推广运动康复、健康管理等理念，将健身与医疗相结合，提高人们的健康水平。

六、现代信息技术赋能全民健身公共服务

（一）提高设施设备的智能化水平

在设施设备和产品技术方面，应加强智能化设施设备的研发和应用，提高设施设备的智能化水平。例如，研发智能化的健身器材、智能化的健身场地等，通过智能化手段实现健身数据的实时采集、分析和反馈，为健身者提供更加精准、个性化的服务。同时，应加强技术标准的制定和推广，推动全民健身公共服务智慧化发展的标准化、规范化。

（二）提高供需对接的智能化水平

在需求挖掘和服务模式方面，应通过智能化手段，深入挖掘用户需求，了解用户需求的特点和变化趋势，为用户提供更加精准、个性化的服务。例如，可以通过数据分析了解用户的健身习惯、喜好和需求，为用户推荐更加合适的健身方案和活动。同时，要创新服务模式，通过线上线下相结合的方式，为用户提供更加便捷、高效的服务。例如，可以通过互联网平台提供在线健身指导、在线预约、在线支付等服务，方便用户随时随地参与健身活动。

（三）提高评估监督的智能化水平

效益评估是全民健身公共服务智慧化发展的重要环节，通过对服务效益的评估和分析，可以及时发现问题、改进服务，提高服务质量和效益。因

此，应充分应用智能化手段，对全民健身公共服务的效果进行科学评估。例如，通过搭建智能化的数据收集和分析平台，实时收集和分析全民健身公共服务的使用情况、用户行为、反馈意见等多维度数据，进而了解服务的运行状况和用户的需求变化，为服务的优化提供有力依据。

第三章　全民健身场地设施建设

党和国家高度重视全民健身场地设施建设工作，将体育场地作为广泛开展全民健身运动的重要载体和牵引公共体育服务提质升级的"牛鼻子"。党的十八大以来，以顶层设计为引领，出台多项支持政策，完善社会主体参与机制，推动场地设施标准建立与先进技术应用，实现了场地设施质与量的双增。总体来看，健身场地结构与布局不断优化，全民健身工作取得显著成效，群众"健身难""健身去哪?"等场地问题正在逐步解决。

第一节　全民健身场地设施建设概述

一、全民健身场地设施建设的工作开展情况

（一）政策支持有力推动全民健身场地设施建设

逐步完善相关法律法规，先后出台多项政策，为推动全民健身场地设施建设提供了制度化保障。

2014 年，国务院发布《关于加快发展体育产业促进体育消费的若干意见》，将全民健身提升至国家战略层面，明确提出推进乡镇、行政村公共体育健身设施 100% 全覆盖。2019 年，国务院发布《体育强国建设纲要》，将"体育场地设施建设工程"列为国家重大工程，进一步凸显了对全民健身设施建设的重要性。2020 年，国务院办公厅发布《关于加强全民健身场地设施建设发展群众体育的意见》，进一步聚焦于解决群众"健身去哪儿"的问题，提出挖掘存量建设用地潜力，增加健身设施有效补给。2022 年，新修订的《中华人民共和国体育法》新增十余条体育场地建设相关条款，涉及体育场地设施用地、社区体育场地建设、社会力量投资、对外开放、运行管理等方面。总体而言，顶层设计为全民健身场地设施发展提供了持续性的宏观支撑。

2019 年，国家发改委和国家体育总局联合印发《"十三五"公共体育普及工程实施方案》，提出到 2020 年，人均体育场地面积达到 1.8 平方米，提升各类体育设施利用率，基本满足群众体育健身需求的总体建设目标。明确综合利用、改造提升、新建扩容三种建设方式，以及中央预算内投资、体育彩票公益金、地方财政性资金、社会投入四种资金筹措来源。2023 年，国家体育总局会同国家发改委、财政部等部门印发《全民健身场地设施提升行动工作方案（2023—2025 年)》，启动实施全民健身场地设施提升行动。

地方上，各省市结合实际情况，因地制宜制定区域发展政策。如浙江省发布《浙江省全民健身实施计划（2021—2025 年)》《浙江省公共体育设施管理办法》等；上海市发布《关于本市推进全民健身工程加强体育场地设施建设的意见》《上海市公共体育设施建设"十四五"规划》等。地方具体实施计划与意见，为推动全民健身体育场地设施建设落地生根提供了行动指南和政策保障。

（二）全民健身场地结构优化供给质量明显提高

以人民群众体育需求为主攻方向，加快实现体育场地结构优化，提高全民健身场地设施供给质量，是我国全民健身事业的重要任务。党的十八大以来，我国全民健身场地结构不断优化，场地设施数量和质量明显提升，群众健身难、健身贵问题有效缓解，全民健身环境显著改善。

一是场地设施面积方面，体育场地数量和面积大幅提升，有效缓解了公共体育场地供给不足的矛盾。2013 年，我国共有体育场地 169.46 万个，体育场地面积 19.92 亿平方米，平均每万人拥有体育场地 12.45 个，人均体育场地面积 1.46 平方米。到 2023 年，我国共有体育场地 459.27 万个，体育场地面积 40.71 亿平方米，人均体育场地面积 2.89 平方米，实现大幅度增长。

二是场地分布结构方面，体育场地发展理念实现了从追求客观数据增长向群众获得感提升的转变。各级政府立足公众实际需求，构建差异化、梯级化的体育场地供给模式。人口成为公共体育资源配置的"定位器"，各地从常住人口总量、结构、流动趋势等实际出发，匹配人口要素，注重因地制宜，统筹资源布局。通过实施"金角银边""见缝插针"等行动措施，推动群众身边的全民健身场地不断增加，健身设施可及性显著提升。

三是场地设施质量方面，体育场地设施整体质量明显提升。体育生态圈建设持续推进，体育设施种类不断丰富。新建体育设施更加智能，5G

等新一代信息技术以体育场地设施为载体赋能全民健身，智慧健身中心、社区智能健身房等智慧健身新模式成效显著。体育场地运营管理专业化水平不断提高，基层的老旧破损全民健身体育设施改造、更新和维修力度明显改善。

（三）多元合作建设全民健身场地机制逐渐清晰

社会力量是参与全民健身场地设施建设的主力军，也是未来体育事业发展的重要依托。不断拓展公共体育服务供给渠道，建构起能够有效激发社会主体活力、鼓励多元力量参与建设全民健身场地设施的合作机制，是实现更高水平公共体育服务有效供给的必由之路。

政府多措并举推动体育场地设施建设，不断深化放管服改革，协调各方出台政策措施。各级政府将激发社会力量参与全民健身公共服务体系建设的积极性作为发展目标、重要任务和保障机制写进发展规划，明确提出完善支持社会力量发展全民健身的体制机制，优化城市全民健身功能布局，打造群众身边的体育生态圈，拓展全民健身新载体。各地实践探索已积累起丰富经验，多元主体参与全民健身场地设施建设的社会合作机制逐步成形。

（四）建设规范与技术应用助力场地设施标准化

充分发挥标准化在推进全民健身场地设施建设中的引领性、基础性作用，是实现体育领域治理体系和治理能力现代化的题中之义。近年来，相关部门和地方政府根据体育场地设施建设现状、群众体育需求及未来发展趋势，加大力度优先制定基础、共性及重点建设项目等社会急需标准。全民健身场地设施建设的标准体系逐渐成形并开始发挥规范作用。

2017 年，国家体育总局印发《体育标准化管理办法》以及《体育标准制修订工作实施细则》。2022 年，国家体育总局修订并印发新的《体育标准化管理办法》，加强宣传贯彻工作，组织编制文件释义，配套修订实施细则。根据《国家标准化发展纲要》要求，以服务健康中国和体育强国为核心，各部门、各协会通力配合，先后出台《体育标准化管理办法》《国家体育锻炼标准测试器材配置与要求》《体育场所开放条件与技术要求》等标准规范。体育场地设施标准化制度和组织体系的不断完善，建设规范的不断细化，为体育场地设施建设提供了有效保障。

动态聚焦重点领域标准研制的工作机制已经形成。一方面，我国持续推进场地建设、设施制造、场馆运营等相关标准制定与研究工作。推动全民健身公共服务标准化建设，发布体育公园、室外健身器材建设要求等一批国家行业标准。另一方面，根据服务全民健身公共体系升级要求，研究制定数字化、智能化场地设施制造标准，通过紧盯需求端，倒逼供给端，推进体育领域先进制造业与现代服务业的深度融合。

二、全民健身场地设施建设的任务要求

（一）改善场地供给结构，增强设施可及性

坚持以人民为中心办体育是新时代我国全民健身场地设施建设的总体方略。党的十八大以来，我国全民健身场地设施供给体系建设成效明显，各项场地设施数据稳步增长。但也应当注意到，在全民健身场地设施建设过程中仍存在难以有效满足群众健身需求、专项资金运用效率低、场地可及性弱等结构性问题。因此，应以体制机制改革推动全民健身场地设施供给侧结构调整不断优化，更多地将场地设施的效率性、经济性、普惠性纳入建设考量。

优化全民健身场地设施供给结构，将场地数据的增长紧密围绕在群众实际获得感周围。一是着重解决城市中心区域人口聚集、规划不合理导致的全民健身场地供需紧张等问题，将场地设施的利用率、核心与重点区域人均体育场地面积作为全民健身场地设施建设的中心任务。二是将增强可及性作为优化场地设施供给结构的重要支点。提升人民需求与场地供给的匹配程度，提高场地设施的使用效率，优化群众参与全民健身的体验感受。

（二）激发多元主体活力，打造治理新格局

全民健身是人民群众共同参与、共同建设、共同享有的崇高事业，在全民健身场地设施建设过程中要以共建共治共享的方式拓展社会发展新场景，打造多元共治新格局。

要坚持以共同建设的方式释放政府压力。政府在全民健身领域可以适当进行权力下放，引导和培育社会主体，向其赋予更多的权责，凸显社会力量作用。通过建立健全多主体参与场地建设的工作机制，搭建多级规范化建设平台，协调处理好社会资本参与全民健身场地设施建设的逻辑矛盾。以制度改革激发多主体参与全民健身场地设施建设，不断减轻政府压力。

要坚持以共治共享的模式激发社会活力。不断推动制度创新，持续推进政府体制改革和服务型政府建设。全民健身活动的组织者、受益者和监督者都应具备"全民"特色，围绕群众实际体验，完善场地设施建设质量考核评价工作，提升群众在共同治理体系中的话语权。着力破解多元主体参与度偏低、参与场地设施建设体制机制不健全等问题。

（三）提升场地服务水平，突出数字化建设

在场地运营管理方面，要强化服务功能，增强发展动力，提高使用效率。一是积极进行运营管理体制改革和机制创新，引入现代企业制度，持续推动人事和收入分配等方面改革。二是加强绩效评估，建立能够激发活力、增强内生动力的激励与约束机制，不断优化和提升大型体育场馆的运营管理和服务水平。

紧随数字时代发展潮流，提升场地设施数字化水平，扩大体育场地综合效益。一是以信息技术应用为引领，持续推进公共体育场馆服务大提升工程。将体育场地设施打造为全民健身公共服务供给的智慧平台，实现订场购票、科学监控、赛事培训报名、体育活动开展的有机结合。二是重视数字技术应用，积极筹划利用"互联网＋"、云计算、大数据、物联网以及软硬件集成等技术，探索建立场馆客流监控、运营管理、能源消耗等实时管理系统，提升体育场地综合效益。

第二节　全民健身场地设施建设情况

一、全民健身场地设施建设规模与分布情况

（一）全民健身场地建设规模情况

1. 全民健身场地设施概况

全民健身场地设施涵盖用于全民健身活动的场地、相关配套设备、构筑物以及建筑物。包括公共体育设施、学校体育设施、居民住宅区的体育设施以及经营性体育设施，还包括国家机关、社会团体和企业事业组织等单位内部的体育设施。

《体育强国建设纲要》将统筹建设全民健身场地设施视为贯彻全民健身国家战略的重要任务。纲要提出，要强化全民健身中心、体育健身公园、城市绿道、健身步道、自行车道、社区文体广场、足球场和冰雪运动等场地设施的建设。鼓励与社区、商业、文娱等建设项目进行综合开发和改造，充分利用城市空置场所、地下空间以及权属单位物业附属空间。鼓励社会力量投入小型体育场所的建设，完善公共体育设施免费或低收费开放政策，有序促进各类体育场地设施向社会开放。

2. 全民健身场地设施分类型建设情况

（1）基础运动场地

基础运动场地建设方面，如图3-1所示，2018年至2023年，田径场地

数量与游泳场地数量均稳步增长。截至 2023 年底，我国田径场地数量与游泳场地数量均达到最高值，分别为 20.76 万个和 4.02 万个。

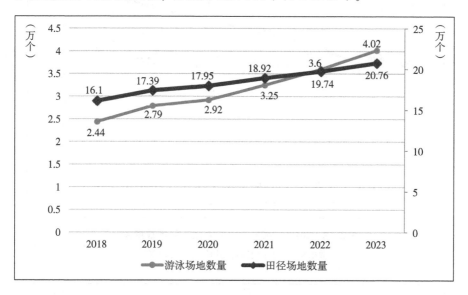

图 3-1　2018—2023 年基础运动场地数量情况

数据来源：《全国体育场地统计调查数据》

（2）球类运动场地

"三大球"运动场地建设方面，如图 3-2 所示，2018 年至 2023 年，足球、篮球、排球的场地数量均明显提升，其中足球场地数量增长最为显著，根据第六次全国体育场地普查显示，截至 2013 年底，全国拥有较好条件的足球场地 1 万余块，平均约 13 万人拥有一块足球场地。足球场地数量从 2003 年至 2013 年仅增加 7100 个，增长速度缓慢。"十三五"时期，全国社会足球场地数量增长四倍，共新建社会足球场地 26957 块。截至 2023 年底，"三大球"场地数量均达到历史最高值，足球为 14.87 万个，篮球为 117.64 万个，排球为 11.04 万个。

乒乓球和羽毛球运动场地建设方面，如图 3-3 所示，2018 年至 2023 年，二者场地数量均稳步提升，其中羽毛球场地的数量增长更为明显，尤其是 2020 年以来增长速率显著提升。截至 2023 年底，乒乓球和羽毛球的场地数量均达到历史最高值，乒乓球场地数量达到 101.49 万个，羽毛球场地数量达到 27.79 万个。

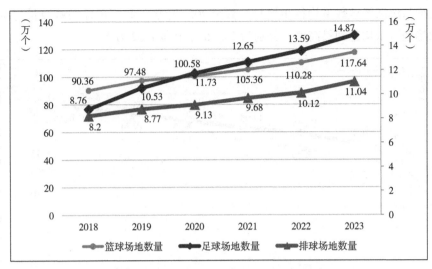

图 3 - 2 2018—2023 年 "三大球" 场地数量情况
数据来源：《全国体育场地统计调查数据》

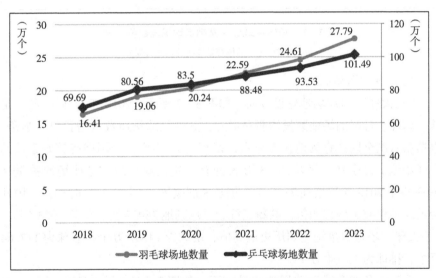

图 3 - 3 2018—2023 年乒乓球和羽毛球场地数量情况
数据来源：《全国体育场地统计调查数据》

（3）冰雪运动场地

冰雪运动场地方面，如图 3 - 4 所示，2018 年至 2023 年，全国范围内的滑雪场地数量和滑冰场地数量均显著提升。滑雪场地数量在五年中增长近八成，达到 935 个；滑冰场地数量在五年中增长超两倍，达到 1912 个。

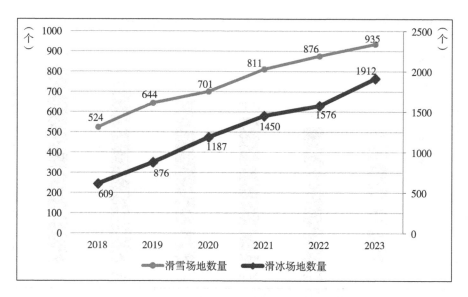

图 3－4　2018—2023 年冰雪运动场地数量情况

数据来源：《全国体育场地统计调查数据》

（4）体育健身场地

全民健身路径方面，如图 3－5 所示，数量均稳步提升，五年内增长超四成，截至 2023 年底达到 105.22 万个。

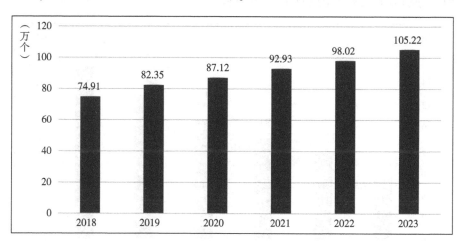

图 3－5　2018—2023 年全民健身路径数量情况

数据来源：《全国体育场地统计调查数据》

健身房方面，如图 3－6 所示，数量稳步增长，五年内年平均增长 1.2 万个。截至 2023 年底，健身房数量达到 15.55 万个。

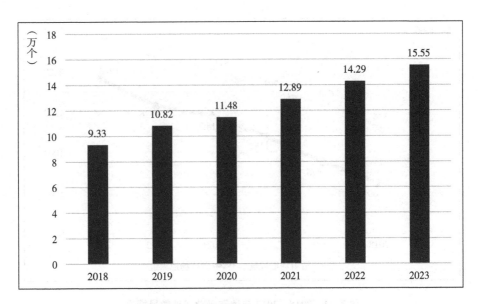

图 3 - 6　2018—2023 年健身房数量情况

数据来源：《全国体育场地统计调查数据》

　　健身步道方面，如图 3 - 7 所示，健身步道数量与长度稳步增长，尤其是 2020 年以来增长显著。截至 2023 年底，健身步道数量与长度均达到最高值，分别为 15.28 万个以及 37.1 万公里。

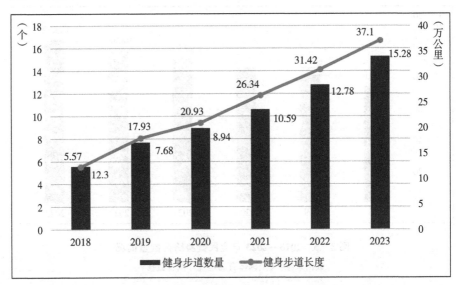

图 3 - 7　2018—2023 年健身步道规模情况

数据来源：《全国体育场地统计调查数据》

（二）全民健身场地设施分布情况

1. 基础大项场地分布情况

（1）田径场地

全国田径场地数量方面，地区分类差异明显。如图3-8显示，山东省田径场地数量最多，为1.98万个；广东省次之，为1.65万个；河南省第三，为1.62万个；西藏自治区数量最少，为411个。分区域看，东部省份田径场地数量较多，中西部地区则有较大差距。

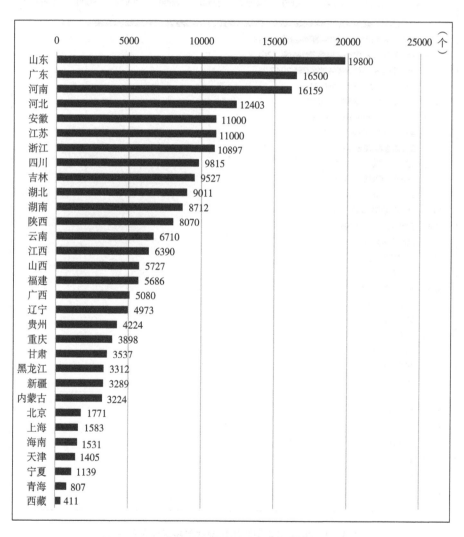

图3-8　2023年全国田径场地数量按区域分类情况

数据来源：全国及各省区体育场地统计调查数据

（2）游泳场地

全国范围全民健身路径数量方面，按地区分类差异明显，如图 3-9 显示，广东省游泳场地数量最多，为 8014 个；浙江省次之，为 3288 个；江苏省第三，为 3261 个；西藏自治区数量最少，为 18 个。分区域看，游泳场地在数量上主要集中在东部地区，中西部地区有较大差距。

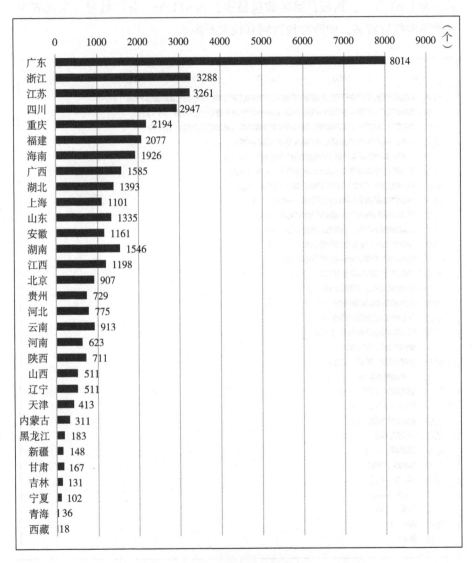

图 3-9　2023 年全国游泳场地数量按区域分类情况

数据来源：全国及各省区体育场地统计调查数据

2. 球类运动场地分布情况

（1）足球场地

依据 2023 年全国及各省域体育场地统计调查数据，如图 3－10 显示，广东省足球场地数量最多，为 1.3 万个；江苏省次之，为 1.09 万个；山东省第三，为 9486 个；西藏自治区数量最少，为 961 个。分区域来看，东部区域足球场地数量在 4 大区域中最多，西部区域足球场地数量多于中部、东北区域，东北区域足球场地数量最少。

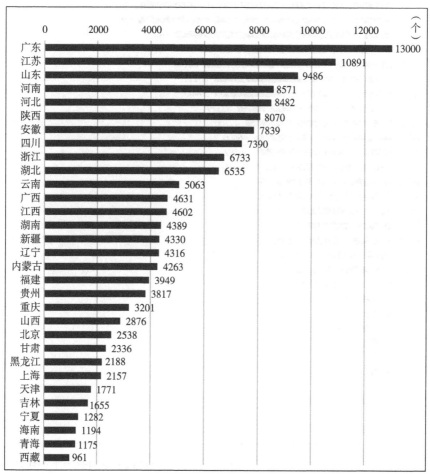

注：由于宁夏回族自治区未单独公布 2022 年和 2023 年足球场地数据，因此选取 2021 年统计数据

图 3－10 2023 年全国足球场地数量按地区分类情况

数据来源：全国及各省区体育场地统计调查数据

（2）篮球场地

依据2023年全国及各省域体育场地统计调查数据，如图3-11显示，广东省篮球场地数量最多，为11.1万个；广西壮族自治区次之，为8.69万个；河南省第三，为8.57万个；西藏自治区数量最少，为2955个。

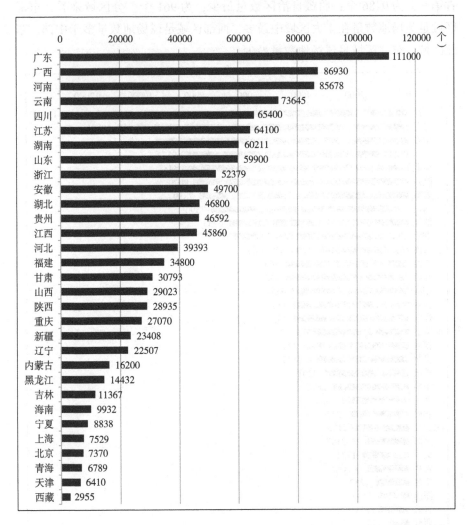

注：由于宁夏回族自治区未单独公布2022年和2023年篮球场地数据，因此选取2021年统计数据

图3-11 2023年全国篮球场地数量按地区分类情况

数据来源：全国及各省区体育场地统计调查数据

（3）排球场地

依据 2023 年全国及各省域体育场地统计调查数据，如图 3 - 12 显示，江西省排球场地数量最多，为 1.11 万个；广西壮族自治区次之，为 1.03 万个；山东省第三，为 9586 个；西藏自治区数量最少，为 63 个。

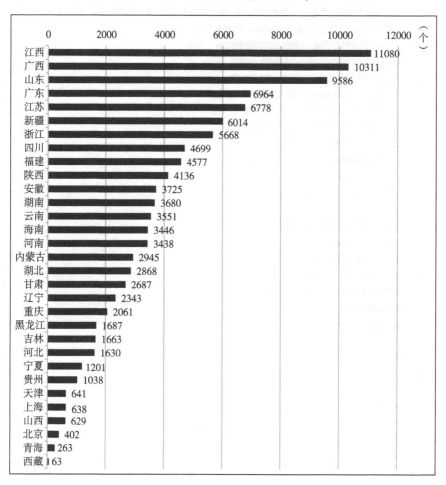

注：由于宁夏回族自治区未单独公布 2022 年和 2023 年排球场地数据，因此选取 2021 年统计数据

图 3 - 12　2023 年全国排球场地数量按地区分类情况
数据来源：全国及各省区体育场地统计调查数据

（4）乒乓球场地

依据 2023 年全国及各省域体育场地统计调查数据，如图 3 - 13 显示，河南省乒乓球场地数量最多，为 11.09 万个；四川省次之，为 10.47 万个；

广东省第三,为6.83万个;西藏自治区数量最少,为528个。

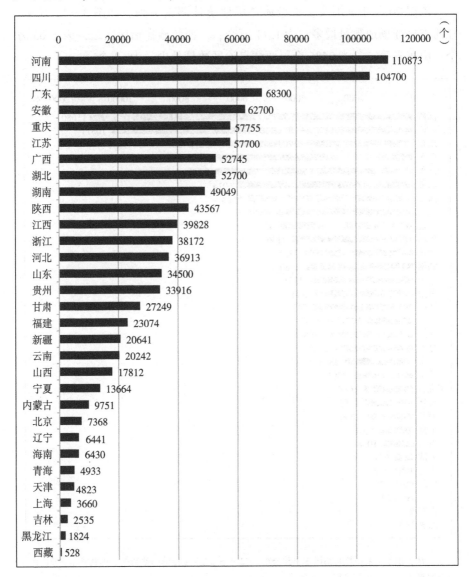

图3－13 2023年全国乒乓球场地数量按地区分类情况
数据来源:全国及各省区体育场地统计调查数据

(5)羽毛球场地

依据2023年全国及各省域体育场地统计调查数据,如图3－14显示,广东省羽毛球场地数量最多，为 3.16 万个；重庆市次之，为 2.22 万个；安徽省第三，为 2.19 万个；西藏自治区数量最少，为 146 个。

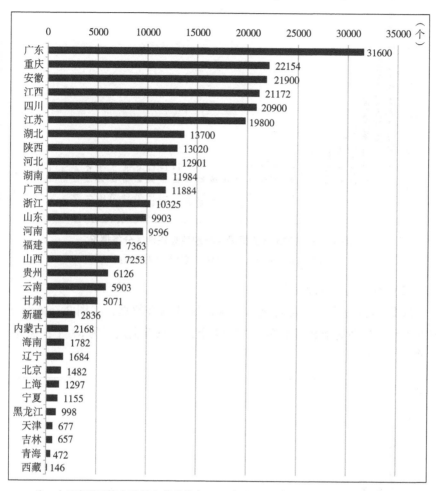

注：由于宁夏回族自治区未单独公布 2022 年和 2023 年羽毛球场地数据，因此选取 2021 年统计数据

图 3–14 2023 年全国羽毛球场地数量按地区分类情况
数据来源：全国及各省区体育场地统计调查数据

3. 冰雪运动场地分布情况

（1）滑冰运动场地

依据 2023 年全国及各省域体育场地统计调查数据，如图 3–15 显示，河北省滑冰运动场地数量最多，为 512 个；黑龙江省次之，为 390 个；吉林省第三，为 300 个；西藏自治区数量最少，暂时没有滑冰运动场地。

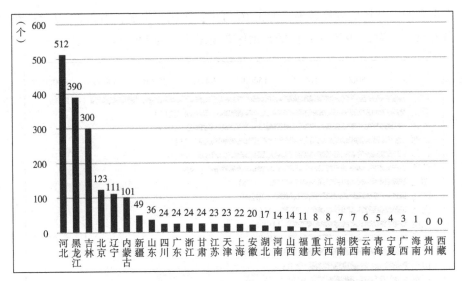

图 3-15　2023 年全国滑冰场地数量按地区分类情况

数据来源：全国及各省区体育场地统计调查数据

（2）滑雪运动场地

依据 2023 年全国及各省域体育场地统计调查数据，如图 3-16 显示，河北省滑雪运动场地数量最多，为 134 个；山东省次之，为 87 个；黑龙江省第三，为 84 个。

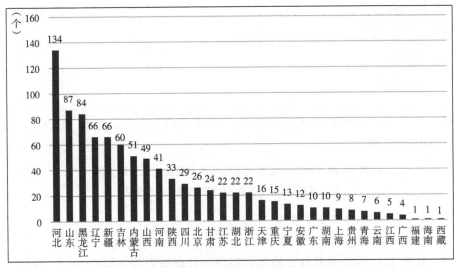

图 3-16　2023 年全国滑雪场地数量按地区分类情况

数据来源：全国及各省区体育场地统计调查数据

4. 体育健身场地分布情况

（1）全民健身路径

全国范围全民健身路径数量方面，按地区分类差异明显，如图 3－17 显示，山东省全民健身路径数量最多，为 9.55 万个；江苏省次之，为 8.36 万个；河北省第三，为 8.14 万个；西藏自治区数量最少，为 3038 个。分区域看，东部省份全民健身步道数量较多，中西部地区则有较大差距。

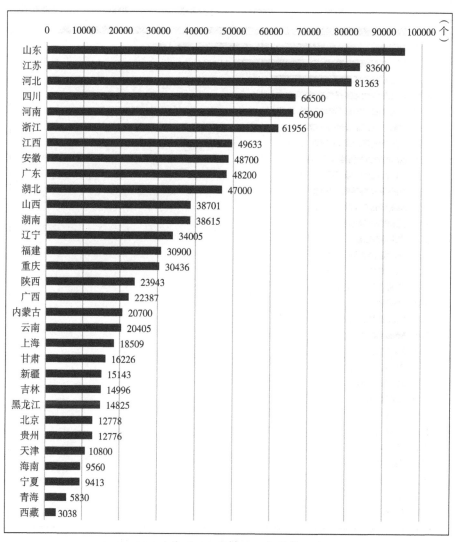

图 3－17 2023 年全国全民健身路径数量按区域分类情况

数据来源：全国及各省区体育场地统计调查数据

（2）健身房

全国范围健身房数量方面，按地区分类差异明显，如图 3 - 18 显示，江苏省健身房数量最多，为 2.59 万个；浙江省次之，为 1.58 万个；山东省第三，为 1.19 万个；青海省数量最少，为 306 个。分区域看，东部省份健身房数量较多，中西部地区则有较大差距。

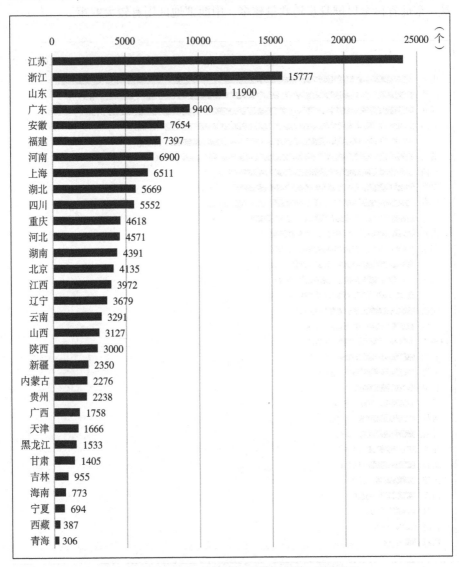

图 3 - 18　2023 年全国健身房数量按地区分类情况

数据来源：全国及各省区体育场地统计调查数据

（3）健身步道

全国范围健身步道数量方面，按地区分类差异明显，如图 3－19 显示，江苏省健身步道数量最多，为 3.46 万个；四川省次之，为 9158 个；浙江省第三，为 8835 个；西藏自治区数量最少，为 42 个。分区域看，东部省份健身步道数量较多，中西部地区则有较大差距。

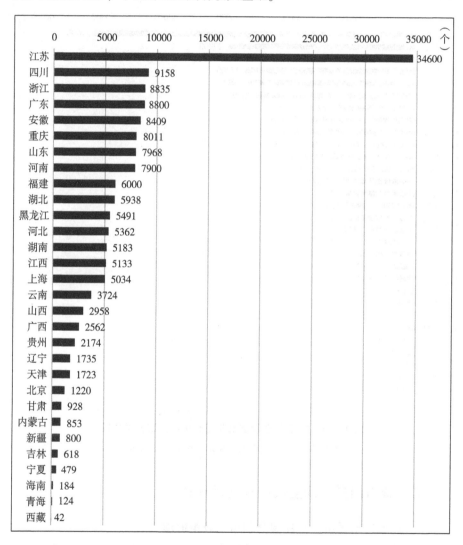

注：陕西省未公布该数据

图 3－19　2023 年全国健身步道数量按区域分类情况

数据来源：全国及各省区体育场地统计调查数据

全国范围健身步道长度方面，按地区分类差异明显，如图 3-20 显示，江苏省健身步道最长，为 5.16 万公里；浙江省次之，为 2.99 万公里；山东省第三，为 2.82 万公里；西藏自治区数量最少，为 141.97 公里。分区域看，东部省份健身步道长度最长，中西部地区则有较大差距。

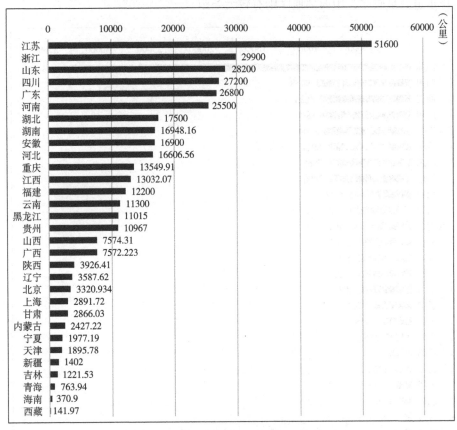

图 3-20　2023 年全国健身步道长度按区域分类情况

数据来源：全国及各省区体育场地统计调查数据

二、城市闲置空间全民健身利用现状

（一）城市闲置空间全民健身利用的政策梳理

匹配各地不同人口条件，提高基本体育公共服务保障能力，是推动全民健身的重要环节。为解决城市中心空间资源不足导致的全民健身场地设施供需矛盾，中央有关部门和地方陆续出台针对性政策文件，助力全民健身场地设施提质增量。同时，各级政府高度重视灵活利用各类闲置空间，因地制宜建设全民健身场地设施的行动方案。

国务院、国家发改委、国家体育总局等相关部门出台的关于利用非体育用地建设体育场地设施的重要政策如表 3 - 1 所示，其中，鼓励非体育用地建设体育场地设施的用地类型不断增多、相关政策规范不断细化。从旧厂房、仓库、老旧商业设施、荒地等相继扩展到绿地、屋顶、地下室、景区、市政用地等类型，表明国家层面通过协调各部门，持续加大利用城市闲置空间建设全民健身场地设施的支持力度。

表 3 - 1　城市闲置空间全民健身利用相关政策文件及内容

序号	文件名称	签发机关	政策内容
1	《体育产业发展"十三五"规划》	国家体育总局	适当增加体育设施用地和配套设施配建比例；充分利用公园绿地、城市空置场所、建筑物屋顶、地下室等区域；通过引导社会力量盘活存量资源，改造闲置空间用于全民健身。
2	《中国足球中长期发展规划（2016—2050 年)》	国家发展改革委中国足球协会体育总局教育部	提出将足球场地设施建设纳入城乡规划、土地利用总体规划和年度用地计划，在配建体育设施中予以保障，并制定较为详细的土地使用建议；在要求配套建设足球场地设施的项目中，将建设要求纳入供地条件。放宽利用以划拨方式取得的存量房产和原有土地兴办足球场地设施的土地使用条件，简化申请手续。
3	《全国冰雪场地设施建设规划（2016—2022 年)》	国家发展改革委国家体育总局工业和信息化部财政部国土资源部住房和城乡建设部国家旅游局	鼓励在公园、校园、广场、社区等地建设可拆装式滑冰场。鼓励对旧厂房、仓库、老旧商业设施等进行改造，改建成滑冰场地，并建立差别化供地等保障措施。
4	《全民健身计划（2016—2020 年)》	国务院	提出利用社会资金，结合国家的规划与建设，合理利用景区、郊野公园、城市公园、公共绿地、广场及城市空置场所建设休闲健身场地设施；老城区要因地制宜配建全民健身场地设施；合理做好城乡空间的二次利用，推广多功能、季节性、可移动、可拆卸、绿色环保的健身设施。

序号	文件名称	签发机关	政策内容
5	《"十三五"公共体育普及工程实施方案》	国家发展改革委 国家体育总局	提出要充分利用体育中心、公园绿地、闲置厂房、校舍操场、社区空置场所等建设体育设施;将公共体育场地设施建设纳入城乡规划、土地利用总体规划和年度用地计划,合理布局布点,在缺乏体育场地的城乡社区加快建设一批公共体育服务设施。
6	《体育强国建设纲要》	国务院 办公厅	统筹建设全民健身场地设施。加强城市绿道、健身步道、自行车道、全民健身中心、体育健身公园、社区文体广场以及足球、冰雪运动等场地设施建设,与住宅、商业、文化、娱乐等建设项目综合开发和改造相结合,合理利用城市空置场所、地下空间、公园绿地、建筑屋顶、权属单位物业附属空间。
7	《关于促进全民健身和体育消费推动体育产业高质量发展的意见》	国务院 办公厅	指出要建设体育场地,增加要素供给。提出要鼓励各类市场主体利用既有建筑及屋顶、地下室等空间建设改造成体育设施;合理利用公园绿地、市政用地等建设球类运动体育设施。鼓励社会资本参与投资建设并依法按约定享受相应权益,协调发改委、自然资源部、体育总局、住房城乡建设部等相关部门落实具体要求,顶层引领作用不断细化,政策支持力度不断加强。
8	《"十四五"时期全民健身设施补短板工程实施方案》	国家发展改革委 国家体育总局	加强组织领导。促进体育发展规划、全民健身计划与当地国土空间规划、经济社会发展规划等衔接,依法保障健身设施用地。在当地党委、政府领导下,发展改革和体育部门加强分工协作,强化项目组织实施,将工作责任落实到岗到人,严格项目管理,加强项目储备、组织实施和监督检查。
9	《关于推进体育公园建设的指导意见》	国家发展改革委 国家体育总局 国家自然资源部 水利部 农业农村部 国家林业和草原局 农业发展银行	合理利用低效用地。在城中村、老旧城区等区域,在符合国土空间规划的前提下,充分引入市场化机制,合理盘活利用旧住宅区、旧厂区、城中村改造的土地,改扩建体育公园。保障土地供给。各地要依据国土空间规划将体育公园相关建设用地纳入年度用地计划,合理安排用地需求。对符合《划拨用地目录》的非营利性体育用地,可以采取划拨方式供地。对不符合划拨用地目录的,应当依法采取有偿方式供地。鼓励以长期租赁、先租后让的方式,供应体育公园建设用地。优化审批建设程序。

续表

序号	文件名称	签发机关	政策内容
10	《全民健身场地设施提升行动工作方案（2023—2025年)》	体育总局办公厅 国家发展改革委 办公厅 财政部办公厅 住建部办公厅 人民银行办公厅	集中开展健身设施强基础、扩服务、增效益三大行动，夯实城乡健身设施基础、加强适老化适儿化健身设施配置、拓展居住区健身设施供给；提升健身设施质量，打造群众身边体育生态圈、推进智慧化健身设施建设；扩展健身设施服务、促进公共体育场馆开放提质增效、提升健身设施开放服务水平、推进全民健身公共服务智慧化；全面提高健身设施利用率；强化政策支撑和要素保障，充分发挥各类资金使用效益、保障健身设施用地空间、建立健全激励机制、引导支持社会力量参与。
11	《城市社区嵌入式服务设施建设工程实施方案》	国务院办公厅	提出按照"补改一批、转型一批、划转一批、配建一批"原则，推动各地开展社区嵌入式服务设施建设场地空间拓展攻坚行动。针对老旧小区空间资源紧张问题，积极推进社会存量资源改造利用，综合运用整合社区用房、产权置换、征收改建等方式，多渠道拓展设施建设场地空间，补建改建一批居民急需的社区嵌入式服务设施。

（二）城市闲置空间全民健身利用的典型模式

1. 浙江"嵌入式体育场地建设"模式

浙江省通过实施嵌入式体育场地建设行动将城市的"边角余料"转化为全民健身的"金角银边"，创新性破解群众身边体育场地不足的难题。例如杭州市发布《杭州市嵌入式体育场地设施建设三年行动计划（2022—2024)》，提出三年内新增体育场地面积中的16%以上用于建设嵌入式体育设施，形成"10分钟"健身圈的目标。

广泛探索"自建+社会力量参与"的模式建造体育场地，包括政府出资建设+属地运维、政府提供土地+社会力量投资、政府出资建设+第三方运营三种模式。例如位于锦城街道东门社区的杭州立博体育发展有限公司，采取政府提供土地+社会力量投资的发展模式。在街道的指导下，公司利用临安区青少年乒乓球训练基地3楼屋顶闲置空地，建设篮球场和足球场，同时开办健身房，打造供给丰富、布局合理、功能完善的嵌入式体育场地，极大激发了周边小区居民的健身热情。

总的来说，嵌入式模式以政府为主导，积极激发社会主体力量，直击体育场地供需的结构性矛盾，具有以下三方面经验启示。首先，系统考虑，整体设计。强化工作统筹，避免重复建设，提升工作质效。其次，创新突破，因地制宜。针对"异形空间""微小空间"，制定非标准场地建设技术规范，打通用地制约"堵点"。最后，安装智能灯光、门禁、流量探头等装备，创新运维，智慧管理，以智治融合实现场地设施的精准服务。

2. 上海"都市运动中心发展"模式

上海市通过政府部门主动提供平台的方式，引入竞争机制鼓励多元主体参与体育场地建设。在推动管办分离的基础上利用市场机制，摸准群众需求，实现政府、市场和社会的"三轮驱动"。

洛克公园作为上海创新试点的新型体育服务模式，紧密围绕"大力发展体育产业、促进体育消费"的政策背景，将门店分为"移动装配式场馆""体育+商业高端精品店""多元运动中心"3 种类型，旨在打造能够满足群众多元体育需求的体育综合体。

作为都市运动中心，洛克公园以消费为导向，探索符合上海城市特点的体育新空间，容纳更多的体育新项目。从硬件条件上看，项目基本围绕教育机构、住宅写字楼以及大型购物设施等，要求物业、地产商充分了解体育的社会价值，并通过整体规划，对空间要求不同的运动项目进行组合；从运营模式上看，以家庭为核心，打造全年龄段综合体育活动中心，通过引入多种运动项目，以娱乐为中心，并配套美容美发美甲、体育用品超市等多种生活服务项目，使每位家庭成员都可以匹配到自己喜欢的运动项目和休闲服务。

上海"都市运动中心发展"模式，从体育场馆消费的供给侧入手，多种运动业态集合、配套项目及设施完善、项目规模适中和场地搭建灵活，找到了体育综合体的最佳定位，形成了体育集合业态的整体运营。

3. 北京"废旧工业园区改造"模式

北京市借助举办冬奥会的机遇，对市区范围内的首钢废旧工业园区进行改造，以冰雪运动赋能的形式将老工业园区改造为体育服务综合体和全民健身新高地。

首钢园坚持全民健身的公益属性，旨在打造贴近群众的全民健身场地。自建成后，首钢园持续开办社会性体育赛事及活动，营造出浓厚的全民健身氛围，极大激发了群众参与冰雪运动的热情。此外，首钢园在城市更新过程中也坚持发挥体育公共价值，以自我更新为主、市场化开发为辅的方式，保证精细化开发落地，将首钢打造为面向全民的健身示范区。

总的来说，首钢园紧抓奥运机遇，以奥运工程破局城市更新，坚持社会属性的基本底色，聚焦多维度复兴。京西地区的全民健身环境品质显著提升，体育场地建设在城市复兴新地标建设引领下取得了举世瞩目的发展成果。

（三）城市闲置空间全民健身利用的影响因素

1. 具体操作指南有力推动宏观政策落地

顶层设计为城市闲置空间全民健身利用提供了方向引领，在政策落地过程中所出台的规范性政策、针对性操作指南则为执行者提供了具体遵循，有力推动宏观政策走向具体执行。

在具体实践过程中，各级政府因地制宜，扎实推进城市闲置空间全民健身利用计划，取得了不错进展，积累了丰富经验。例如，杭州市发布的《杭州市嵌入式体育场地设施建设三年行动计划（2022—2024）》，根据体育场地及闲置空间现状，提出三年内新增体育场地面积中的16%作为嵌入式体育场地的具体发展目标。设定包括居住区、公园绿地、桥下空间滨水绿道嵌入体育设施建设行动等具体工作内容。在针对性操作建设指南方面，杭州市政府以附件的形式将具体操作指南与计划一并下发，让政策执行者在建设过程中有据可依。其中《杭州市嵌入式体育场地设施建设导则（试行）》对缓冲区、场地布置方向等做出具体建设规定，保证了全民健身场地设施的建设质量；《2022年杭州市嵌入式体育场地设施建设项目情况表》将建设项目实时上报，做到对体育场地设施建设的有效掌控；《杭州市"一江一河"嵌入式体育场地设施布点方案》通过对居民体育需求的调研实现了体育场地设施的精准配送，有效提高了场地设施的实际使用率。

2. 建立联动机制有效强化政策执行合力

城市闲置空间全民健身利用是横跨多部门的系统性工程。由于我国实施"条块分割"的行政管理体制，城市闲置空间全民健身利用所需的权力分散于各个部门。因此，协调各方职能职责，设置同向利益关系，建立相关职能部门联动机制，是实现凝聚政策执行合力的有效方式。

以杭州市为例，市政府将压实主体责任作为政策执行的保障措施，提出"把实施嵌入式体育场地设施建设作为当前与今后一段时期内的重点工作任务列入重要议事日程"，将每年新增嵌入式体育场地面积按人口情况分配给各区县，提高不同部门积极性。此外，还提出适时召开体育、发改、财政、建设、城管、交通、园林绿化等相关职能部门参加的专题工作会议，建立定期汇报机制，及时研究解决政策推进过程中的困难与问题，通过督导检查和制度保障两手抓，显著提升政策执行效率。总体来看，通过不断优化审批程序和制度，细化配套政策和措施，杭州市在推进城市闲置空间全民健身利用计划过程中，确保了各项工作任务落实到位。

三、体育场地设施向社会开放现状

（一）公共体育场地对社会开放情况

1. 公共体育场地对社会开放的政策要求

为盘活体育场地存量资源，各级体育部门制定实施督导场馆开放的配套政策，推动提升场馆开放服务水平。为保证场馆更好地向社会开放，体育总局制定并印发《公共体育场馆基本公共服务规范》《政府委托社会力量运营公共体育场馆示范合同（参考文本)》等文件。地方体育主管部门也出台相应的政策、文件、配套措施，推进公共体育场馆开放服务提升行动走实走深。

资金保障方面，为落实公共体育场馆对社会开放保障，2022年1月，财政部联合体育总局修订并印发新的《公共体育场馆向社会免费或低收费开放补助资金管理办法》。将补助标准和规范调整为各地体育行政部门所属的向社会免费或低收费开放、达到《公共体育场馆基本公共服务规范》中体育建筑面积、硬件设施等要求的县级及以上公共体育场馆和全民健身中心。

2. 全国范围公共体育场地对社会开放总体情况

截至2023年，公共体育场馆向社会免费或低收费开放补助资金预算达到10.8亿元，共2491个符合支持条件的公共体育场馆向社会免费或低收费开放。根据各地报送的信息数据测算，这些场馆可以覆盖全国所有的地（市）、近1400个县级行政区域，场馆核心区免费或低收费开放的场地面积超过2000万平方米，受益人次超过4亿。自新补助办法实施以来，享受中央财政补助的场馆大幅增加，从新办法实施前的1400个左右增加到2023年的近2500个，增长幅度为77%。其中，新增场馆绝大部分为群众身边利用率较高的中小型场馆，位于中西部地区的场馆数量2040个，占比约为82%。

3. 公共体育场地对社会开放的地方实践

为探索提升公共体育场馆管理服务水平的新模式和新机制，改善公共体育场馆对社会的开放程度，更进一步挖掘现有的体育资源，推动解决一些大型公共体育场馆面临的运营开放难、利用率不高、群众满意度较低等问题，国家体育总局于 2021 年至 2022 年在江苏、湖北、浙江等地开展了公共体育场馆开放使用的综合试点工作。这一举措激发了各地推行多个具有代表性的案例，推动公共体育场馆向更多对社会敞开的方向迈进。试点地区主要集中在改善场馆硬件设施、探索提升场馆开放服务水平的新途径、建立完善场馆管理运营新机制三个方面。

（1）浙江：公共体育场馆智能化改造

浙江省结合亚运场馆改造发展机遇，充分利用试点契机，实施公共体育场馆硬件设施大提升工程。全省 119 家公共体育场馆的开放服务水平得到全面提升，成功实现了场馆设施的智能化、管理服务的数字化和综合效能的集约化目标。2022 年与前一年相比，场馆的开放时长增加 7.9%，服务人次增长 8%，公益健身培训惠及人次增加 7%。场馆的"空置率"降低 15%，人力成本减少 37%，综合能耗下降 30%。

例如，杭州市黄龙体育中心在 2021 年初实施了硬件设施和软件服务的全面改造，不仅满足了专业赛事的需求，同时也保障了全民健身的需求。升级完成后，年均接待健身群众高达 138.68 万人次，其中低免开放接待 35.23 万人次。每年还成功举办各类赛事活动达 158 场，其中包括 82 场公益活动，体育活动惠及 3 万人次。适儿化、适老化改造方面，黄龙体育中心新增儿童游乐区，深受小朋友们的喜爱。浙江省老年体育活动中心，建成于 2006 年，提供乒乓球、门球、网球、壁球、舞蹈等适合老年人的运动项目，采取免费和低收费的开放模式，每年累计接待约 12 万名老年健身爱好者。

（2）南昌：提升公共体育场地开放服务水平

南昌市八一体育场是该城市的老牌球场，2014 年，市政府收回后交由市体育局管理，但由于资金紧张和管理不善，长期处于停业闲置状态。该体育馆曾长期以场地租赁为主要运营模式，功能单一，周边商铺混杂，效率低下。自加入试点地区以来，在"开门办体育"的思路引领下，市体育局以该体育馆为中心，开展八一体育综合体建设工程。通过一手抓产业升级，一手促体育消费，改善了体育场地经营情况，取得了显著成效。

供给侧方面，南昌市体育局秉持体育设施为全民健身服务的宗旨，积极推进体育场地的"改造功能、改革机制"工作，通过引入社会力量，全面提升公共体育场馆的开放服务水平。南昌市体育局清退八一体育场和青山湖水上中心的非体育类商家 40 余户，同时招募 20 余家体育协会、体育企业等签约入驻，逐步打造成涵盖足球、击剑、航空等 20 多种"陆、海、空"运动业态的体育服务综合体。

消费端方面，自 2020 年以来，市体育局充分利用八一体育综合体进行线下消费活动，直接拉动消费额超 2000 万元，推动"健康经济"融入消费潮流，实现了良性循环。同时，八一体育综合体成功举办科学健身进基层、娃娃学体育、南昌赛艇大师赛、"滕王阁杯"青少年联赛等系列赛事活动，体育赛事活动的开展与体育文化的塑造，显著激发体育消费潜力，为体育产业可持续发展注入动力。目前，该体育综合体已成为全民健身活动的热地、体育人才培养的高地、体育产业发展的旺地、体育文化塑造的阵地。

（3）沈阳：建立健全场馆运营管理新机制

沈阳市"和平杯"世界足球公园，坚持以专业化运营提高场地效能。2017 年，沈阳奥美体育公司通过公开竞标的方式获得足球公园管理运营权。经过 5 年的市场化运营，场地配套设施逐步完善，目前足球公园配有信息中心、餐饮区、卫生间及大型停车场，致力打造环境宜人、设施齐全的综合性运动休闲公园。以市场化机制实现了体育场地的专业化运营管理，全面提高了体育场地的实际效能和运营能力。

公园不断丰富经营结构，拓宽发展模式。紧紧依托优质的生态环境和丰富的场地资源，形成"文化+体育+旅游"的创新发展模式，以中国青少年足球赛事中心、青少年户外运动训练基地为核心，打造集运动、赛事、培训以及休闲等服务项目于一体的户外健身特色基地。同时，公园积极面向全国各类主体开展多类型合作，有效实现了公共体育场地的可持续运营，为公共体育场地探索管理运营新机制提供了有力启示。

4. 公共体育场馆对社会开放的影响因素

（1）补助资金运用效率影响场馆开放实际效果

"公共体育场馆向社会免费（低收费）开放补助"的准入标准要求公共体育场馆的产权必须是当地体育行政部门，这在一定程度上缩小了可获得财政补助的场馆范围，导致相当数量的公共体育场馆没有申请补助资金的资质。调研发现，多所体育场馆的产权由于归属于市属企业等不同主体，不能获得免费开放的财政补贴，场馆运营成本的压力未能减轻。此外，补助资金发放也存在不到位的情况。在对场馆运营企业进行调研的过程中，发现一些场馆在免费、低收费开放政策下，财政补助资金最终难以直接发放到实际提供服务的运营企业。

（2）绩效评价体系影响场馆运营价值导向

企业在运营过程中容易忽视场馆的公益属性和公共体育服务的职责，盲目将场馆推向市场。不少场馆通过经济活动经营创收，导致场馆公共体育服务供给严重不足、质量低下，损害群众的切身利益。总体上看，全民健身场地设施在市场化经营过程中，存在过度市场化的风险。部分场地运营方专业能力不足，尤其是在服务经营、场地改造等方面缺失服务和创新精神。部分经营方存在将"体育场地低收费以及免费开放"视为行政"包袱"的现象，因此将大部分精力更多放置在可创收的经营性业务方面，持续创新公共服务内容的积极性较低，难以满足群众全民健身需求。究其原因，绩效评估体系的不完善，指标缺乏合理性是造成上述现象的重要因素。当前，部分地区对第三方主体运营的体育场地设施的绩效评估主要以经济效益为主要指标，重点考察场地的自我造血和经营能力，如营业额、净利润等，而服务人次、服务时长、群众体验感等社会性指标所占权重较低。居民难以有效表达切身诉求，群众在全民健身过程中呈现出弱参与，甚至主体地位缺失的情况。

（二）学校体育场馆对社会开放现状

1. 学校体育场地开放政策要求

2017 年 2 月，教育部、国家体育总局联合印发《关于推进学校体育场馆向社会开放的实施意见》，强调以政府为主导，以学校为主体，加强部门协作，引导社会力量积极参与，形成加快推动学校体育场馆向社会开放的政策体系。《中华人民共和国体育法》第八十六条明确规定，鼓励和支持机关、学校、企业事业单位的体育场地设施向公众开放，为学校体育场地向社会开放提供法律支持。

地方上，各地也纷纷出台相关政策文件以促进学校体育场地对社会开放。例如，2023 年 2 月，杭州市教育局和体育局联合印发《关于全面推进中小学校体育场地（馆）向社会开放工作的通知》，要求具备开放条件的中小学校体育场地（馆）均应有序向社会开放，杭州市学校体育场地向社会开放的进程得到加速。

2. 学校体育场地开放总体情况

据相关统计显示，我国学校体育场地对外开放率仅为三成左右，与群众需求差距明显，对全民健身体育场地设施的补偿作用尚未充分体现，社区居民利用学校体育场地设施开展健身活动仍不便捷。学校体育场地开放还需要教育部门与体育部门联动，共同研究和制定相关的政策、措施，加大执行力度。

3. 学校体育场地开放分区域情况

各地结合自身情况探索出不同的学校体育场馆对社会开放模式。从区域分布看，东部地区学校体育场地开放效果较好，整体开放率显著提升，智能化场馆信息系统初步成型，社区居民利用学校体育场地开展体育活动的数量、质量明显提升。中西部地区除部分城市外，学校体育场地开放效果仍有待进一步提升，整体开放率不高，场地预约、查询等智能化管理水平不足，群众利用学校体育场地开展体育活动仍存在一定阻碍。

4. 学校体育场地向社会开放的地方经验

（1）上海：科技手段赋能学校场地开放

数字管理方面，上海市运用数字化技术，建立了高效的学校体育场地开放模式。根据上海市委教育工作领导小组的相关文件精神，各部门将辖区范围内满足条件的千余所学校体育场地尽数向社会开放，并借助"随申办"等客户端实现了场地信息的实时反馈和便捷化预约模式，为市民创造了便捷的健身环境。同时发布了相应的健身公约，为运营主体监督监管提供了参照。硬件智慧改造方面，上海市通过"灯光工程""立体扩容"等措施深挖学校场地开放潜力，从开放时段、开放空间上改善全民健身场地环境，成效显著。目前，上海市全市 1100 余所具备开放条件的公办中小学已逐步对市民开放，学校体育场地开放工作长效机制逐渐完善。

（2）杭州：完善机制保障学校场地开放

杭州市高度重视学校体育场地开放，成立以体育局领导为组长的学校体育设施开放工作领导小组，将教育局思政体艺处明确为主要负责处室并制定杭州市学校体育设施向社会开放实施办法。同时对体育设施对外开放过程中的安全、管理等各项工作进行了具体细化，建立专项工作联动机制，部门分工明确，各尽其责，协调合作，及时协商解决活动过程中出现的风险防范、设备采购、资金支持、校园秩序和环境卫生等各种困难和问题，形成快速疏通开放梗阻的工作机制，较好兼顾了学校对外开放工作的落地实施和正常教学工作的有序进行。

（3）北京：专业运营助力学校场地开放

北京师范大学附属实验中学以体育俱乐部为依托，以社会力量参与体育服务供给的方式，提升场馆专业化运营能力，提升场地使用效能。学校通过开展面向以校友及其家属为主体的学校体育场地开放模式，打造贯穿全年的体育服务体系，有效激发了周边群众的体育热情。通过建立俱乐部会员注册、学校体育场地分配等机制，北师大附属实验中学厘清各主体责任，有效降低风险，提高了场地使用效率，提高了体育活动开展质量，一定程度满足了校友群体以及周边社区群体参与全民健身的体育需求，积累了学校体育场地对社会开放的丰富经验。

5. 学校体育场馆对社会开放的影响因素

（1）规范体系建构学校体育场地开放责任机制

《中华人民共和国体育法》等法律法规关于学校体育场地设施对社会开放的条文都为原则性要求或鼓励性规定，虽然与学校体育场地设施的相对公物属性对应，但是难以作为公民主张权利的依据，导致学校体育场地对社会开放政策"雷声大雨点小"。

体育、教育等相关主管部门制定的规范性文件可以弥补法律法规中的鼓励性规定相对抽象且缺乏可执行性的不足。部分先进地区通过结合各地社会、学校、经济等实际情况，建章立制，出台具体管理办法，更为明确地规定相关职能部门、学校以及社会公众在学校体育场地设施社会共享中相应的义务与权利关系。目前，我国学校体育场地对社会开放程度较高的省市均已出台相关规范性文件。如上海市发布《上海市学校体育场馆向社会开放导则》；杭州市发布《关于全面推进中小学校体育场地（馆）向社会开放工作的通知》等，法律—政策—规范的制度体系初步成型。

（2）管理模式影响学校体育场地开放实际效果

当前，我国学校体育场地设施开放绝大多数采用自主经营的管理模式，由于校方缺乏体育场地管理经验，服务过程中欠缺专业性，导致群众预约难、场地设施管理混乱等开放乱象仍一定存在，实际开放效果并不理想。

上海、杭州等地以委托第三方公司运营的方式，解决管理难题，开放效果显著。如上海市开创"桃浦模式"，上海市华体西可体育发展有限公司担任"第三方管理服务"的角色，通过购置场地意外伤害险等方式降低开放风险，利用互联网技术加强场地设施管理，将居民健身次数、频率、质量与体质监测结果相结合，为居民科学健身和部门科学决策提供依据和建议。

四、社会力量建设体育场地现状

（一）社会力量建设体育场地设施的情况

1. 社会力量建设体育场地设施的政策要求

"十三五"时期，国家相继颁布相关政策以支持社会力量在公共健身场所的投资与运营。2016 年，国家发改委、体育总局印发《"十三五"公共体育普及工程实施方案》，其中明确鼓励企业、个人和境外资本投资建设、运营各类体育场地，支持社会力量通过捐资方式兴建公共体育服务设施。2017

年，国务院印发《"十三五"推进基本公共服务均等化规划》，重点强调支持中小型全民健身中心、社区多功能运动场等建设，鼓励各地充分利用体育中心、公园绿地、空置厂房等，拓展公共体育设施场所。

2. 社会力量建设体育场地设施总体开展情况

全国一些城市通过优化审批流程、制定优惠政策等手段，在引导社会力量参与体育场地设施建造方面取得了一些成果。例如，宁波市某印刷厂迁离原址后，由民营企业接手并将闲置厂房改造为一座综合性健身场馆；北京市西城区街道办事处通过盘活闲置空地，采用委托运营的方式有效地管理和维护社区足球场。这些实例表明，民间资本投资运营体育场地可以显著提升体育场地供给总量并加快建设步伐，各地政府在推动社会资本参与体育场地设施建设方面已积累了一些积极经验。

结合各地实践经验，可以将影响社会力量建设全民健身场地设施的核心要素分为优化土地供给模式、体制机制改革、税费优惠政策三个方面。

一是，优化土地供给模式是激发社会力量建设全民健身场地设施的主要影响因素，可以按用地种类分为体育用地供给和非体育用地使用两个部分。体育用地方面，先进地区普遍建立体育用地年度数理统计制度，公开发布可用体育土地信息，鼓励相关部门积极盘活存量体育用地等资源，探索以租赁等多种方式交由社会力量建设和运营。非体育用地方面，鼓励社会力量按照规定合理利用公园绿地、楼顶空间等闲置空间投资建设体育设施并享受相应权益。这一举措给予社会主体更多选择，边角空间的低租金也可以有效降低场地经营成本。

二是，体制机制改革是释放社会主体活力的必要途径。社会力量参与程度较好的地区，普遍精简行政审批流程。如杭州市以"最多跑一次"行政改革精简审批事项，显著提升了社会力量参与全民健身场地设施建设积极性。同时，部分地市对于符合当地社会力量建设全民健身场地设施试点的重大项目，在项目立项、土地审批等方面给予大力支持，降低社会力量参与建设体育设施门槛，拓宽准入渠道，提升社会主体的参与热情。

三是，税费优惠政策是减轻社会主体兴建全民健身场地设施财务负担的关键措施。应加大政府补贴全民健身场地设施的力度，将社会力量投资建设与运营的体育场所纳入公共服务体系范畴，不断拓展、完善政府补贴目录和标准。应落实各类与体育场馆建设运营相关的企业所得税、增值税等税费优惠政策，以减税降费的手段持续释放社会主体活力，减轻经营压力，鼓励社会主体更多从事惠民活动。

（二）社会力量建设体育场地设施的典型模式

1. 浙江省社会力量建设体育场地的"温州模式"

为吸引社会力量投资，温州市实行"社会专享"优惠政策，通过在市本级设立每年 1200 万元的体育产业奖补资金、800 万元的市民健身消费补贴资金，统筹安排一定比例的低效用地，以出让、出租等形式吸引社会主体参与场地设施建设。政策瓶颈的打破，极大激发社会力量投资体育、参与体育的热情。

坚持引导社会力量参与打造百姓身边的健身平台。温州市政府在全国率先提出"百姓健身房"计划，并鼓励社会力量参与建设运营，政府提供每家 20 万元的健身器材购置补助和每家每年 5 万元的运营补助，合力打造百姓家门口的健身中心。试点以来，已建成"百姓健身房"80 家，注册会员超 3 万人，2019 年锻炼人数超 20 万人次，政策成效显著。

瓯海区政府发布《瓯海区全民健身工程"拆后利用"建设项目实施方案》，对全区范围内低效土地等进行有效利用。在给予补助的基础上，政府要求土地认领方在建成后将其作为经营性项目运营，同时应承担政府年度计划内的社会性培训工作并在固定时段向社会开放。该政策自推出实施以来，广泛激发了社会主体投资兴建体育场地的热情。根据相关统计，截至 2017 年底，瓯海区"拆后利用"土地总面积近 45000 平方米，该区健身环境明显改善①。

2. 广州市政策引领改善环境，有效激发社会主体活力

为改善全民健身场地设施建设无地可用的情况，广州市采取多项措施，成效显著。例如，为解决社会主体兴建小型足球场时面临的非体育用地规划许可手续难办等问题，相关部门灵活运用权属单位附属设施仅需采取备案手续的便捷性特点，大幅降低用地审批难度，为社会主体投资建设小型足球场提供更为便捷的条件②。具体而言，相应的政策文件包括《关于支持足球场地设施规划建设若干政策意见的通知》《广州市社区小型足球场规划建设和使用管理暂行办法》等。

广州市政府还积极探索其他灵活运用非体育用地的方法。例如，相关部门尝试在不改变土地性质的前提下，尝试通过土地租赁等方式疏通土地属性

---

① 杨金娥、陈元欣、黄昌瑞：《社会力量投资运营体育场地的政策困境及消解路径》，《上海体育学院学报》2019 年第 5 期。

② 陈元欣、何开放、杨金娥等：《我国利用非体育用地建设体育场地设施研究》，《体育学研究》2020 年第 5 期。

制约全民健身利用的梗阻,有效提升社会主体参与场地投资运营的积极性,同时不断尝试以优化体育场地建设项目审批流程、提高场地建设效率等方式为企业减轻负担。积极探索激发社会力量、减轻政府压力的有效手段,有效提升了足球场地数量和面积,促进了足球运动和健身休闲活动蓬勃发展。

(三) 社会力量建设体育场地设施的影响因素

1. 土地政策影响社会力量建设积极性

土地使用权是建设全民健身场地设施的基础与前提。社会力量建设全民健身场地设施往往难以被认定为公益性项目,因此只能按照娱乐康体用地标准,采用招标、挂牌、拍卖或者协议出让的方式有偿取得。部分省市采取整合土地资源,以土地租赁方式鼓励社会力量参与建设的方式,一定程度上缓解了土地使用权的获取方式与体育场地在建设中投资成本大、周期长、回报率低等相冲突的问题,有效激发了社会力量积极性。

项目规划许可手续办理影响社会力量参与全民健身场地建设与后续运营。社会力量在办理非体育用地建设全民健身场地设施许可手续时存在制度规范上的阻碍。部分政府虽采取灵活的审批方式绕开传统土地限制,但仍可能为全民健身场地设施建设埋下隐患。此外,为开展培训、赛事等经营类活动,社会主体如确需变更土地性质建设全民健身场地设施,必须涉及包括消防、城管以及自然资源在内的多个行政单位,相关手续复杂,往往需耗费较大时间和精力,制约了社会主体参与场地建设与运营的积极性。

2. 相关要素保障影响社会力量参与效果

具体操作性政策或指引性内容对社会力量建设全民健身场地设施起到重要引领和规范作用。场地建设标准、土地建设规划指引等不明确易导致社会主体建设全民健身场地设施中出现质量问题,甚至与规划存在冲突导致后续改建甚至拆除。如绿地公园兼容建设全民健身场地,具体面积占比、场地功能、类型等具体标准尚未明确,不同部门之间由于利益倾向不同、边界模糊,导致政策难以有效推进。

社会力量参与度较高的省市,如宁波市、杭州市等,通过发布明确的操作性政策和指引性内容,极大激发了社会力量参与全民健身场地设施建设的积极性。部分省市通过成立联席会议办公室的方式,制定具体操作指南规范社会主体行为,及时为社会力量参与全民健身场地设施建设纾困,取得了显著效果。

3. 优惠政策影响社会力量参与持续性

社会力量作为全民健身场地设施建设的重要参与主体,应当享受相应的政策优惠或资金补贴，以激发社会主体参与全民健身公共服务供给的积极性，保障相关场地的公益属性得到充分发挥。

现行城镇土地使用税与房产税对于体育场地的相关条文规定，社会主体在建设与运营体育场地过程中应当按照土地使用面积和房产原值等缴纳城镇土地使用和房产税。为减轻体育场地经营压力，2015 年有关部门印发《关于体育场馆房产税和城镇土地使用税政策的通知》，该规定中明确，拥有并运营管理大型体育场馆且符合条件的企业可以作为减半征收房产税和土地使用税的主体。但由于设置了仅限于大型体育场馆、赛事标准体育场地等较高门槛，导致一定数量社会主体兴建和运营的全民健身场地设施即便符合国家政策的导向也难以享受到相关优惠政策。

部分省市试行以资金补助、税收优惠等激励政策，支持鼓励社会力量参与全民健身场地设施建设工作，社会主体积极性显著提升，有效拓展了体育场地供给形式。

第三节　全民健身场地设施建设发展面临的挑战

一、全民健身场地分布结构失衡

（一）城市空间资源失衡制约结构改善

在注重提升全民健身场地设施可及性的导向下，建设群众身边的体育场地设施成为当前一段时期内我国群众体育场地建设工作的重点任务。因此，我国全民健身场地设施建设需要更多考量规划布局的效率性、经济性以及公平性。

城市空间资源，尤其是中心区域土地稀缺，极大制约了全民健身场地设施匹配人口要素的结构性调整。在一些规模城市的核心区域，由于土地空间资源紧张等原因，缺乏系统严谨、综合平衡的全民健身资源布局规划，造成城区之间、街道之间体育场地设施面积差距过大，尤其是城市人口集聚的核心区域以及老城区等体育场地薄弱区域，人均体育场地面积改善进展缓慢。

城郊场地方面，实际利用效果有限。尽管城市周边拥有较为丰富的空间资源，但由于人口分散且交通不便，导致体育场地设施的可达性相对较低。部分城市在郊区建设体育场地，旨在提升城市总体人均体育场地面积，但这一努力并未在实际体育参与感上有显著改善。

（二）区域发展不平衡制约居民公平享有

全民健身场地设施建设与当地经济密切相关，不同区域发展的不均衡性在这一方面表现得较为明显，在空间布局上呈现出东、中、西部地区体育场地发展方面的显著差异。具体而言，如在经济较为发达的上海市，人均体育场地面积为 2.61 平方米；在中部地区的安徽省，人均体育场地面积为 2.91 平方米；在西部地区的西藏，全区人均体育场地面积为 1.95 平方米。近年来，国家在西部地区体育场地建设方面持续发力，但在场地数量、规模、人均体育场地面积等方面还存在不平衡问题。此外，东部地区全民健身场地设施种类相对中西部地区更为多样，质量与智能化程度上的差异也较为明显。

二、全民健身场地设施载体滞后

（一）全民健身场地设施项目种类较单一

场地种类方面，全民健身场地设施建设主要为篮球场、全民健身路径、乒乓球场地等基础体育场地设施。其他群众热情较高的游泳、足球、羽毛球等场地设施仍显紧张，尤其是对户外运动、新兴项目等场地设施建设重视不够、配备不足的现象仍然存在。例如，冰雪、山地、水上、航空、汽摩等户外运动公共服务设施建设总量不足。具体包括公共服务中心、自驾运动营地、公共船艇码头、山地户外营地等户外场地，以及公共厕所、停车场、连接道路、应急救援等配套设施尚不完善，与全民健身其他类型场地建设成效形成差距。同时，飞盘、腰旗橄榄球、板网球等年轻一代追捧的新兴项目缺少可供利用的体育空间，从侧面展现出我国全民健身场地设施项目种类单一、更新缓慢等不足。

（二）全民健身场地设施使用效能不高

全民健身场地设施使用效能不高，部分地区全民健身场地设施开放率不足，场地设施利用率仍有待提升，尤其在室外全民健身场地方面问题更加突出。

一方面，全民健身场地设施开放率有待进一步提高。事业单位、大中小学体育场地开放率较低，难以对全民健身场地设施实现有效补充。相关制度规范、管理模式、智能化设备、风险防控机制等阻碍了场地设施对社会开放程度。另一方面，全民健身场地设施利用率不高。一是群众健身意识有待提升；二是全民健身场地运营宣传不足，居民对于场地的开放时段、活动开展以及设施使用等情况缺少有效了解渠道；三是使用时间相对集中，全民健身场地设施普遍存在工作日时段闲置，节假日时段爆满的情况，导致实际使用中出现设施闲置和紧缺情况。

三、全民健身场地建设社会参与度不高

（一）社会力量建设全民健身场地设施激励政策不足

根据国家体育总局的统计数据，截至 2022 年底，我国企业和民办非企业单位拥有的体育场地面积分别为 6.3 亿平方米和 0.7 亿平方米，总和占全国体育场地面积的 18.9%。社会力量投资兴建体育场地设施的数量相对较低，其主要原因可以归结为以下两点。

首先，追求较高的经济回报是社会资本的本质属性，与全民健身场地设施注重公益和普惠的建设导向存在逻辑上的矛盾。长期以来，政府是我国体育场地设施的融资主体，占比相对较低的社会资金作用较小。体育场地设施的建设成本普遍偏高，运营管理效益较差，难以在短期内收回资金，这在一定程度上降低了社会资本对体育场地设施投资的兴趣。

其次，社会力量运营成本较高，相关税收政策尚未完全配套。尽管我国鼓励社会力量利用非体育用地进行兼容建设体育场地设施，但社会资本独立投资和运营体育场地面临一系列问题，如土地获取成本高、建设周期长、投资回报率低等。根据《城市用地分类与规划建设用地标准》和《划拨用地目录》规定，大部分体育用地属于政府划拨方式无偿供地，不符合划拨要求的需要采用出让方式。社会资本单独投资和运营体育场地很难被认定为公益项目，较难享受相关政策优惠。

（二）社会力量建设全民健身场地设施运营能力有限

社会力量运营全民健身场地设施受制于市场环境和自身能力两方面因素，导致运营效果不佳。

一是社会力量市场主体地位长期弱势，难以获得有效生存环境。现行体育场地政策将体育场馆按管理主体区分为系统内和系统外两部分，归属于系统内的场馆更为容易获得相关政策支持，归属于系统外的场馆往往难以获得相应支持政策。使得社会主体体育场馆以及事业管理场馆和企业管理场馆难以享受应有的政策优惠，需缴纳场地租金、土地使用税与房产税等税收支出，高运行成本造成经营成本高、运营效果差，生存环境艰难。

二是社会主体运营管理能力有限，场馆运营专业化不足。社会主体作为经济人存在追求经济效益的主观动机，但全民健身场地设施的公益性要求导致较难实现可观的经营性收入，场馆运营主体难以通过开展全民健身活动达到收支平衡。以效率和利润为导向的社会主体难以产生提升专业性的直接动力。社会主体由此产生将运营重心偏向经营性项目，降低对于公益性质的全民健身场地运营行为的关注。

第四节　全民健身场地设施建设发展建议

一、坚持围绕人民实际需求建设全民健身场地设施

（一）结合群众需求合理规划用地选址

充分考虑当前城市用地紧张和标准化建设难题，解决选址难的主要策略是拓展多元用地、做好增量、盘活存量，通过兼容建设体育场地设施提升城市全民健身场地的供给总量。一是打破规则化标准化的场地设施选址约束，通过创新选址方式，打破传统的规则标准，更加灵活地选址，以适应城市发展的变化和体育场地设施的多样性需求。二是要突破仅控制体育用地的规划思维，采用更灵活、多元的用地规划思路。一方面，可以考虑整合非体育用地来安置体育场地设施，以此充分利用住宅用地和单位自有用地，解决体育场地设施总量不足的问题。另一方面，应继续实施并深化以人口为公共体育资源配置"定位器"的全民健身场地设施建设模式。三是立足群众实际需求，发挥全过程人民民主，探索建立健全群众意见反馈渠道。鼓励地方政府从实际出发，匹配人口要素，因地制宜开展嵌入式等全民健身场地设施建设工程。

（二）注重弱势群体特殊情况

注重对老年、儿童、残障人士等弱势群体体育需求的关注。将适老化、适儿化、适残化建设作为推荐性标准发布，规范体育场地建设工作。一是要积极推进老年人、儿童参与体育运动的标准制定，为全民健身工作开展提供指引。二是要通过人文关怀消除治理盲区，在全民健身体育场地建设中，配备无障碍体育设施，创造无障碍体育环境，以确保残疾人士能够舒适、尊严、便利地参与体育活动。如在现有条件允许的全民健身体育场地中进行无障碍设施的环境改造；加强专门为残疾人设计的体育场地设施建设工作等。

二、坚持以体制改革形成多元主体新合力

（一）提升治理效能，发挥制度优势

要坚持建设管理两手抓，着重于场地设施的可持续发展。在深化体育场地改革方面，应加强和提升体育场地管理水平。首先，各级地方政府应积极推动地方性体育场地运营管理人事制度改革，积极培养基层体育指导员和体育志愿者等参与群体，提高全民健身体育场地经营管理的专业水平，以优化人力资源配置现有体育场地。其次，要不断激发多元主体参与，实行权力下

放和权责分明，激发基层体育组织的积极性和主动性，确保各部门关于全民健身体育场地政策的有效实施。最后，要统筹推动信息平台建设，进行跨界整合和多部门联动，积极探索地方性的全民健身体育场地运营管理模式，强化全民健身服务信息和全民健身场地信息线上平台建设。

（二）推进简政放权，激发社会活力

不断深化管理机制改革，全面推进简政放权在体育场地建设领域的落实，以充分释放社会活力。积极激发各方参与建设的积极性，创新体育场地设施建设方式，致力于构建政府和社会资本之间的双赢合作模式，以有效压缩社会力量参与建设的成本。

一方面，相关部门应当制定明确的法规，鼓励和要求企业及事业单位在不改变土地性质的前提下兴建体育健身设施，以满足员工的运动需求。对于由其他社会力量投资兴建的场地设施，应在符合规划要求的基础上，由相关方进行充分协商，明确产权归属，以确保社会资本在投资兴建体育场地时能够享有应有的权益。另一方面，应积极探索并完善体育场地设施的投融资制度，探索能够有效解决后期运营维护难题的机制。政府和社会资本合作的关键在于降低社会资本对公共利益性项目建设的排斥程度。同时，要着力解决社会力量新建全民健身场地设施"卡脖子"的问题，如土地供给、税费减免、证照办理等。疏通社会力量问政沟通渠道，着力构建服务型政府，精简行政流程，减少社会力量行政审批梗阻。

三、坚持将数字赋能作为场地设施建设新抓手

高水平的体育科技自立自强是建设体育强国的基本要求。体育强国建设需要牢牢抓好信息技术这一核心发展要素，以数字赋能全民健身场地设施建设，推动体育强国建设更高质量发展。

（一）提升场地设施智能化水平

在场地设施建设方面，充分发挥信息技术在场馆建设管理、数据获取、监测分析等方面的支撑作用。立足新时代科技革命大背景，积极运用信息技术提升全民健身场地设施服务水平。

一是推进全民健身场地设施智能化建设制度机制和管理规范不断完善。从国家层面为场地设施智能化建设设立规范，进一步推进标准建立健全；从地方层面勇于改革创新，将科学技术视为全民健身场地建设工作的主要生产力。二是以试点地区场馆智能化改革为样板，统筹开展体育场地设施大提升工程，系统扩面、提质、增效。以人脸识别、平台预约、智能灯控、智慧大

屏等手段增强人民群众参与全民健身体验感，节省场地能耗，推进绿色场地建设工作。重视运用 5G、人工智能、大数据等信息化媒介提升体育场地设施新载体，推进一批智慧健身中心、社区智能健身房等智慧健身新模式普及。

（二）数字化赋能场地信息联通

一是以群众需求为抓手，优化全民健身场地设施管理与服务体系。建立健全以人为本、惠及全民的新型群众体育，是数字技术赋能全民健身的一项重要内容。这就需要重塑公共体育服务流程，持续推动全民健身场地设施迭代，为人民群众提供更加精准化、便捷化、智能化、个性化的场地服务。

二是以数字化为关键手段，系统提升全民健身场地设施运营管理专业化水平，打造上下一体的智能全民健身场地设施情况系统，建立健全基层老旧破损全民健身体育设施改造、更新和维修体系，转变以往重建设轻运维的发展缺陷。利用大数据、云计算、人工智能等技术深入挖掘群众需求，加快实现全民健身场地设施供给从"政府配餐"到"百姓点菜"的转型升级。

三是以平台建设为技术载体，整合各类线上服务平台，优化服务流程，促进数据跨层级、跨地域、跨系统、跨部门、跨业务共享，让群众享受到智能便捷、高效精准、规范有序的公共服务。系统推进全民健身场地设施数字治理平台共建，推动场地设施建设、运维、使用主体间的数字化协作，统筹建设全民健身场地设施平台等智慧系统，建立健全全民健身数字化基础设施、应用终端和系统平台。

第四章　全民健身活动广泛开展

　　党的十八大以来，随着全民健身国家战略的不断推进，以及居民健康意识的逐步增强，全民健身活动在全国范围内广泛开展。《体育强国建设纲要》指出，广泛开展全民健身活动。广泛开展全民健身活动是实现全民健身，促进全民健康的主要途径。广泛开展全民健身活动的核心是"广泛"，需要全民健身活动有广泛的范围和覆盖面，以达到增强居民体质，实现全民健康的效果。

　　全民健身活动是全社会成员参与的，通过组织计划、自发开展等方式，以达到强身健体和预防疾病、提升心理素质和实现社会适应目标的体育活动。全民健身活动包括有关部门举办的群众体育活动，如全民健身大会、全国社区运动会等全民健身活动，还包括居民参与的、具有自发性质的各类健身活动。

第一节　全民健身活动发展特点

一、全民健身活动融入生活

（一）全民健身活动提升生活品质与幸福感

　　习近平总书记指出，全民健身是全体人民增强体魄、健康生活的基础和保障，人民身体健康是全面建成小康社会的重要内涵，是每一个人成长和实现幸福生活的重要基础。党的十八大以来，随着全民健身国家战略深入实施，"体育让生活更美好"的理念深入人心。从全民健身国家战略，到深入全国的体育活动，全民健身不断丰富居民的生活，提升居民的幸福感与获得感。随着居民的生活水平不断提高，健康意识得以逐步加强，更多的居民加入全民健身行列。《2023中国路跑赛事蓝皮书》显示，2023年全国共举办699场马拉松赛事，总规模达605.19万人次，赛事数量和参赛人数持续上升。当下全民健身活动坚持以人民为中心，价值不断走向多元，并日渐和青少年教育、文化、旅游、健康等领域相融合，满足人民对更美好生活的期待和需求，成为人民获得感和满足感的幸福源泉。

（二）群众身边的全民健身活动广泛开展

月月有比赛，周周有活动，全民健身活动逐渐渗透进居民生活。《2020 年全民健身活动状况调查公报》显示，成年人与老年人参加过群众体育赛事活动的比例为 35.8%，其中"自发组织的体育赛事活动""社区/村举办的体育赛事活动""单位举办的体育赛事活动"为主要形式（图 4 - 1），参加体育健身组织和赛事活动的"身边化"特征凸显。

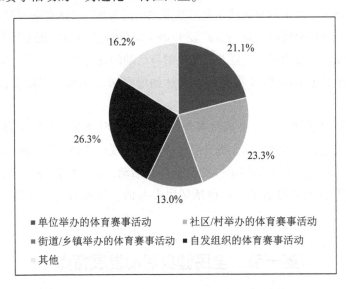

图 4 - 1 2020 年成年人与老年人参加群众体育赛事活动比例

数据来源：《2020 年全民健身活动状况调查公报》

全民健身活动在居民身边广泛开展，"进社区"点旺城市烟火，"进乡村"助力乡村振兴，"进学校"促进学生全面发展，"进企业"提高职工健康水平。全国各地积极践行以人民为中心的发展思想，充分发挥体育社会组织、群众自发性健身组织和奥运冠军、优秀运动员、教练员以及广大社会体育指导员的示范引领作用，深入街道、社区、乡村、学校、企事业单位等，通过开展内容丰富的全民健身志愿服务活动，把体育健身活动办到群众家门口，把科学健身指导送到群众身边，进一步提升广大群众的幸福感和获得感，助力构建更高水平的全民健身公共服务体系。例如，全国社区运动会通过创新赛事举办方式，在社区、体育场馆、企事业单位、校园、城市商圈等区域广泛开展全民健身活动，营造全民健身社会氛围，推广和普及全民健身文化，推动全民健身交流，建设社区体育服务平台，推动社区体育俱乐部建设，实现以"社区运动为媒介，将更多非体育人口拉到运动场上来"。活动覆盖全国 30 余省、百余市、千余县镇和社区，每年提供赛事供给超千项，吸引上亿人次参与，服务亿万人体育需求，不断丰富群众身边的全民健身活动。①

二、形成全民健身活动品牌

（一）全国性全民健身活动品牌影响力逐步提升

由国家体育总局牵头，全国各省（区、市）广泛开展全民健身活动，形成具有当地特色的赛事活动品牌，不断吸引群众参与全民健身活动。"全民健身日""体育宣传周""科学健身指导走基层"等补充居民科学健身知识和健身方法，"行走大运河""大众冰雪季""新年登高"等活动培养居民健身习惯，"国球进公园""国球进社区"丰富完善群众身边的体育赛事活动②。由国家体育总局、中央广播电视总台共同主办的"中国体育彩票"2024 年全国新年登高健身大会，在全国 31 个省区市，300 多个举办地同步联动，近百万群众共同参与登山活动。通过全国新年登高健身大会，群众以登高望远的形式祝福新年，以积极向上的精神表达了"步步登高、天天健身、人人进步"的美好愿望，共创共享美好生活③。

（二）全民健身活动在全国范围广泛开展

全民健身活动在全国各省（区、市）广泛开展。2023 年，国家体育总局社会体育指导中心共开展 107 项全民健身赛事活动，约 15.5 万人参加，影响约 1 亿 6 千万人，传播量超 10 亿人次。各协会共开展 189 项赛事活动（含培训），约 15 万人参加，影响约 1 亿 4 千万人，传播量超 20 亿人次。合计开展 331 项全民健身赛事活动，参与人数约 30 万人，影响约 3 亿人。如图 4 - 2 所示，全民健身赛事活动涉及全国 31 个省（区、市），其中在华东地区开展活动次数最多（110 次），西南地区次之（38 次），东北地区最少（8 次）。全民健身赛事活动涉及飞盘、广场舞、健身秧歌（鼓）、柔力球、

① 国家体育总局社会体育指导中心：《首届全民健身我行动·全国社区运动会开赛在即》，https：//www. sport. gov. cn/stzx/n5437/c24806681/content. html。
② 《加快推进体育强国建设打造体育产业新引擎——国家体育总局局长高志丹在"部长通道"回应社会关切》，《中国体育报》2024 年 3 月 12 日。
③ 国家体育总局登山运动管理中心：《"中国体育彩票"2024 年全国新年登高健身大会举行》，https：//www. sport. gov. cn/dszx/n5411/c27270303/content. html。

数独、健身瑜伽、卡巴迪、大力士、木球、健身走（跑）等 20 个项目，打造各省市群众喜闻乐见的运动项目赛事活动。

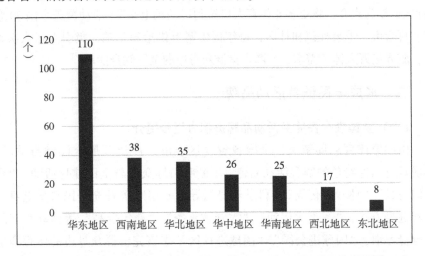

图 4-2　国家体育总局社会体育指导中心开展的全民健身赛事活动数量分布

（三）民间性体育赛事品牌逐渐成长

在全民健身积极社会氛围带动下，源自社区、乡村等基层的草根体育赛事悄然兴起。"村 VA""村 BA"等乡土赛事的成功，不仅是一项草根运动赛事的胜利，给村民和大众带来了无尽的欢乐，更向外界展示了民间体育的繁荣景象，为当地乡村文化增光添彩。"村 BA"入选中央广播电视总台 2023 年度乡村振兴十大新闻，全网阅读量超过 450 亿人次，带来了线上、线下的巨大流量，促进了"节庆文化＋旅游产业""非遗文化＋文创产品""乡村文化＋体育赛事"深度融合，推动了文体旅商赋能乡村振兴发展步伐，成为独具乡村特色的赛事品牌。

三、全民健身活动趋向数字化

（一）线上"云健身"成为新潮流

《全民健身计划（2021—2025 年）》指出，支持开展智能健身、"云赛事"、虚拟运动等新兴运动。全民健身活动借助互联网平台，催生了网络健身平台、线上体育课等新型商业模式，形成了集数字智能、休闲健身、社交娱乐于一体的"云健身"矩阵。2023 年 3 月，中国青年报社社会调查中心联合问卷网调查显示，88.3% 的受访者表示会坚持线上健身，82.8% 的受访者表示"云健身"热让自己更有动力打卡健身。据 Keep 运动研究院数据，截至 2023 年 6 月 30 日，其平均月活跃用户约为 2954.9 万名，平均月订阅用户约为 301.7 万名[1]。

在数字经济的推动下，居民参与全民健身活动不再局限于运动场，居家"云健身"成为新选择。由国家体育总局群体司、中华全国体育总会群体部联合推出的全民健身线上运动会，包括百余个小项的运动项目，丰富了居民健身的场景，掀起了居家健身的热潮。全民健身线上运动会通过多样化的项目设置、接地气的线上参赛模式和内容丰富的科学健身指导，满足了群众居家科学健身的需求。有关数据显示，2023 年全民健身线上运动会累计上线 3 个月参与人数超 700 万，证书发放超 500 万份[2]。

（二）智能健身设备支撑个性化健身活动

利用数字技术，智能健身房成为全民参加全民健身活动的新场所。各大终端厂商不断开拓智能可穿戴设备市场，居民购买与使用智能健身设备参与全民健身活动的比例不断扩大。更多专注智能穿戴的终端厂商，也通过差异化的产品创新，挖掘运动监测、健康管理、儿童教育等垂直市场的发展空间。根据市场调查机构 IDC 发布的 2023 年第三季度中国可穿戴设备市场报告，该季度中国可穿戴设备市场出货量为 3470 万台，同比增长 7.5%。更多居民购买智能可穿戴设备进行全民健身活动，智慧化健身成为新潮流。[3]

居民的健康意识不断提升，参与体育锻炼行为逐渐成为其生活一环。在运动监测方面，智能穿戴产品针对多维度运动数据监测，提出合理的运动建议和管理方法，逐渐成为居民参与全民健身活动的"刚需"。在健康管理方面，智能穿戴产品能够即时监测心率、血压、睡眠等关键健康数据，居家自测成为健康管理新趋势。智能健身设备丰富了居民科学化健身场所，促进了居民参与个性化全民健身活动。

四、全民健身活动健康导向突出

（一）主动健康社会氛围浓厚

随着社会的发展和经济水平的不断提升，居民闲暇时间越来越多地参加

---

[1] 长沙市体育局公共服务平台：《2023，你是怎样健身的？全民健身在线数据趋势报告出炉》，https：//mp. weixin. qq. com/s/6qiatt3zGrTfaowCr9Upzg。

[2] 《上线三个月参与人数超 700 万——2023 年全民健身线上运动会成绩亮眼》，《中国体育报》2023 年 7 月 24 日。

[3] 《IDC：三季度中国可穿戴市场同比增长 7.5%，全球同比增长 2.6%，创两年来当季最高出货纪录》，https：//www. idc. com/getdoc. jsp？containerId = prCHC51569823。

全民健身活动，科学健身逐渐走进大众生活，全民健身成为社会新风尚，"运动是良医"成为社会共识，主动健康社会氛围浓厚。根据 2022 年中国居民健康素养监测情况，城乡居民健康素养水平从 2012 年的 8.8% 上升到 2022 年的 27.78%，城乡居民健康素养水平稳步提升①。《2020 年全民健身活动状况调查公报》显示，成年人与老年人关注体育资讯的人数比例为 92.7%，比 2014 年提高 10.6%，更多居民认为运动对"身、心、群"三方面有促进作用，对运动促进健康理念的认可度较高。社会广泛认同体育健身能够起到预防心血管疾病、改善高血压、增强免疫力、预防糖尿病、有效控制体重、预防骨质疏松和肌肉流失、延缓衰老和降低患某些癌症的作用。居民不断形成规律健身习惯，学习科学健身方法和健身技术，养成健康的生活方式，实现居民健康水平全面提升。

（二）全民健身活动带动居民主动健康

居民参加全民健身活动，可以提高健康水平，减少医疗开支，是最经济、最有效、最积极的实现全民健康的手段。近年来，人们的健康理念发生深刻变化，体育的综合价值和多元功能更加受到人们的重视。各级政府始终把人民健康放在优先发展的战略地位，牢牢把握"大健康"理念，从以治病为中心向以健康为中心转变，从注重"治已病"向注重"治未病"转变，切实发挥好全民健身在健康促进中的独特优势。2023 年 8 月，全国各地广泛开展全民健身赛事活动，推动运动员进学校、进社区，不断开展全民健身志愿服务活动，丰富科学健身指导方式，引领科学健康生活新风尚，不断提高居民健康水平。统计显示，2023 年"全民健身日"和体育宣传周期间全国各地开展了 24000 余项赛事活动，吸引了 650 余万群众直接参与。②

第二节　全民健身活动开展情况

一、普及科学健身知识和健身方法现状

（一）普及科学健身知识和健身方法的工作推动情况

1.《全民健身指南》为居民科学健身提供方案指导

2017 年，国家体育总局联合相关全民健身专家，撰写《全民健身指

---

① 《2022 年全国居民健康素养水平达到 27.28%》，http：//www.nhc.gov.cn/xcs/s3582/202308/cb6fa340a2fd42b6b7112310b2e1830a.shtml。

② 《筑牢健康根基 绘就幸福生活——2023 年全民健身工作关键词》，《中国体育报》2023 年 12 月 26 日。

南》。主要内容包括居民参加体育健身活动前的安全性评估、运动能力测试与评价、个性化运动处方制定、一次体育健身活动方案、不同阶段体育健身活动方案等。以居民参加全民健身活动和运动健身效果的大数据为基础，介绍不同体育活动的健身效果、体育健身活动强度监控方法，在科学检测与评价个体身体形态、机能、运动能力和体育活动习惯的基础上，制定个性化体育健身活动方案，鼓励更多居民参与全民健身活动中。

《全民健身指南》的发布在全民健身计划与大众运动健身之间构建了一个科学运动健身指导平台，将全民健身研究成果直接应用于全民健身实际，满足大众对运动健身不断增长的科学指导需求，使大众百姓的运动健身更具科学性。《全民健身指南》已先后应用于"科学健身，全民健康"全国运动健身指导活动、全国运动健身科普活动中，得到相关领域专家和运动健身爱好者的好评。[①]

2. 运动处方研发为居民科学健身提供标准

运动处方的普及与推广在高质量提升大众科学健身水平、有效防治慢性疾病方面发挥至关重要的作用。加强运动处方相关的共识建设成为体医融合与体卫融合领域迫切而重要的工作。2023 年，由中国体育科学学会牵头，23 家单位共同起草《运动处方构成要素要求》。按照科学性、要素完整性、个体针对性的原则，从运动目的、运动方式、运动强度、运动时间、运动总量、运动进度和注意事项七个方面，阐述运动处方的构成要素及要求。运动处方适用范围广泛，不仅可以用于健康人群，还可以在慢病人群、运动损伤人群、手术期人群、慢病风险人群中广泛使用。通过使用运动处方，不断提升人民群众健康水平，防治各类疾病，提高群众生活质量。作为体医融合、非医疗健康干预的方法，运动处方能够精确化提升个体的健康水平，培养居民养成主动健康意识，积极应对老龄化社会，为健康中国战略的实现作出重要贡献。

2023 年 4 月，《运动处方中国专家共识（2023）》发布，明确了多个运动的基本注意事项，帮助居民合理运动，收获健康。运动处方体现了主动健康理念，改变居民过度依赖药物和手术等医疗干预，忽视人体主动修复能力的错误习惯，养成运动促进健康的生活方式，是预防和治疗慢性疾病、运动损伤及很多亚健康问题的有效方法。运动处方的制定，充分发挥主动运动、

---

① 《科学健身"说明书"〈全民健身指南〉发布》，《中国体育报》2017 年 8 月 11 日。

主动健康、提升整体功能的优势，实现"运动处方功能化"①。

3. 系列品牌活动提供载体支持

新修订的《中华人民共和国体育法》规定，每年 8 月 8 日全民健身日所在周为体育宣传周。"体育宣传周"是推动全民健身的标杆与动力，成为普及科学健身知识和健身方法的重要途径。"体育宣传周"在全国范围内广泛开展，将科学健身知识和健身方法下沉到基层中，传递到居民中。湖北、浙江、安徽、甘肃、贵州等地的"体育宣传周"不断推广科学健身知识和健身方法，广泛宣传体育事业，激发居民参与全民健身活动热情。各省市不断开展全力量投入、全龄化参与、全域性覆盖的全民健身科普活动，实现了"科学健身指导"零距离。

为弘扬全民健身文化，在全社会形成热爱体育、崇尚健康、关爱健康的新风尚，广泛普及科学健身知识和健身方法。在国家体育总局社会体育指导中心指导下，以"政府主导、部门主办、全社会参与"为引领，以"人民群众健身需求"为核心，以"进乡村、进机关、进校园、进社区、进边疆、进企业"为抓手，深入开展了"科学健身指导走基层"系列活动，把科学健身理念传播到基层一线。国家体育总局社会体育指导中心结合全民健身日、农民丰收节等重要时间节点，开展各类形式丰富、群众喜闻乐见的科学健身指导活动，邀请国家级专家、教练员、社会体育指导员、优秀运动员200 余人次。经统计，2023 年相关部门组织科学健身指导走基层活动 26 场，线上线下参与人数超过 50 万人次。随着科学健身指导走基层活动在全国各地广泛开展，群众在参与过程中不断丰富科学健身知识，掌握更多健身方法。

4. 关注重点和特殊人群科学健身普及工作开展

以学校为主阵地，推动青少年群体掌握科学健身知识和健身方法。为了解决青少年体质健康"小眼镜、小驼背、小胖墩"等问题，国家体育总局体育科学研究所开展了"体教融合"青少年体质健康干预试点工作，包括开展常态化健康教育、体质测评和健康干预等活动。通过科学健身指导、运动技能培训、体质测评、体育运动项目展演与体验、健康技能展示等形式，将青少年健身科普工作落到实处。按照体校、青少年体育俱乐部进校园开展课后体育服务要求，组织优秀运动员、教练员深入学校、社区开展科学健身

---

① 《〈运动处方中国专家共识（2023）〉发布——用好运动处方 运动也是良医》，《中国体育报》2023 年 4 月 26 日。

指导服务。①

为宣传普及老年健康政策和科学知识，切实提高老年人群体掌握科学健身知识和健身方法，国家卫生健康委员会、国家体育总局和国家中医药局以促进老年人科学运动为重点，联合组织开展 2023 年全国老年健康宣传周活动，为老年人搭建交流健身知识、展示科学健身成果的网络平台。该活动制作以促进老年人科学运动为主要内容的第四批老年健康教育科普视频，以视频的形式向更多老年人科普科学健身知识和方法，积极开展科学健身技能培训、科学健身大讲堂等活动，并结合项目特点和实际内容制作科学健身短视频，展示健身技能、方法，向老年人群体普及科学运动理念。

根据残疾人特殊要求，不断普及残疾人掌握科学健身知识和健身方法。《全民健身计划（2021—2025 年）》提出"支持举办各类残疾人体育赛事，开展残健融合体育健身活动"。各级体育行政部门联合残疾人体育协会，指导、支持各类企事业单位、社区开展科学健身知识普及活动，加强残疾人自强健身示范点建设，引导残疾人参加自强健身体育活动。各级体育行政部门和残联共同举办各项群众体育赛事和体育活动，形成当地特色的残疾人全民健身活动。"残疾人健身周"系列活动旨在普及和推广残疾人康复健身体育知识方法，帮助残疾人树立健康生活理念，动员和带动更多残疾人参与体育健身活动，增强身体素质，丰富精神文化生活，促进残疾人融入社会，共享全面小康成果。

（二）大众掌握科学健身知识和健身方法的情况

1. 经常参与体育锻炼人数情况

根据《2020 年全民健身活动状况调查公报》数据，7 岁及以上居民经常参加体育锻炼人数比例为 37.2%，与 2014 年相比增长 3.3%。根据图 4 - 3 可知，2020 年不同年龄组人群经常参加体育锻炼人数比例均高于 2014 年。群众参与全民健身活动基数不断扩大，逐渐形成健身习惯，不断提高身体素质和健康水平。2020 年，儿童青少年、成年人、老年人经常参加体育锻炼人数比例分别为 55.9%、30.3% 和 26.1%，80 岁以上老年人经常参加体育锻炼的有 14.7%。儿童青少年受学校体育课影响，成为所有年龄组中经常参与体育锻炼比例最多的人群。

---

① 《2022 年全国青少年科学健身指导普及工作的通知发布》，《中国体育报》2022 年 8 月 12 日。

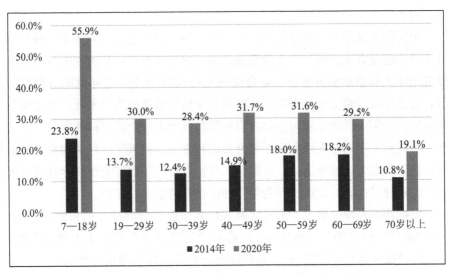

图4-3 2014年和2020年不同年龄组人群经常参加体育锻炼人数比例

数据来源：《2014年全民健身活动状况调查公报》《2020年全民健身活动状况调查公报》

2. 居民参与体育锻炼项目分布

根据《2020年全民健身活动状况调查公报》数据，体育健身具有人群差异化、项目多元化的特征。不同年龄阶段、不同性别的人群，倾向参与不同运动项目，呈现项目多元化的特点（表4-1）。在幼儿阶段，参与跑和跳（24.2%）的人数最多；在儿童青少年阶段，参与跑步（15.6%）的人数最多；在成年人、老年人阶段，参与健步走的人数最多，分别占22.7%和41.6%。在全年龄阶段，居民选择的热门运动项目对场地和器械的要求不高，对技术的要求门槛也较低。男性更倾向参加球类运动（如篮球、乒乓球），女性更倾向参加舞蹈、跳绳等运动。

表4-1 不同年龄人群参加的主要体育活动项目

年龄层	参加的主要体育活动项目
幼儿	跑和跳（24.2%）、骑儿童自行车（9.6%）、体育游戏（9.6%）、骑滑板车（9.1%）和跳绳（7.8%）等
儿童青少年	跑步（15.6%）、跳绳（11.2%）、羽毛球（10.3%）、健步走（9.9%）和乒乓球（6.6%）等
成年人	健步走（22.7%）、跑步（19.8%）、羽毛球（8.9%）、骑自行车（7.3%）和篮球（5.4%）等
老年人	健步走（41.6%）、跑步（14.7%）、广场舞（8.0%）、骑自行车（3.8%）和羽毛球（3.1%）等

数据来源：《2020年全民健身活动状况调查公报》

3. 居民对运动促进健康理念的认可度

根据《2020年全民健身活动状况调查公报》数据，91.0% 的儿童青少年、87.2% 的成年人和53.6% 的老年人认为体育健身具有积极作用（图 4 – 4），居民对运动促进健康的理念认同感不断提升。居民认为通过科学运动，不仅可以有效提升心肺功能，增强肌肉韧带力量，促进人体新陈代谢，增强骨骼质量，形体健康美观，同时还可以使人身心愉悦，锻炼抗压力能力，从而使人身心共同健康。

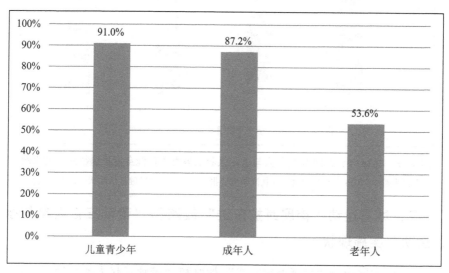

图 4 – 4 不同年龄组人群对运动促进健康理念的认可度

数据来源：《2020年全民健身活动状况调查公报》

4. 居民获得健身指导的科学化水平

全民健身组织广泛建立，居民寻求科学健身指导意识不断增强。截至 2021 年底，全国社会体育指导员人数约 270 万人，每千人拥有社会体育指导员 1.92 名[①]。群众对全民健身活动的需求呈多样化趋势，指导活动也呈多样化。社会体育指导员针对不同人群开展丰富多彩的志愿服务活动，指导项目种类多达 93 项。各地区社会体育指导员工作创新开展，群众健身指导更有保障。

根据《2020年全民健身活动状况调查公报》数据，获得过体育健身指导的成年人（68.5%）与老年人（44.5%）比例不断增加，与 2014 年相比分别提高 13.5% 和 3.7%。2020 年，成年人看体育健身指导资料和专业人士

---

① 高志丹：《奋力开创体育强国建设新局面》，《学习时报》2022 年 10 月 14 日。

指导的比例较 2014 年提高 16.3% 和 3.3%。老年人看体育健身指导相关资料的比例比 2014 年提高 9.7%，从专业人士获得指导的比例基本一致（图 4-5）。

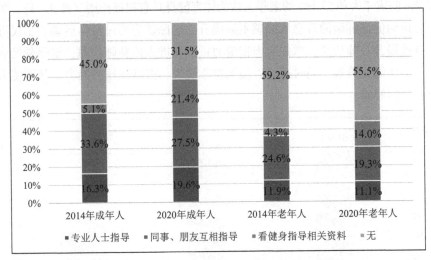

图 4-5 2014 年、2020 年成年人与老年人获取各类体育健身指导途径的人数比例

数据来源：《2014 年全民健身活动状况调查公报》《2020 年全民健身活动状况调查公报》

二、冰雪运动"南展西扩东进"战略和"带动三亿人参与冰雪运动"实施现状

（一）冰雪运动"南展西扩东进"战略和"带动三亿人参与冰雪运动"的发展历程

1. 冰雪运动"南展西扩东进"战略的提出

以 2022 年北京冬奥会为契机，国家体育总局提出冰雪运动"南展西扩东进"战略。2015 年，在《全民健身计划（2011—2015 年）》实施效果评估总体情况发布会上，冰雪运动的南展西扩被重点提及。会上指出，冰雪运动的推动将以经济优先发展为带动，以东北地区提升发展为重要基础，以华北、西北地区发展为重点，引领一部分南方地区推动发展。2018 年，《"带动三亿人参与冰雪运动"实施纲要（2018—2022 年）》发布，指出着力实施冰雪运动"南展西扩东进"战略，奋力实现"带动三亿人参与冰雪运动"目标，标志冰雪运动"南展西扩东进"战略正式确立。

2. "带动三亿人参与冰雪运动"的提出

2015 年，中国获得 2022 年冬奥会、冬残奥会举办权，我国冰雪运动迎来发展新机遇。为实现"三亿人参与冰雪运动"，以北京冬奥会、冬残奥会为契机，相继出台《冰雪运动发展规划（2016—2025 年)》《"带动三亿人参与冰雪运动"实施纲要（2018—2022 年)》《关于以 2022 年北京冬奥会为契机大力发展冰雪运动的意见》等政策文件。

随着 2022 年北京冬奥会的圆满结束，以及"南展西扩东进"战略的实施，逐渐形成冰、雪全面发展的新格局。冰雪运动参与人群逐渐大众化，参与空间从北方地区走向全国，运动时间从冬季走向全年，群众性冰雪运动在全国各地蓬勃开展。《带动三亿人参与冰雪运动统计调查报告》显示，截至 2021 年 10 月，全国有 3.46 亿居民参与过冰雪运动，实现了"带动三亿人参与冰雪运动"的目标[①]。

（二）冰雪运动"南展西扩东进"战略和"带动三亿人参与冰雪运动"的工作推动情况

（1）冰雪运动参与人数和参与率

根据图 4-6 所示，从冰雪运动参与人数上看，东部地区参与冰雪运动的人数最多，达 1.43 亿人，西部地区（0.84 亿人）和中部地区（0.68 亿人）次之，东北地区（0.51 亿人）最少。从冰雪运动参与率上看，东北地区冰雪运动参与率最高（51.74%），其次是东部（25.34%）、西部（22.07%）和中部（18.64%）地区，参与率差别不大，与"南展西扩东进"战略态势相关。

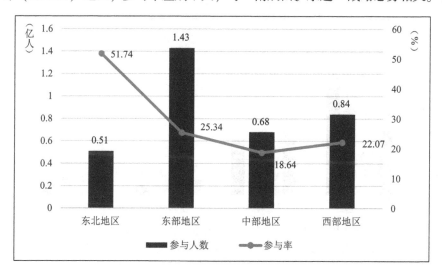

图 4-6 全国四大区域冰雪运动参与人数及参与率

数据来源："带动三亿人参与冰雪运动"统计调查报告

---

① 国家体育总局：《中国冰雪经济发展报告（2022）》，中国计划出版社 2023 年版。

（2）滑冰滑雪场地资源空间格局

根据《2023 年全国体育场地统计调查数据》，全国共有冰雪运动场地
2847 个。其中，滑冰场地 1912 个，占 67.16%；滑雪场地 935 个，占
32.84%。室内冰上场地分布广泛，室外冰场主要集中在东北地区、河北省
和北京市。全国滑雪场地空间分布不平衡，受地形、气候、生态系统影响，
主要集中在东北地区、华北地区和西北地区。

（3）冰雪运动有关社会组织空间分布情况

以滑冰、滑雪为关键词检索全国社会组织信用信息公示平台，截至
2024 年 1 月，全国滑冰类相关社会组织共有 144 个，全国滑雪类相关社会
组织共有 166 个。根据图 4-7 可知，东北地区冰雪运动项目社会组织数量
最多，滑冰、滑雪社会组织分别为 71 个和 90 个。东部地区滑冰与滑雪社会
组织次之，均为 45 个。中部地区滑冰和滑雪社会组织最少，分别为 7 个和
11 个。东北地区冰雪社会组织占主体地位，东部地区因经济发达而发展迅
速，西部地区依靠自然气候而逐步发展，中部地区有待进一步发展。

（4）冰雪运动赛事活动开展情况

大众冰雪赛事活动广泛开展，冰雪赛事从 2016—2017 赛季的 1975 场上
升至 2019—2020 赛季的 2818 场[①]。

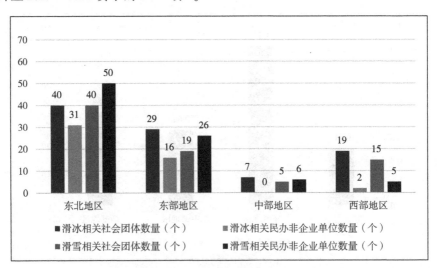

图 4-7　全国各地区滑雪、滑冰社会团体和民办非企业单位数量
数据来源：全国社会组织信用信息公示平台

[①]　国家体育总局：《中国冰雪经济发展报告（2022）》，中国计划出版社 2023 年版。

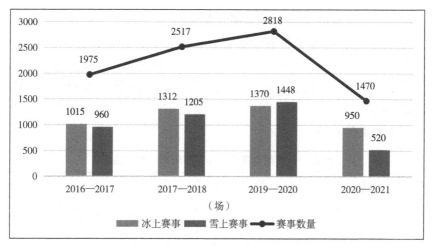

图4-8 2016—2021年大众冰雪赛事数量统计

数据来源：《中国冰雪经济发展报告（2022）》

（5）冰雪人才培养情况

为适应群众参与冰雪运动需求，全国开设冰雪运动、冰雪运动与管理、冰雪设施运维与管理等专业（表4-2）。例如，北京体育大学开设中国雪上运动学院、中国冰上运动学院和中国冰球运动学院三个院系，加大人才培养力度，培养"一专多能"冰雪人才。同时，不断推进基础教育阶段冰雪教育工作。国家统计局相关数据显示，2020年，全国冰雪运动特色学校达到2062所。截至2021年10月，全国18岁以下青少年群体参与冰雪运动的人数达到4600万人[①]。不断加强中小学生冰雪运动知识普及，夯实大众参与冰雪运动基础。

表4-2 全国设立冰雪运动相关专业情况不完全统计

冰雪运动相关专业名称	高校数量	高校地区分布	培养目标
冰雪运动	54	全国分布	培养冰雪运动教育、防护、救护人员；培养运动场馆运营、赛事组织管理、新闻报道等应用型人才
冰雪运动与管理	13	东北、西北地区为主	培养运动场馆运营、赛事组织管理、裁判辅助工作的技能型人才
冰雪设施运维与管理	5	北京、河北、辽宁、黑龙江、新疆为主	培养冰雪运动设施管理，专用设备运行维修的技术技能人才

数据来源：根据各高校开设冰雪运动相关专业资料整理

---

① 国家体育总局：《中国冰雪经济发展报告（2022）》，中国计划出版社2023年版。

（三）全国性群众冰雪运动活动开展现状

1. "全国大众冰雪季" 活动开展总体情况

为在全国范围内普及推广冰雪运动，自 2014 年起，国家体育总局连续主办了十届"全国大众冰雪季"，形成规模最大、全国联动的群众性品牌冰雪活动。截至 2022 年，累计赛事活动数量达 4780 余项、累计参与人次超过 3.65 亿人[①] （表 4 - 3）。

表 4 - 3　历届全国大众冰雪季的举办参与情况

届数	赛事活动数量（场）	涉及省（区、市）数量（个）	参与人数（人）
第一届	80	10	1000 万左右
第二届	100 +	15	1500 万左右
第三届	100 +	25	3000 万
第四届	1000 +	25	5000 万
第五届	1500 +	27	9000 万
第六届	800	27	7000 万
第七届	1200	31	近 1 亿人次
第八届	—	31	—
第九届	1499	—	超 1.5 亿
第十届	2000 +	—	—

2. 示范工程引领冰雪赛事活动发展情况

2021 年以来，文化和旅游部会同国家体育总局分两批次认定了 19 家国家级滑雪旅游度假地。截至 2022 年 10 月，有 3 处冰雪重点发展区域获批国家体育产业示范基地，5 家冰雪企业获批国家体育产业示范单位，7 项冰雪产业项目获批国家体育产业示范项目。[②]

区位优势给予新疆优质冰雪资源，新疆体育局依托当地优势地理气候，借助冬奥氛围，从政策制定、场馆建设、人才培养、赛事品牌打造等方面入手，将"冷资源"转化成"热经济"。新疆积极开展冰雪赛事活动，持续承办国际国内冰雪赛事，举办群众性冰雪活动（表 4 - 4）。充分发挥冬季冰雪资源优势，推动"冰雪＋民俗"发展冰雪旅游业。各地结合民族民俗、地

[①] 《冬奥盛会为大众留下丰厚遗产》，《中国体育报》2022 年 2 月 4 日。
[②] 国家体育总局：《中国冰雪经济发展报告（2022）》，中国计划出版社 2023 年版。

方特色，举办冰雪风情节、冬捕节等活动。连续多年开展"天山之冬"百万青少年上冰雪活动，不断开发群性冰雪活动，进一步巩固拓展"带动三亿人参与冰雪运动"成果。

表4－4　2022—2023赛季新疆举办冰雪赛事活动情况

	承办国际国内冰雪赛事	举办群众性冰雪活动
举办赛事活动数量	15 项	12 项 16 次
冰雪系列活动数量	428 项	3520 多场
影响人数	210 多万人	320 多万人

数据来源：新疆维吾尔自治区体育局

三、民族民间民俗传统运动项目发展现状

（一）民族民间民俗传统运动项目扶持推动工作

1. 民族民间民俗传统运动发展良好

民族民间民俗传统运动中蕴含着讲仁爱、重民本、守诚信、崇正义、尚和合、求大同的思想精华和时代价值，顺应时代不断丰富发展内涵，取得优质成果。根据国家体育总局有关决策咨询研究项目成果显示，截至2020年，我国民族民间民俗传统体育项目多达977项，其中国家级体育非物质文化遗产项目有100余项，广泛扎根于群众的日常生活，成为具有深厚历史文化底蕴和鲜明民族精神特质的体育活动，充分展现出中华民族现代文化的历史延续性和内容多样性[1]。

2. 民族民间民俗传统运动项目扶持推动工作开展情况

（1）政策引领和保障民族民间民俗传统运动发展

党的十八大以来，有关民族民间民俗传统运动的政策纷纷出台，着重关注专业化人才培养、资源市场开发、文化传承保护等方面。按照《中华人民共和国体育法》《体育强国建设纲要》《"健康中国2030"规划纲要》《全民健身计划（2021—2025年)》等文件要求，为推进民族民间民俗传统运动文化传承，加强理论指导，丰富活动内容，各政府职能部门发挥主导作用，制定相关政策，统筹调动各方面的力量，形成合力，共同推动民族民间民俗传统运动项目的全面发展（表4－5）。

---

[1] 国家体育总局决策咨询研究项目成果库：《民族民间民俗体育文化挖掘与传承研究》，https://www.sport.org.cn/zfsdata/2019/zdn/2020/0714/349523.html（访问时间：2024年1月15日）。

表 4-5　民族民间民俗传统运动相关政策总结

政策文件	主要内容
《中华人民共和国体育法》	国家扶持少数民族地区发展体育事业，培养少数民族体育人才。
《体育强国建设纲要》	加强优秀民族体育、民间体育、民俗体育的保护、推广和创新，推进传统体育项目文化的挖掘和整理。开展体育文物、档案、文献等普查、收集、整理、保存和研究利用工作。开展传统体育类非物质文化遗产展示展演活动，推动传统体育类非物质文化遗产进校园。制定实施共建"一带一路"体育发展行动计划，积极搭建各类体育交流平台，鼓励丰富多样的民间体育交流。
《"健康中国 2030"规划纲要》	大力发展群众喜闻乐见的运动项目，鼓励开发适合不同人群、不同地域特点的特色运动项目，扶持推广太极拳、健身气功等民族民俗民间传统运动项目。
《全民健身计划（2021—2025 年)》	加强全民健身国际交流，与共建"一带一路"国家共同举办全民健身赛事活动，推动武术、龙舟、围棋、健身气功等中华传统体育项目"走出去"，鼓励支持各地与国外友好城市进行全民健身交流。
《关于推进体育助力乡村振兴工作的指导意见》	传承发展乡村传统体育非物质文化遗产。挖掘地方特色乡土民俗体育文化资源，做好乡村传统体育非物质文化遗产抢救保护工作。提升乡村民族民间民俗体育文化品质。充分发挥体育在促进各民族交往交流交融、铸牢中华民族共同体意识中的作用，深入挖掘民族体育文化资源，丰富中华体育精神的时代内涵。
《关于进一步加强少数民族传统体育工作的指导意见》	推进少数民族传统体育文化传承发展，加强少数民族传统体育理论建设，改革完善少数民族传统体育运动会组织管理，建设少数民族传统体育基地，丰富少数民族传统体育活动，促进全民健身和全民健康深度融合。
《关于实施中华优秀传统文化传承发展工程的意见》	推动民族传统体育项目的整理研究和保护传承。发展传统体育，抢救濒危传统体育项目，把传统体育项目纳入全民健身工程。

（2）部门协同促进民族民间民俗传统运动发展

国家民委、国家体育总局开展部门间合作，自上而下促进民族民间民俗传统运动发展，实现资源整合，优势互补，发挥体育促进各民族交往交流交融、铸牢中华民族共同体意识的重要作用，共同为体育强国建设、民族复兴贡献力量。2024 年 3 月，两部门签署合作协议，共同高水平筹办全国少数民族传统体育运动会，鼓励支持开展群众体育赛事活动，促进各民族广泛交往、全面交流、深度交融，推动新时代民族工作、体育工作高质量发展。

（3）社会力量有序承担民族民间民俗传统运动推动工作

在单项体育协会、人群体育协会、行业体育协会等社会组织的推动下，开展民族民间民俗传统运动进社区、进学校、进企业等活动，有助于民族民间民俗传统运动文化的传承与发扬，丰富居民体育文化建设，促进全民健身深入落实。例如，中国老年人体育协会主办的全国老年人太极拳科学健身指导系列活动，不断推广太极拳运动，提高全国老年人的身心健康和生活质量。

（4）少数民族传统体育基地提供平台支撑

为实现民族民间民俗传统运动传承、创新发展，国家体育总局和国家民委共同制定少数民族传统体育基地管理办法，推动各地少数民族传统体育基地建设。各基地结合当地实际，突出特色优势项目，强化综合功能，不断夯实民族民间民俗传统运动的传承与发展。例如，2022 年，云南 17 个少数民族传统体育基地正式授牌，少数民族传统体育基地的评选与授牌，标志着云南民族民间民俗传统体育开创了全国首创的新局面。①。

（5）民族民间民俗传统运动赛事发挥宣传推广作用

不断改革完善民族民间民俗传统运动会组织管理工作，开展形式丰富的全国性和地方性传统体育赛事。全国性民族民间民俗传统运动赛事发挥引领示范作用，广泛开展全国少数民族传统体育运动会、"民体杯"等全国性传统体育单项比赛。通过赛事活动搭建具有民族特色、地域特色的体育文化交流大舞台，传承和弘扬民族民间民俗传统运动项目，推动少数民族体育活动开展。各地以全国性赛事为引领，因地制宜、结合实际举办不同层次、不同类型的民族民间民俗传统体育综合性赛事和单项赛事，创新少数民族传统体育项目，打造跨区域、跨民族、跨国境的品牌赛事，推进民族民间民俗传统运动竞技化、社会化和市场化发展。

（二）民族民间民俗传统运动项目群众体育活动开展情况

1. 民族地区大力发展民族民间民俗传统运动项目的地方实践

（1）内蒙古依托赛事宣传传统运动项目

内蒙古草原休闲体育大会是科右中旗持续打造的特色体育赛事品牌。既展示诸如太极拳、健身操、安代舞等全民健身特色品牌，又充分进行当地特色的民族民间民俗传统运动比拼。结合群众喜闻乐见的其他休闲运动项目，

① 《全国首创！云南 17 个少数民族传统体育基地正式授牌》，https：//society. yunnan. cn/system/2022/06/23/032153313. shtml。

设置运动项目充分体现当地民族民间民俗传统运动项目（表4-6）。在发扬现代体育精神、挖掘特色体育文化的同时融入地方人文、自然资源、民族文化、艺术展示、旅游体验等内容，成为普及体育项目、传播草原文化、分享运动快乐的体育盛会。

表4-6　第一届至第七届内蒙古草原休闲体育大会比赛项目

	比赛项目
第一届	翰嘎利湖垂钓比赛、徒步穿越赛、草原牧村自行车穿越赛、草原定向赛
第二届	草原牧村自行车穿越赛、草原定向赛、风筝、翰嘎利湖垂钓比赛、疏林草原徒步穿越赛
第三届	草原牧区自行车穿越赛、草原定向赛、草原徒步穿越赛、翰嘎利湖垂钓赛等。表演项目有航空模型飞行、草原角斗士、祭敖包、草原布鲁、户外系列趣味体验等
第四届	草原牧村自行车穿越赛、五角枫林定向赛、翰嘎利湖垂钓赛、五角枫航模赛、疏林草原徒步穿越赛、科尔沁草原传统弓箭等
第五届	钓鱼、哈日靶、徒步、定向、自行车
第六届	五人制足球赛、拔河赛、徒步穿越赛、老年门球赛、排球赛、哈日靶、搏克赛
第七届	枫林草原五人制足球赛、枫林草原越野跑、枫林草原哈日靶、枫林草原搏克、枫林草原定向赛、翰嘎利湖垂钓赛、草原牧村自行车穿越赛

（2）贵州因地制宜构建山地民族运动发展体系

贵州借助独特的山地地貌和丰富的民族文化，打造山地民族特色体育强省。贵州将当地民族文化、山地文化、高桥文化与山地户外运动相结合，构建全方位的山地民族运动发展体系。大力发展具有精彩表现形式和独特文化内涵的民族民间传统体育项目，如武术、赛马、龙舟、独竹漂、毽球等，推动民族传统体育与旅游、文化等业态融合发展。如黔东南州榕江县乐里镇，有斗牛的民间传统，借此打造了七十二寨斗牛小镇，建设了可同时容纳5万人现场观看斗牛活动的亚洲最大斗牛场。[1]。

（3）广东以传统运动赛事助力乡村振兴

广东省乡风民俗趣味运动会已连续举办五届，成为广东省特色体育赛事IP。乡风民俗趣味运动会涵盖趣味运动、传统民俗体验、乡风民俗宣传教育、科学健身指导、公益体质健康检测、农副产品展销、健康活动普及七大方面，融合娱乐、运动、教育、展销于一体。活动创新地结合了农业生产和农家生活，展现了浓郁的乡村民俗氛围，同时兼具健身娱乐和比赛活动的特

---

① 贵州省体育局：《贵州：体旅融合高质量建设山地民族特色体育强省》，https：//www. sport. gov. cn/n14471/n14495/n14543/c26043782/content. html。

点。开展诸如旱地龙舟、五谷丰登、时代列车、跳动足球、疯狂水果等一项项集健身性、趣味性于一体的比赛，加深了群众对传统民俗文化的认识，增强了群众的文化自觉与文化自信①。

2. 全国少数民族传统体育运动会发展情况

（1）全国少数民族传统体育运动会的发展历程

全国少数民族传统体育运动会是在 1953 年举办的全国民族形式体育表演和竞赛大会的基础上发展而来，截至 2024 年初已举办十一届。除第七、十届全国少数民族传统体育运动会外，参赛人数呈上升趋势（图 4‒9）。区别于奥林匹克运动会的"更快、更高、更强"，全国少数民族传统体育运动会强调"团结、平等、拼搏、奋进"。

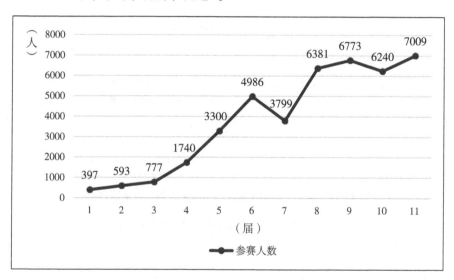

图 4‒9 第 1—11 届全国少数民族传统体育运动会参赛人数

（2）全国少数民族传统体育运动会的项目设置情况

全国少数民族传统体育运动会鼓励更多喜爱传统体育运动的群众广泛参与，不断挖掘各地开展情况良好、有统一竞赛章程和规则、全民族喜爱的传统运动项目加入。项目设置上实现竞赛与表演齐头并进，选择"易评分、便推广、蕴文化、有特色、促健康"的竞赛项目，展现集表演性、观赏性、娱乐性、健身性于一体的表演项目（图 4‒10）。

更多传统运动项目加入竞赛项目中，让更多的民族民间民俗传统运动曝

---

① 《乡风民俗趣味运动会助推乡村振兴》，《中国体育报》2023 年 3 月 20 日。

光，增大知名度，扩大参与人群。总结历届全国少数民族传统体育运动会竞赛项目，近几届的项目设置逐渐趋于稳定（表4－7）。随着表演项目的宣传、普及，竞技水平的提高以及规则的不断完善，表演项目逐渐成为正式的比赛项目。正式的比赛项目也会随时代的发展逐渐进行调整，不断增加适应群众需要的民族传统体育项目。

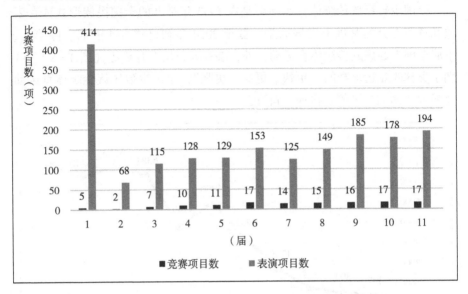

图4－10　第1—11届全国民族运动会竞赛与表演项目数

表4－7　第1—11届全国民族运动会竞赛项目

届数	竞赛项目	合计
1	摔跤、步射、举重、拳击、短兵	5
2	摔跤、射箭	2
3	摔跤、射弩、抢花炮、秋千、赛马、射箭、叼羊	7
4	摔跤、射弩、抢花炮、秋千、赛马、武术、木球、珍珠球、龙舟	9
5	摔跤、射弩、抢花炮、秋千、赛马、武术、木球、珍珠球、龙舟、毽球、陀螺	11
6	摔跤、马术、射弩、武术、抢花炮、珍珠球、龙舟、秋千、木球、毽球、蹴球、陀螺、押加	13
7	摔跤、射弩、秋千、马术、抢花炮、珍珠球、武术、龙舟、木球、蹴球、押加、陀螺、毽球、高脚竞速	14
8	摔跤、抢花炮、秋千、射弩、马术、武术、珍珠球、龙舟、木球、毽球、蹴球、陀螺、高脚竞速、押加、板鞋竞速	15
9	陀螺、射弩、民族赛马、民族武术、木球、珍珠球、龙舟、蹴球、陀螺、毽球、板鞋竞速、押加、民族式摔跤、高脚竞速、独竹漂	15

届数	竞赛项目	合计
10	蹴球、毽球、龙舟、独竹漂、少数民族武术、秋千、射弩、花炮、珍珠球、陀螺、押加、木球、高脚竞速、板鞋竞速、民族式摔跤、马术、民族健身操	17
11	花炮、珍珠球、龙舟、独竹漂、木球、秋千、射弩、蹴球、毽球、陀螺、押加、民族马术、高脚竞速、民族式摔跤、板鞋竞速、民族武术、民族健身操	17

（3）全国少数民族传统体育运动会对铸牢中华民族共同体意识的作用

全国少数民族传统体育运动会作为各民族情感联结的桥梁和精神传递的纽带，将不同民族、不同文化、不同地域的中华儿女凝聚在一起。以民族民间民俗运动为载体，促进各民族交流交往交融。例如，第十届全国少数民族传统体育运动会首次将竞赛项目中的集体项目和表演项目按一定比例允许汉族运动员参赛，并增设民族健身操项目，体现出中华民族一家亲的精神。

四、全民健身活动评价标准

（一）《国家体育锻炼标准》和《国家学生体质健康标准》实施现状

1. 《国家体育锻炼标准》实施情况

（1）《国家体育锻炼标准》基本介绍

《国家体育锻炼标准》于1975年颁布实施，是一项重要的体育制度。为构建全民健身公共服务体系，激发广大人民群众参加体育锻炼的积极性和主动性，不断增强体育意识，提高全民族的身体素质和健康水平，2013年12月，国家体育总局、教育部、全国总工会印发《国家体育锻炼标准施行办法》，组织和推进《国家体育锻炼标准》的实施。

《国家体育锻炼标准》适用于6—69岁的健康公民，按年龄分为儿童、少年、青年、壮年和老年五个组别，每个组别分男、女两类人群。检测项目包括力量、速度、耐力、灵敏、柔韧五类身体素质，每类设置若干运动形式以量化检测。每人在每类选测一项，每项满分100分。评级标准分为优秀、良好、及格和不及格四个等次。优秀、良好、及格每个等次分三个等级，共九个等级[1]（表4-8）。

---

[1] 《近70岁的"国家体育锻炼标准"依旧年轻——达标测验成为衡量百姓锻炼效果的标尺》，《中国体育报》2023年11月16日。

表 4 – 8　国家体育锻炼标准评级标准

等次	等级	分数
优秀	一级	500
	二级	450—499
	三级	400—449
良好	四级	375—399
	五级	350—374
	六级	320—349
及格	七级	280—319
	八级	240—279
	九级	200—239
不及格	199（含）以下	

（2）《国家体育锻炼标准》实施的意义

《国家体育锻炼标准》作为一项重要的健康促进政策，旨在激发群众积极参与体育活动，养成锻炼习惯，从而实现全民族身体素质和健康水平的提升。它为居民参与全民健身活动提供锻炼标准，以一系列测试项目的等级为导向，鼓励居民定期参与测验以检验自身体质情况，实现增强身体素质，预防疾病，改善情绪，提高生活质量的作用，从而让更多人过上健康美好的生活。

（3）《国家体育锻炼标准》具体实施情况

截至 2022 年 11 月 30 日，2022 年《国家体育锻炼标准》全国达标率 90.23%，较 2021 年的 87.97% 提高了 2.26 个百分点[①]。各省也积极开展《国家体育锻炼标准》达标测验活动，提升群众参与检测的主动性与积极性，促进全民健身活动蓬勃发展。

①以达标赛事为抓手，拓展参与群体

山东打造省、市、县三级联动体系，形成"区县分站赛 + 各市选拔赛 + 全省总决赛"的模式，形成层级体育锻炼标准达标赛。山东省以赛事为抓手，2019 年以来，累计举办 200 余场达标赛，总参赛人数达到 5 万人次。通过"运动体检""达标促健身、健身强体质"等形式，吸引更多群众参与达标赛，了解自身体质情况，积极参与科学健身，推动全民健身发展。

②完善奖励制度，激发群众参与积极性

四川坚持把推广《国家体育锻炼标准》作为评价市（州）群众体育工

---

① 《迈上新台阶 踏上新征程 直面新挑战——2022 年中国体育精彩纷呈光荣绽放》，《中国体育报》2022 年 12 月 30 日。

作开展的重要指标，每年对各地开展情况进行排名，作为对其体育工作通报表扬的一项重要内容，激励市（州）抓推广的积极性，各市（州）也根据精神出台了相应激励政策。在省级团体总决赛中，每年对参与达标测验人数、达标率和县（市、区）覆盖率进行综合评比，评选一、二、三等奖和优胜奖。此外，参与推广《国家体育锻炼标准》的基层社区人员和群众还能领取印有"国家体育锻炼标准"字样的运动臂包、运动腰包等礼品。通过推广奖励制度，四川达标测验活动的年度参与人次由 2019 年的 5590 人次上升至 2022 年的 34020 人次，已实现 21 个市（州）全覆盖，183 个县（市、区）覆盖率达到 84.5%。

③数字技术赋能，丰富居民参与体验

黑龙江专门研制省国家体育锻炼标准达标测验小程序，涵盖热身教学视频、测验活动解析视频、测验活动直播讲解、上传数据自我测验、根据测验结果给予合理健身建议等功能。群众可通过小程序进行线上推广、线上教学、结合线下自测收集数据。当地标准达标测验的开展，使用了包括党政机关网站、省电视台、省报等 20 余种宣传渠道，目前视频网站宣传总点击观看量达到 47 万余次，场均近 4 万次，各类自媒体宣传视频总浏览量达到117 万余次，各类现场直播观看总人数达到 32 万余人次。①

2.《国家学生体质健康标准》实施情况

（1）《国家学生体质健康标准》基本介绍

《国家学生体质健康标准》是检测学生身体体质和健康情况的评价准则。它对各阶段学生体质健康提出量化要求，是学生个体进行评价的标准。包括身、心、群三个维度。

新中国成立以来，国家十分重视全体学生的身体素质和健康情况。为激励学生主动参与体育锻炼，增强体质、增进健康，教育、体育等有关部门联合工作，先后定制了适用于大、中、小学生体育合格标准，2002 年，在全国试行《学生体质健康标准（试行方案）》。几经修改，在 2014 年颁布《国家学生体质健康标准（2014 年修订)》，沿用至今。它从身体形态、机能、素质等方面，综合评定青少年学生的体质健康水平，激励青少年学生积极进行身体锻炼，不断提高身体素质和健康水平。《"健康中国 2030"规划纲要》中，把青少年列为促进体育活动开展的重点人群，提出要通过实施

---

① 《近 70 岁的"国家体育锻炼标准"依旧年轻——达标测验成为衡量百姓锻炼效果的标尺》，《中国体育报》2023 年 11 月 16 日。

青少年体育活动促进计划，培育青少年体育爱好的要求，《国家学生体质健康标准》达标优秀率25%以上可量化的目标，是对学校体育工作的硬性要求。

（2）《国家学生体质健康标准》实施意义

《国家学生体质健康标准》从多维度综合评定学生的体质健康水平，为贯彻落实"健康第一"的指导思想、加强学校体育工作、促进青少年学生提高体质健康水平而服务。《国家学生体质健康标准》是国家关心青少年儿童健康成长的一项体育制度，是保障学生健康成长、促进体育锻炼的重要准则。依据《国家学生体质健康标准》要求，学校应把学生的体质和健康放在首位，认真贯彻落实各级各类体育工作文件精神，积极开展阳光体育活动，不断加强体育教学改革，增强学生的身体素质，促进学生全面发展，培养健康向上的阳光少年。

（3）《国家学生体质健康标准》实施情况

教育部、国家体育总局等部门从1985年起，先后组织进行了八次全国学生体质与健康调研。第八次全国学生体质与健康调研，于2019年由教育部等六部门联合启动，在全国31个省（区、市）、93个地市1258所学校进行调研。调研学生超37万人，调研和抽查对象为6—22周岁在校学生，涵盖小学一年级至大学四年级共16个年级学生[①]。调研结果显示，我国学生体质健康达标优良率不断提高。2019年，6—22岁学生体质健康达标优良率为23.8%，其中东部经济发达和沿海地区较高。13—22岁年龄段学生优良率从14.8%（2014）上升到17.7%（2019），上升2.9个百分点。各年龄组男女生身高、体重、胸围指标均继续呈现上升趋势。全国学生肺活量持续增加，初中生增长最为明显。中小学生力量、柔韧、速度和耐力等素质，总体向好发展。其中，小学生和初中生的柔韧素质、力量素质较其他年龄段变化显著。2019年，6—22岁学生总体营养不良率为10.2%。各年龄段男女生营养状况持续改善。

中考体育的强化和校园足球等体育特色学校建设，促进了学生体质与健康。随着中考体育分值不断提高，中学生特别是初三学生体育活动时间明显变多。在校体育锻炼1小时比率，初三学生为42.7%；体质健康达标优良

---

① 中华人民共和国教育部：《坚持和完善全国学生体质健康调研制度 准确掌握新时代我国儿童青少年体质健康状况和发展变化趋势》，http://www.moe.gov.cn/jyb_xwfb/gzdt_gzdt/s5987/201907/t20190724_392088.html。

率，初三学生为 29.2%。在校园足球特色学校中，学生体质健康达标优良率为 29.2%，高于非校园足球特色学校的 22.3% [①]。

（二）大众体育运动水平等级标准和评定体系发展现状

1. 大众体育运动水平等级标准的发展现状

（1）大众体育运动水平等级标准制定工作开展情况

2018 年以来，为了更加满足群众多样化运动需求，大众体育运动水平等级标准陆续出台。总体看来，各项大众体育运动水平等级标准多集中于具有发展过程完整，群众参与数量多，全民健身活动活跃，群众对大众体育运动水平等级需求强烈的运动项目。

《"十四五"体育发展规划》指出，在现行运动员技术等级评定政策框架基础上，建立健全统一规范、面向全体公民的体育运动水平等级评定政策体系。

①围绕全生命周期制定标准

在大众体育运动水平等级标准制定工作中，规范了等级评定标准研制与实施管理制度架构，包括标准体系（指标、标准、积分系统）、管理体系、服务体系（考级系统、培训系统、证书体系）和运营体系（视觉系统、运营模式、执行系统、网络系统）的三级标准设定，保证新设定的业余运动员技术等级标准在制定、管理、推广、考核、培训、赛事和运营等全生命周期有效开展。

②单项体育协会承担标准制定主体责任

由国家体育总局牵头，各类单项体育协会承担大众体育运动水平等级标准制定的主要工作。如浙江省的大众体育运动水平等级评定制度，由各项目协会主导，在大众体育运动水平等级设置上分为运动技能等级和体能等级，以满足不同人群的评定需求。各市、县体育总会也可参与项目标准制定和试点推广。

③奥运项目与非奥运项目协调发展

大众体育运动水平等级标准制定中，奥运项目与非奥运项目发展均衡，分别占 52.63% 和 47.37%（图 4-11）。在奥运项目中，借助 2022 年北京冬奥会赛事热度，在大众运动水平等级评价方面发布《大众竞速类滑冰运动水平等级评价规范》《大众高山滑雪和单板滑雪运动水平等级评价规范》

---

① 《第八次全国学生体质与健康调研结果发布：我国学生体质健康达标优良率逐渐上升》，https：//china. huanqiu. com/article/44cDG0MBT6o。

《大众冰球运动水平等级评价规范》和《大众冰壶运动水平等级评价规范》4 项标准。在非奥运项目中，相关部门除不断完善民族民间民俗传统运动项目（如武术）外，等级标准设定工作多集中在群众追捧的运动中（如户外运动、街舞）。

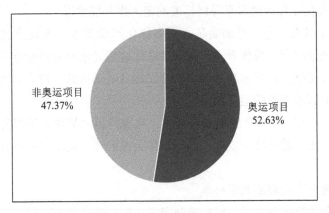

图 4 - 11　大众运动项目等级中奥运项目与非奥运项目占比

（2）大众体育运动水平等级标准的制定情况

①奥运项目类大众体育运动水平等级标准制定情况

在奥运项目中，大众体育运动水平等级制定有以下标准（表 4 - 9）。

表 4 - 9　奥运项目大众体育运动水平等级标准

项目		运动等级标准
夏季项目	乒乓球	设一级至十级（一级为最低级别，十级为最高级别）
	羽毛球	设成人等级（九级运动员、八级运动员、七级运动员、六级运动员、五级运动员、四级运动员、三级运动员、二级运动员、一级运动员、运动健将、国际级运动健将）和少年儿童等级（少儿七级运动员、少儿六级运动员、少儿五级运动员、少儿四级运动员、少儿三级运动员 - 铜牌小球星、少儿二级运动员 - 银牌小球星、少儿一级运动员 - 金牌小球星）
	网球	设 CTN1 级至 CTN10 级（CTN1 级为最高级别，CTN10 级为最低级别）
	棒球	设 1 星至 9 星级（1 星为最低级别，9 星级为最高级别）
	蹦床	设四级至九级（四级为最高级别，九级为最低级别）
	射箭	设段前级（段前 1 级、段前 2 级、段前 3 级）、初级段位（1 段、2 段、3 段）、中级段位（4 段、5 段、6 段）和高级段位（7 段、8 段、9 段）
	跆拳道	设一段至九段（一段为最低级别，九段为最高级别）
	田径	设大众三级、大众二级、大众一级、精英二级、精英一级
	游泳	设一级金海豚、二级银海豚、三级粉海豚、四级绿海豚、五级蓝海豚

续表

项目		运动等级标准
	现代五项	设大众三级、大众二级、大众一级
	击剑	设大众十级、大众九级、大众八级、大众七级、大众六级、大众五级、大众四级、大众三级、大众二级、大众一级、大众健将
	拳击	设预备级（一段、二段、三段）、铜拳级（一段、二段、三段）、银拳级（一段、二段、三段）和金拳级（一段、二段、三段、四段、五段、六段、七段、八段、九段）
	垒球	设四级至十二级（四级为最高级别，十二级为最低级别）。其中，十级至十二级仅对学龄前儿童开设
冬季项目	滑冰	设启蒙级、1级、2级、3级、4级、5级、6级、7级、8级、9级、10级、11级、12级、13级
	单板滑雪	设初级滑雪级别（1级、2级、3级、4级）、中级滑雪级别（5级、6级、7级）和高级滑雪级别（8级、9级）

②非奥运项目类大众体育运动水平等级标准制定情况

在非奥运项目中，大众体育运动水平等级制定有以下标准（表4-10）。

表4-10 非奥运项目大众体育运动水平等级标准

项目	运动等级标准
数独	设一段至九段，共九级段位
跳绳	设段前级（适用人群3—7周岁，设置段前初、中、高级。设速度和花样两个项目）和段位（适用人群8周岁及以上，设置一到九段。设速度、速度耐力、耐力和花样四个项目）
健身瑜伽	设段前预备级、初级（一段、二段、三段）、中级（四段、五段、六段）和高级（七段、八段、九段）
健身气功	设单项段位（一段、二段、三段、四段、五段）、综合段位（六段、七段、八段、九段）和荣誉段位（荣誉七段、荣誉八段、荣誉九段）
武术散打	设段前级（一级、二级、三级、四级、五级、六级、七级、八级、九级）、初段位（一段、二段、三段）、中段位（四段、五段、六段）和高段位（七段、八段、九段）
台球	设1级至9级（1级为最低级别，9级为最高级别） 设业余水平（1级、2级、3级）、专业训练水平（4级、5级、6级）和职业级水平（7级、8级、9级）
车辆模型	设一级至十级（一级为最高级别，十级为最低级别）
航海模型	设一级至十级（一级为最高级别，十级为最低级别）
街舞（青少年）	设简单入门级（一级、二级、三级）、提高进阶级（四级、五级、六级）和专业级（七级、八级、九级）

项目	运动等级标准
掷球	设第一等（掷多星级"掷靠员"，对应"等级称号"中的1—3级）、第二等（掷超群级"掷击员"，对应"等级称号"中的4—6级）、第三等（掷勇双全级"掷靠、击员"，对应"等级称号"中的7—9级）和第四等（专业级，与"掷球专业运动员等级"预留接口）
保龄球	设大众一级（大众精英）、大众二级（大众高手）、大众三级（大众好手）、大众四级（大众球手）、大众五级（大众初级）、大众六级（大众入门）、大众七级（保龄新手）
龙狮运动	设段前级（三级、二级、一级）、初段位（一段、二段、三段）、中段位（四段、五段、六段）、高段位［七段、八段、九段（含荣誉九段）］
山地户外运动	设一级至七级（一级为最低级别，七级为最高级别）
马球	设基础级别阶段（C级、B级、A级）、进阶级别（−2级、−1级、0级、1级、2级、3级、4级、5级、6级、7级、8级、9级、10级）
键球	设技术等级（初级、中级、高级）和身体素质（优秀、良好、及格）
武术	设初段位（一段、二段、三段）、中段位（四段、五段、六段）和高段位（七段、八段、九段）
围棋	设业余级位（设1级至25级。1级为最高级别，25级为最低级别。围棋业余级位以上设业余段位）和业余段位（设1段至8段。1段为最低级别，8段为最高级别）

2. 大众体育运动水平等级评定体系的发展现状

为推动全民健身活动的广泛开展，检验活动开展效果，根据大众体育运动水平等级评价标准，建立全民健身评价体系。该体系包括评价目的及意义、评价主体、评价对象、评价方式与途径、评价内容等方面，形成立体、多元、综合的评价体系。

（1）大众体育运动水平等级评定体系的建设情况

①制度化开展大众体育运动水平等级评定体系

为贯彻落实《体育强国建设纲要》中"建立面向全民的体育运动水平等级标准和评定体系"的要求，国家体育总局联合有关项目协会，共同制定等级标准和评价体系制度。大众体育运动水平等级评定制度的推出，可为居民评定自己的体育运动水平提供科学依据和制度遵循。2022年，浙江省率先制定《大众体育运动水平等级评定规范 登山》和《大众体育运动水平等级评定规范 攀岩》两项团体标准并在全省实施，督促当地居民积极参与登山、攀岩运动，并主动检测自己的运动等级水平。

②优先发展群众基础广的运动项目

2021 年，浙江省发布《关于推行全省大众体育运动水平等级评定制度的通知》，第一批试点拟动员在足球、篮球、体育舞蹈、路跑、马术、轮滑、棋类、钓鱼等有意愿、具有广泛群众基础、具备较强工作力量的省级协会申报实施方案和标准，先确定 6—8 个试点单位，之后逐步推广到所有项目，建立全项目的大众体育运动水平等级。

③针对不同人群需求开展评定工作

在水平等级设置上，分为运动技能等级和体能等级，以满足不同人群的评定需求。针对老年人群体，在推出健身气功、太极拳等项目大众体育运动水平等级标准时，应充分考虑老年人的身体素质情况。针对青少年群体，应考虑青少年兴趣爱好、学校设施设备等情况。针对女性群体，应考虑诸如健身瑜伽、游泳等受女性喜欢的运动项目。

④推行先试点再推广的工作模式

通过"先试点，再推广"的工作模式，逐步实现全省（市）内全项目的大众体育运动水平等级评定体系建立。江苏省常州市体育总会印发《常州市业余运动等级评定办法（试行）》，率先实行大众体育运动水平等级评定制度。常州将参加各级各类大众运动赛事的参赛人员，按照其比赛成绩授予一级、二级和三级业余运动等级称号，并颁发等级证书。第一批纳入业余运动等级评定项目的有游泳、足球、篮球、乒乓球、羽毛球和体育舞蹈。[1]

（2）大众体育运动水平等级评定体系建设的地方实践

①江苏省设立五星级业余运动水平等级评定体系

江苏省面向社会大众开展业余运动评定工作，对业余运动等级由高到低细分（分为五星、四星、三星、二星、一星）。级别评定权实行分级管理，由江苏省体育总会总体统筹，具体项目评定工作分别由各自省属体育协会开展，部分试点协会先行，成熟后逐步推开。江苏省逐步建立了体育舞蹈、啦啦操、篮球、汽摩、保龄球、羽毛球等业余运动等级标准，推动参与体育的群众积极响应等级考评，获得相应等级证书，提升参与运动的成就感、满足感和幸福感。

②浙江省开展业余运动水平评定体系试点工作

浙江省颁布《关于推行全省大众体育运动水平等级评定制度的实施方案（试行）》，进一步推动全民健身国家战略的实施。省级项目协会根据实

---

① 《江苏省常州市率先开展业余运动等级评定》，《中国体育报》2018 年 7 月 30 日。

际情况制定运动技能等级，省社会体育指导员协会制订体能等级，并由省、市、县三级协会分别开展评定工作。青少年运动员技术等级评定制度由省体育局另订。在"浙里办"平台设立大众体育运动水平等级评定窗口，实现集申报、注册、等级认定、电子证书等一站式申报流程。

第三节　全民健身活动发展面临的挑战

一、群众对全民健身活动的参与程度有待进一步深化

（一）群众自发参与身体锻炼动力不足

根据《2020 年全民健身活动状况调查公报》，儿童青少年、成年人和老年人每周参加 1 次及以上体育锻炼人数比例分别为 81.1%、67.8% 和 48.0%。随年龄的增长，每周参加 1 次及以上体育锻炼人数比例呈下降趋势。以一周作为观察周期，有意识主动参加体育锻炼的人群每周平均健身 2.52 天，每周平均健身累计时长为 99—120 分钟，低于《中国人群身体活动指南（2021）》中推荐的每周运动时间。有意识主动参加体育锻炼的人群，在体育健身系统性、持久性和健身质量方面还需要提高。

（二）群众健康素养有待提升

根据国家卫健委数据，2022 年我国居民健康素养水平达到 27.78%，比 2021 年提高 2.38 个百分点。全国城市居民健康素养水平为 31.94%，农村居民为 23.78%，居民健康素养水平存在一定的城乡差异。慢性疾病成为影响老年人身体健康的重要因素，其健康意识存在重治病、轻预防的问题。青年人处于身体健康的黄金年龄，由于日常生活被工作、聚会等活动占据，运动与健康问题往往被忽视。青少年儿童受学校体育课影响广泛开展体育活动，但体育课缺乏对其健康知识、预防疾病、鼓励锻炼的引导，影响青少年儿童的身心健康发展。

二、群众体育活动供给水平有待进一步提质

（一）高水平全国性全民健身活动品牌有待塑造

目前，全国性全民健身活动的可持续性、品牌化有待进一步塑造。全民健身活动存在项目种类单一、参与人群种类少、区域分布不均衡等问题，总体竞技水平、群众参与水平偏低。全民健身活动开展时的宣传力度不够，知名度有待进一步提升，居民对全国性全民健身活动的认识不够，难以形成品

牌效应。

（二）全民健身活动与群众需求的适应性有待提升

广泛开展的全民健身活动中，项目设置供给与群众锻炼需要应进一步匹配。在项目设置方面，全民健身活动应更好地与当地特色、时代潮流相结合，吸引全年龄的居民积极参与其中。层次化、多元化的赛事活动体系不够完善，群众赛事缺乏与专业赛事的衔接，难以满足居民参与的需求。全民健身活动缺乏以社区为单位组织的运动会，进社区、进校园活动少，针对特殊人群的赛事活动较为匮乏，重点和特殊人群的全民健身活动供给力度不够。

（三）全民健身活动开展存在区域差异

全民健身活动区域供给不协调，基于经济发展水平的限制，呈现东部多于西部，南方优于北方的特点。经济发达区域，居民收入水平高，闲暇时间参与体育锻炼意识强，群众参与全民健身活动积极性高。

三、全民健身活动保障有待进一步完善

（一）全民健身活动的组织化程度有待完善

各地全民健身活动以自发组织为主，有组织、有计划的全民健身活动开展不足。全民健身志愿服务体系有待进一步深入，健身志愿服务大多依附于社区志愿服务中，服务类型单一，不能满足居民参与科学健身活动需要。全民健身志愿服务社会动员率低，志愿者参与的可持续性差，激励手段不足。

（二）全民健身活动场所设施利用率低

由于场地设施疏于管理，健身器材存在老旧、破损现象。全民健身场地被占用现象普遍，如社区健身场被电动车挤占，农村篮球场变成晾衣场、晒谷场，全民健身场所设施利用率低，难以发挥真正作用。

（三）全民健身活动指导与服务有待加强

根据《2020 年全民健身活动状况调查公报》，有 19.6% 的成年人和 11.1% 的老年人接受过专业人士指导健身。说明社会体育指导员的作用未能充分发挥。一方面，社会体育指导员活跃度不高。截至 2020 年底，社会体育指导员人数累计超过 260 万，但活跃在健身指导一线的社会体育指导员比例不超过 1/3。另一方面，截至 2020 年底，国家级社会体育指导员约有 3 万人，一级社会体育指导员约有 21 万人，总体仅占社会体育指导员队伍的 9% 左右[1]。还存

---

① 国家体育总局社会体育指导中心、社会体育指导员协会：《中国社会体育指导员发展报告（2016－2020）》，人民体育出版社 2022 年版。

在服务性质不明、服务平台缺乏、服务保障不健全等问题，成为指导员的工作热情的阻碍。

四、我国冰雪运动发展有待进一步巩固

（一）群众对冰雪运动价值认知普遍性缺乏

根据国家统计局《冰雪运动参与情况调查统计分析报告》数据，自2022年北京冬奥会结束后，全国居民参加冰雪运动参与率虽有所提升，但仅为22.13%。大众对冰雪运动价值深度和广度的认知仍存在不足。居民参与冰雪运动类型较为单一，主要集中在民俗冰雪活动、冰雪观赏体验类活动等活动中。大众对冰雪运动认识不够全面，多停留在"竞技""娱乐"等传统维度上。同时，政府与市场对冰雪运动的开发力度不够，呈现内容形式单一，大众难以了解冰雪文化内核，从而使冰雪运动缺乏内生动力[①]。

（二）冰雪运动群众参与呈现出地域和阶层差异

东北三省作为传统冰雪运动省份，冰雪运动的参与率高达42%，西北地区华北省份为25.9%，而南方省份参与率仅为18%[②]。南方省份人群参与冰雪运动的次数约为传统冰雪运动省份的一半。南方因其气候特点，群众对冰雪运动缺乏认知和参与的积极性，参与冰雪运动的群众基础薄弱。

（三）冰雪运动群众参与的可持续性低

《中国滑雪产业白皮书》数据显示，目前我国滑雪人群仍以滑雪体验者为主（占比77.4%），每年滑雪6次以上的滑雪爱好者仅占比8.7%[③]。绝大多数新增冰雪运动参与者，是受到北京冬奥会宣传影响的体验式参与，而非习惯性运动。我国滑雪人口的渗透率及人均滑雪频次仍有较大提升空间，随着滑雪人群对该项运动的黏性提升，滑雪产品的消费转化率有望持续提升。

五、民族民间民俗传统运动项目有待进一步发展

（一）民族民间民俗传统运动传承体系有待加强

2018年公布的国家级非物质文化遗产显示，传统体育、游艺杂技类传承人年龄在50岁以下的仅有6人，普遍分布于60—80岁。民族民间民俗传统体育文化的传承方式多为"师徒制"，现有传承人老龄化且缺乏专业人才

---

① 国家体育总局冬季运动管理中心：《大众冰雪消费市场研究报告（2023—2024冰雪季）》，2024。

② 《冰雪运动全面展开　见证全民健身新风尚》，《中国体育报》2020年1月3日。

③ 伍斌：《中国滑雪产业白皮书》，2023年。

继承。

（二）民族民间民俗传统运动普及阵地有待拓展

民族民间民俗传统运动普及阵地多限于零散化地区和单位，对学校、社区等区域的拓展不足。其中，学校体育作为发扬民族民间民俗传统运动的主阵地，应成为不断培养民族民间民俗传统运动新生力量。

（三）民族民间民俗传统运动社会认同度有待提升

全社会对民族民间民俗传统运动认同度低，宣传力度不够。总体来看，民族民间民俗传统运动活动报道少、热度低。民族民间民俗传统运动科普纪录片、书籍等更新慢，相关题材作品创作的创新力不足，难以满足当地居民参与民族民间民俗传统运动的需求。政府对民族民间民俗传统运动传承的支持有待加强，政策解读、知识分享、经验传授、典型推广等活动开展力度不够。

（四）民族民间民俗传统运动市场化发展有待深入

民族民间民俗传统运动与旅游业结合成为发展的突破口，但体育旅游涉及项目多与定向越野、攀岩、登山、徒步等现代时尚项目有关，对射箭、赛马、踩高跷、赛龙舟等具有厚重民族文化底蕴的传统体育运动重视程度不足。

第四节　全民健身活动发展建议

一、提升全民健身活动科学化水平

（一）依托多部门共同参与全民健身活动工作

普及科学健身知识与技能，是促进全民健身发展的关键一环。科学健身知识和健身技能的普及工作，不仅要考虑居民参与全民健身活动的普遍规律，也要参考科学技术普及工作的知识和经验。《关于新时代进一步加强科学技术普及工作的意见》指出，要强化全社会科普责任、加强科普能力建设等。科学健身知识与技能的普及工作，重点要放在基层，要坚持以人民为中心的发展思想，广泛组织进社区、进校园、进企业等科普活动。不断培养拥有体育、医学知识与技能的综合型人才，组织专业科普队伍广泛深入基层，进行科学健身知识和健身方法的普及工作。

（二）拓宽科学健身知识和健身方法的宣传渠道

持续推广体育领域中"互联网＋"的模式，提高科学健身知识与技能的宣传力度，扩大内容覆盖面。将科学健身知识与技能同 AR、VR 技术结合，借助短视频等形式，不断拓宽健身科普渠道。报纸、电视等媒体应充分发挥自身优势，增加与科学健身普及相关的版块，不断丰富科学健身知识和健身方法宣传渠道。

（三）健全国民体质监测数据库与运动处方制度

建立健全国民体质监测数据库，丰富运动处方出具制度，运用科学手段提高居民参与全民健身活动的主动性与持续性。建立国民体质检测数据库，推动国民体质监测数据与居民个体医疗数据互联互通。针对数据库信息，实现科学健身个性化指导，制定精确化运动处方。借此，不断宣传科学健身知识与健身方法，形成运动健康观念，实现体育与医疗跨界融合，全面提升居民健康水平。

（四）重点加强特殊人群科学健身普及工作

青少年和老年人因其自身年龄、知识结构、认知程度等特点，在科学健身普及过程中要尤为重视。针对青少年，要在基础教育和高等教育中，进一步增大科学健身普及力度，丰富教学内容，满足不同年龄、不同兴趣爱好者的科学健身需求；要加强教师的科学健身知识水平与素质，以帮助青少年学习。针对老年人，要依托社区、老年大学、养老机构，以及传统媒体中的报纸、电视等，打造符合老年人生活习惯、运动习惯、学习习惯的科学健身普及产品，帮助老年人掌握符合自身情况的健身方法。

二、完善全民健身活动供给体系

（一）规范全民健身活动举办程序

完善全民健身活动开展程序，健全赛事制度体系，是促进全民健身有效发展的保障与前提。由政府牵头进行制度建设，完善顶层设计，由单项体育协会、社区等主体实施执行。制度体系的设立应从宏观调控、微观实践、风险应对和评价保障等方面考虑，保障制度的实效性和可操作性。不断构建部门协同推进、社会广泛动员、群众积极参与的全民健身活动体系，实现全民健身活动体系有法可依、有制可遵、有序可查。

（二）丰富全民健身活动产品和服务

活动设置应真正满足群众需要，开展群众喜爱的全民健身活动。继续推进"新年登高""行走大运河""全民健身日""大众冰雪季"等群众体育活动，创新开展居民喜闻乐见的全民健身活动。在主体方面，加强各单项体育协会、企业、社区等主体参与全民健身活动供给的系统联动作用，加快破解供给主体单一的弊端。在质量方面，关注全民健身活动的数量与质量，逐步解决农村与城市之间供给平衡问题，实现区域供给协调发展。

（三）支持社会力量参与全民健身活动供给

全民健身活动的开展不只是政府部门的责任，社会力量也应发挥独特作用。社会力量的优势是长期关注基层、贴近民众，了解全民健身工作的"痛点"和"难点"，能精准对接群众健身需求，使全民健身工作更"亲民"。应不断推动体育改革与创新，围绕如何激发基层体育社会组织活动，营造激励与约束相容的体育社会组织制度环境。在政府专项资金引导、补助下，支持体育社会组织下沉基层、社区、乡村，组织居民开展多种形式的全民健身活动。

三、加强群众参与冰雪运动的持续性

（一）加大对青少年参与冰雪运动的政策支持

加大对青少年参与冰雪运动的政策扶持，提升冰雪运动的群众基础。充分借鉴国外冰雪运动强国发展经验，制定完善相关冰雪政策。在有条件的地区和学校，积极开展冰雪运动，充分发挥"冰雪进校园"等活动影响力，扩大参与冰雪运动人群。体育部门应与教育部门合作，发挥联席工作优势，推进冰壶、冰球等项目走进学校体育课堂，在丰富学校体育内容的同时，不断培养学生对冰雪运动的热爱与习惯。充分利用冬奥场馆、各地冰场雪场等资源，广泛开展一系列青少年冰雪研学活动、冰雪冬令营等活动。因地制宜地组织开展不同形式、丰富多样的青少年冰雪赛事活动、民俗冰雪运动、仿真冰旱雪活动、冰雪知识文化普及推广活动。鼓励体育与教育部门联合开发冰雪校本课程，开展系列冰雪项目和冬奥文化主题教育活动，不断扩大青少年冰雪活动群体。

（二）提升全民参与冰雪运动普及力度

第一，增加对社会体育指导员的培养，提高其冰雪运动技能，鼓励其广泛参与冰雪运动指导活动，提升居民科学参与冰雪运动水平。第二，鼓励冰雪体育协会和俱乐部开展各类大众冰雪活动，推出诸如滑冰、冰车、冰猴、大众雪地足球等群众喜闻乐见的活动，不断形成系列品牌活动，培养居民参与冬季项目的兴趣与习惯。第三，丰富全国性冰雪运动。以北京冬奥会、冬残奥会成功举办为契机，不断打造全民冰雪赛事品牌，扩大冰雪赛事的知名度和影响力。加强部门间联合，创新推出诸如"全国大众冰雪季"等特色冰雪活动，将冰雪运动深入全国各地。

（三） 冰雪文化与风俗营造冰雪运动氛围

一方面，利用多元化媒体手段，广泛普及冰雪运动知识与技能，在社会范围内营造全民参与冰雪运动的氛围。充分利用北京冬奥会会徽、吉祥物等文化产品，扩大各类冰雪运动的知名度，引导居民学习冰雪知识、参与冰雪运动。积极发挥冬奥会带动效应，积极培育冰雪IP，探索冰雪运动与音乐、绘画、电影等文化艺术结合，形成品牌效应。另一方面，充分发挥市场主体活力，开发多样冰雪文化产品，如冰雕、冰雪建筑等，塑造丰富冰雪文化品牌，如"冰雪景观""冰雪运动""冰雪游乐"等。不断丰富冰雪运动活动供给，满足居民参与冰雪运动需求。

（四） 加大场地装备供给满足居民需求

结合自然资源、市场需求、经济条件等实际情况，科学规划布局冰雪场地设施建设，扩大冰雪场地供给、优化场地设施质量。冰雪装备制造业应着重开发大众化的冰雪装备，提升大众冰雪装备产品供给能力，实施精品示范应用工程，满足大众冰雪消费需求。

四、加大对民族民间民俗传统运动项目扶持力度

（一） 重点打造民族民间民俗传统运动项目交流展示平台

通过全国少数民族传统体育运动会不断挖掘整合传统运动项目，以赛事形式让全国各族人民了解传统运动项目，助力体育非物质文化遗产传承。不断完善修改民族民间民俗传统运动项目标准，逐渐适应全民族参与，集竞技性、群众性、观赏性和民族性于一体。增强全国少数民族传统体育运动会的示范引领作用，提高民族民间民俗传统运动项目在社会的知名度与影响力，让民族民间民俗传统运动"活起来""火起来""走出去"。增加赛事数量与种类，与旅游业联动，打造当地特色的民族民间民俗传统运动项目交流展示平台。

（二） 提高民族民间民俗传统运动项目在学校体育中的影响力

增加民族民间民俗传统运动的后备力量，提升在学生群体中的影响力，加大民族传统体育的校园推广度，帮助青少年通过体育锻炼享受乐趣、增强体质、锤炼品格。在学校体育中增加传统体育项目课程种类，各学校不断引进具有传统运动项目技术的教师，不局限于传统的太极拳、气功等课程，鼓励开设多元传统运动项目体育课。转变传统教学中重技术轻文化的授课方式，在传授民族民间民俗传统运动技术动作时，加入和合、侠义、爱国等武德教育。增加相关课程的选择范围的同时，成立民族民间民俗传统运动社

团，鼓励学生在课下养成参与传统运动项目的习惯。以校园活动为媒介，加入具有当地特色的传统运动项目，引导学生参与，不断提高学生对民族民间民俗传统运动的兴趣，增加传承传统运动的后备力量。

（三）推动民族民间民俗传统运动经济价值转化

通过开发民族民间民俗传统运动经济价值，助推传统运动可持续性传承。借助少数民族地区传统文化风俗，充分挖掘民族民间民俗传统运动文化，建立民族民间民俗传统运动文化示范基地和示范项目。以当地传统运动活动、民族风俗为依托，整合少数民族地区赛事资源，不断打造独具民族特色的赛事品牌。借助人工智能、区块链等数字技术，推出智慧化观赛方式，利用互联网、新媒体等形式，提升赛事品牌的知名度和影响力。梳理当地民族民间民俗传统运动发展情况，分析各区域内传统文化独特优势，打造独特的地域文化标志，推动传统体育文化产业差异化供给，逐步实现传统体育经济价值转化。

（四）打造民族民间民俗传统运动话语体系

坚定民族民间民俗传统体育文化自信，打造传统体育运动项目的话语体系，有助于让更多的人了解、学习、掌握中国传统体育项目，实现其对全民健身活动多样化发展的正向促进作用。加强相关部门与国内外媒体合作，联合制作中英双语的纪录片、科普片，向国际社会展示中国健康形象，推动传统体育文化走入国际视野，不断传播独具中国特色的体育文化，推动塑造大国健康形象，让民族民间民俗传统运动可持续发展。

第五章　全民健身组织网络建设

党的十八大以来，全民健身组织网络建设在政策制定、组织架构、服务效能和社会影响力等方面取得了重要突破。政府职能的转变，特别是对体育社会组织的培育和发展，以及政府购买公共体育服务的推广，为全民健身事业注入了新的活力。全民健身计划的连续实施，特别是《全民健身计划（2021—2025年）》的发布，进一步明确了全民健身在国家战略中的地位，为全民健身组织网络的发展提供了明确的指导和坚实的政策支持。未来，全民健身组织网络建设将继续优化组织结构，提升服务效率，加强基层体育组织建设，确保全民健身资源的均衡分配和高效利用。跨部门合作模式将进一步发展，推动体育与教育、卫生、旅游等其他领域的深度融合，以创新的方式拓宽全民健身的服务内容和形式。此外，随着科技的进步，数字化、智能化将成为全民健身组织网络发展的新趋势，通过智慧体育等新型服务模式，提高全民健身的普及率和参与度，为实现健康中国战略目标贡献力量。

第一节　全民健身组织网络发展概述

一、全民健身组织网络总体发展情况

全民健身组织网络自1995年《全民健身计划纲要》颁布以来，内涵要素不断拓展，逐步形成了以各级体育总会为枢纽，各类单项、行业和人群体育协会为支撑，基层体育组织为主体的网络结构，形成了多层次、广覆盖的全民健身服务体系，以确保全民健身活动的有效开展和持续推进。

1995年10月1日《中华人民共和国体育法》的实施标志着全民健身组织地位与作用在法律上得到确认。1997年4月印发的《关于加强城市社区体育工作的意见》提出要"逐步建立、健全以社区体育组织为主体的社会体育组织网络"。2006年国家体育总局印发的《体育事业"十一五"规划》把各类体育社会组织建设纳入规划目标。2009年10月颁布实施的《全民健

身条例》规定："国家推动基层文化体育组织建设，鼓励体育类社会团体、体育类民办非企业单位等群众性体育组织开展全民健身活动"，对各类体育社会组织，包括单项体育协会、体育俱乐部、基层文化体育组织等如何发挥作用作出规定，体育组织建设工作成为各级体育部门的重要工作。2021 年印发的《全民健身计划（2021—2025 年）》强调完善全民健身组织网络。

一系列政策文件的颁布，体现了政府对全民健身事业的高度重视，形成了通过全民健身组织网络建设推动全民健身事业发展的思路设计，为体育强国建设奠定了组织基础。

二、全民健身组织网络发展历程

（一）全民健身组织网络逐步走向开放多元

自 1995 年《全民健身计划纲要》首次提出全民健身组织网络的概念以来，我国一直致力于通过政策引导和制度建设，推动全民健身活动的普及与发展。在此过程中，国家推行协会实体化改革，形成了"中心＋协会"的体育社团治理结构。体育社会组织在提供公共服务方面的作用得到国家的认可和支持。2009 年颁布的《全民健身条例》为体育社会组织的发展提供了坚实的支撑。地方政府在响应中央政策的同时，也在体育社会组织领域进行了创新探索，如简化登记流程、政府购买服务等，这些措施有效推动了体育社会组织的成长和自主性提升。体育社会组织内部结构和管理机制得到了优化，社会影响力逐步增强，监管体系也适时调整和完善，为其在未来全民健身事业中发挥更大作用奠定了坚实基础。

（二）全民健身组织网络作用越发显著

党的十八大以来，党中央加快转变政府职能，加大全民健身组织改革力度，培育发展各类体育社会组织，积极推广政府购买公共体育服务，取得显著成效。全民健身组织网络在政策引导与支持下，呈现出创新突破发展趋势。《关于加快发展体育产业促进体育消费的若干意见》《"健康中国 2030"规划纲要》《全民健身计划（2021—2025 年）》等重要文件，确立了全民健身事业的国家战略地位，为全民健身组织网络的发展提供了坚实的政策基础和明确的发展方向。这些政策文件不仅强调了全民健身的重要性，而且明确了全民健身组织网络的构建原则和目标，即通过优化资源配置和提升服务效率，实现全民健身资源的高效利用和全民健身服务的广泛覆盖。

政府购买服务机制的建立，为体育社会组织注入了新的活力。通过政府购买服务，不仅提高了全民健身服务的专业化和标准化水平，还促进了体育社会组织的健康发展。体教融合、体卫融合、体旅融合等跨部门、跨行业的合作模式，拓宽了全民健身的发展空间，促进了全民健身组织多元化功能开发。

三、全民健身组织网络作用发挥

（一）全民健身组织网络是体育强国建设的有力抓手

《体育强国建设纲要》明确指出："优化全民健身组织网络。发挥全国性体育社会组织示范作用，推进各级体育总会建设，完善覆盖城乡、规范有序、富有活力的全民健身组织网络，带动各级各类单项、行业和人群体育组织开展全民健身活动。"同时《体育强国建设纲要》将"体育社会组织建设"工程列入当前国家体育事业"九大工程"之一，将体育社会组织建设提升到新高度，承载推进与保障实现体育强国建设目标的重要职责。

体育社会组织凭借其自治性、志愿性和非营利性等内在特征，构成了体育治理体系中的一个协同主体。其不仅是推动体育治理体系和治理能力现代化的关键力量，也是建设体育强国进程中不可或缺的重要组成部分。体育社会组织在填补政府职能缺位、纠正市场失灵以及强化社会监管方面具有独特优势，可以通过提供专业化、个性化的体育服务，满足公众多样化的体育需求。此外，体育社会组织在促进体育资源的合理分配、提升体育服务质量、激发市场活力、加强社会监督等方面发挥着桥梁和纽带的作用。

（二）全民健身组织网络是群众体育活动开展的载体依托

全民健身组织网络在促进居民体育活动参与方面扮演着至关重要的角色，它不仅为居民提供了便捷、易于接触的体育活动平台，而且通过多样化的体育项目和活动，满足了不同人群的健身需求。全民健身组织网络通常由各类体育社会组织构成，如体育总会、单项体育协会、针对特定人群的体育协会、青少年体育俱乐部以及社区体育俱乐部等。这些组织在推动全民健身活动的广泛开展、组织群众性体育竞赛以及提供健身技能培训方面发挥着积极作用。许多体育社会组织认识到品牌建设的重要性，着手打造具有一定影响力的品牌赛事或活动。通过品牌化策略，这些组织不仅提升了自身的知名度和吸引力，而且有助于形成稳定的参与者群体，增强了群众参与体育活动的持续性和有效性。

（三）全民健身组织网络是服务人民群众多元化体育需求的重要力量

一是满足群众多样化体育需求。公众对于体育服务的需求呈现出日益增长的多样化趋势。体育社会组织因其基层性、灵活性和对公众需求的敏感性，在提供体育公共服务方面展现出独特的优势，特别是针对少数群体和特殊需求建立的体育社会组织，相比政府和市场机构具有更高的服务优势。依托网络平台等现代技术手段成立的体育社会组织，能更有效地整合和反馈公共体育需求。二是扩大群众参与，各类体育社会组织的发展与成员对其体育目标、愿景密切相关。增强体育爱好者的参与度，成为推动体育社会组织前行的重要动力。这不仅是体育社会组织拓展影响力和实现目标的基础，也是带动更多人参与全民健身的重要平台。通过积极吸纳和鼓励公众参与，体育社会组织可以更好地实现其使命，为社会带来更多积极影响。

（四）全民健身组织网络是体育治理体系的基层实践形态

全民健身组织网络在体育治理体系和治理能力现代化过程中起着基础性作用。一是治理成果全民共享。确保广大人民群众平等享受体育发展成果，增进其满意度与幸福感。在不断完善共建共治共享的社会治理体系中，至关重要的一点是加强"双强"模式——即强化政府职能与社会自治能力。促进各类体育社会组织逐步从政府辅助的角色，发展成为具有独立自治能力的实体，并与政府建立合作关系。二是体现协同治理。体育社会组织扮演着日益重要的协同治理角色，其与政府机构、商业实体及其他行业组织携手合作，共同致力于提升治理的整体效能。在治理实践中，体育社会组织采纳参与式管理和交互式决策等现代治理策略，并引入利益相关方治理模式，以协商民主和达成共识为目标，持续优化治理流程。这种多元参与的治理模式有助于实现体育改革的深化、科技创新的融合以及法治体育的建设，推动形成一个多中心化、全面协作的治理格局，塑造一个充满活力、高效运作的体育治理基层体系。

第二节　全民健身组织网络发展情况

一、体育总会发展情况

（一）体育总会区域分布情况

1. 省级体育总会设置情况

"中国社会组织政务服务平台"和"天眼查"平台显示，全国 31 个省（区、市）均成立了省级体育总会。

2. 市级体育总会区域设置情况

"中国社会组织政务服务平台"和"天眼查"平台显示，市级体育总会的地区覆盖率中，中部地区体育总会覆盖率最大（88.31%），其次是东部地区（80.49%），西部地区覆盖率最低（73.23%），如图 5 - 1 所示。从各省市级体育总会的覆盖比例来看，湖南、吉林、江苏、江西、宁夏的覆盖率较高，均达到 100%；西藏的覆盖率比例较低，为 28.6%（图 5 - 2）。

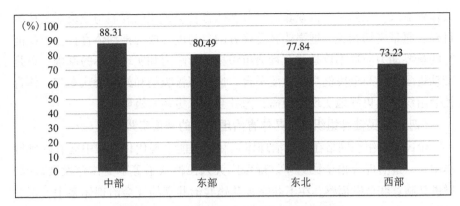

图 5 - 1 市级体育总会分区域设置比例情况

数据来源：中国社会组织政务服务平台和天眼查平台

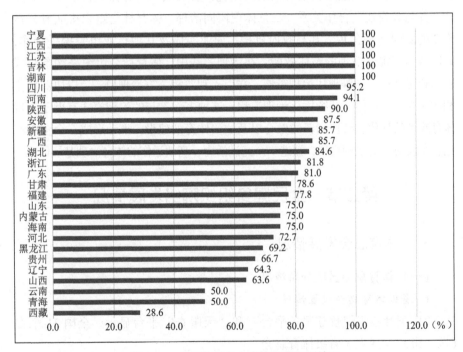

图 5 - 2 市级体育总会省域设置比例情况

数据来源：中国社会组织政务服务平台和天眼查平台

3. 县级体育总会区域设置情况

"中国社会组织政务服务平台"和"天眼查"平台显示，县级体育总会的地区覆盖率中，东部地区体育总会覆盖率最大（69.23%），其次是中部地区（46.68%）（图 5 - 3）。从各省县级体育总会的覆盖比例来看，江苏、上海、浙江的覆盖比率较高，均达到100%；黑龙江覆盖比例较低，在10% 以下，西藏和海南未设置县级体育总会（图 5－4）。

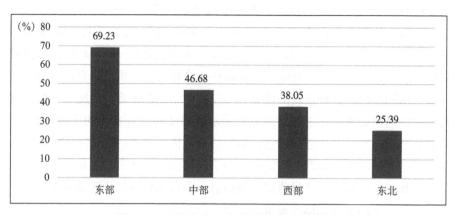

图 5－3　县级体育总会分区域设置比例情况

数据来源：中国社会组织政务服务平台和天眼查平台

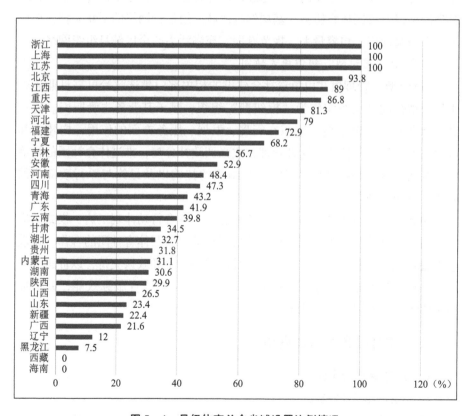

图 5－4　县级体育总会省域设置比例情况

（二）体育总会工作开展情况

1. 统筹各类体育社会组织，开展全民健身活动

首先，体育总会作为"枢纽"型社会组织，其主要作用体现在联系服务、资源整合和沟通协调的桥梁纽带功能。体育总会横向联动社区、纵向对接协会，通过建立体育社会组织与社区长效合作机制，推动体育组织与社区体育的协同发展。这种机制的建立，不仅有助于优化体育资源配置，提高体育资源的利用效率，还能够促进体育活动的普及和体育文化的传播。其次，体育总会通过制订全民健身计划，明确目标群体、活动内容和实施策略，确保全民健身活动的有效性和广泛性。最后，体育总会还负责监督和评估全民健身活动的实施效果，通过收集反馈信息，不断调整和优化活动方案，以满足人民群众不断增长的体育需求。

例如，北京市体育局高度重视体育组织建设发展，将推动体育组织建设作为体育事业发展的重要内容。通过市区体育总会、街道乡镇文体中心三级管理网络以及市区体育协会、基层健身团队三级运行网络的不断完善，形成了一个覆盖面广、包容量大、规范有序、充满活力的全民健身组织网络。

2. 探索"枢纽型"组织模式协同

"枢纽型"管理模式由负责社会建设的相关部门挑选政治可靠且业务处于领导地位的社会组织作为"枢纽型"组织，赋予其业务主管职能。这一做法旨在发挥"枢纽型"组织在管理、发展、服务方面的作用，构建党和政府与群众沟通的桥梁。这种管理方式强调政社分离，推进体育社团的自治与市场化发展，并通过与"枢纽型"组织的挂钩以及最终与原行政部门的脱钩，逐步实现自我管理。

例如，北京市体育局与北京市体育总会的联合行动体现了这一模式的应用，通过建立分类管理和制度化扶持机制推动政府与体育社团的合作。市政府通过购买公共服务等方式，为体育社团提供资金和政策支持，以促进其发展。该模式的实施有利于减少行政层级，提升公共体育服务效能，并形成"小政府、大社会"的治理格局。

二、体育社会组织发展情况

（一）体育社会团体

1. 体育社团总体概况

2013 年至 2021 年，体育社会团体的总体发展情况如图 5-5 所示，截至 2019 年底，全国共有社会团体 37.2 万个，较 2018 年增长 1.6%，其中体育

类社会团体 44795 个，较 2018 年增长 7.1%，增长率远超其他类别的社会
团体。

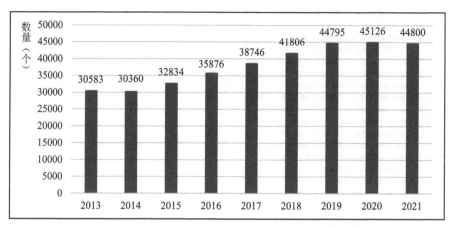

图 5－5　2013—2021 年体育社会团体数量统计

数据来源：《体育事业统计年鉴》（2013—2021）

2. 体育社团分布情况

从各区域分布情况看，东部地区体育社团数量最多，为 18203 个；东北
地区数量最少，为 3054 个（图 5－6）。从各省体育社团的组织数量分布来
看，江苏、广东、浙江、山东、四川、安徽、河南、江西、福建的数量较
多，均达到 2000 个以上，其中江苏省最多，有 4083 个；海南、宁夏、新
疆、北京、上海、天津、西藏的数量较少，均在 500 个以下（图 5－7）。

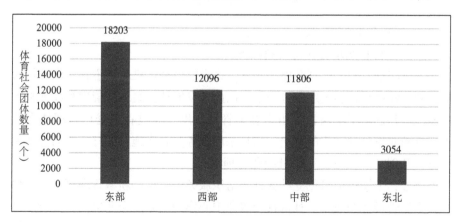

图 5－6　体育社团分区域设置情况

数据来源：《体育事业统计年鉴（2021）》

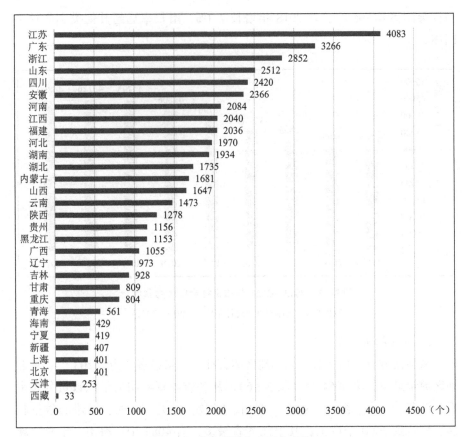

图 5-7 体育社团各省区分布情况

数据来源:《体育事业统计年鉴 (2021)》

3. 体育社团工作情况

(1) 体育社团培育扶持机制积极创新

一是实现了政府管理职能的转移,将未能由登记机关和主管单位履行的部分职能转移到社会组织服务中心,以此来发展社会组织的管理和社会服务功能。二是创新了基层社区组织登记管理制度,通过备案登记管理体育社团,打破双重管理体下的壁垒。三是采用服务中心实施对体育社团的管理和服务,开创了"民管民"的社会化管理模式。

例如,上海市通过创立社区社会组织服务中心这一新型管理模式,深化社会组织管理体制改革。社区社会服务中心作为民办非企业单位,实行区民政局和街道办事处的双重管理体,其人员构成采用社会招聘与内部调剂相结合的方式,既有专职人员也有兼职人员,以适应多元化的工作需求。服务中心的主要功能包括群众团体的备案登记,特别是那些不具备正式注册条件的体育社会组织，从而在不改变现有双重管理体制的前提下，为其提供合法性和管理服务。此外，服务中心还扮演"孵化器"的角色，引导和扶持社区内的服务性和公益性体育社会组织，以满足社区的需求。服务中心集"服务、协调、管理"于一体，为体育社会组织提供多方面的支持，帮助其解决实际运营中的困难。

（2）体育社团规范化发展效果显著

我国体育社团规范化发展取得显著成效，主要体现在组织结构的优化、法律地位的明确、政府职能的有效转移、资金来源的多元化以及财务管理的规范化等方面。通过这些措施，体育社团的内部管理更加科学高效，法律权益得到有效保护，自我发展和提供社会服务的能力显著提升，资金使用更加透明合理。体育社团活动的丰富化和社会参与度的提升，进一步促进了全民健身运动的普及和发展。同时，体育社团在规范化发展过程中，建立了较为完善的自律和社会监督机制，增强了社团的社会信誉和公信力。这些成效不仅为体育事业的全面发展贡献了积极力量，也为社会和谐提供了支持。

（3）单项体育协会实体化改革不断深化

单项体育协会实体化改革是我国体育管理体制改革的重要组成部分，旨在适应体育社会化和市场化发展的客观要求，推动体育事业高质量发展。近年来，体育主管部门积极推进体育社会组织逐步探索实体化改革之路，尝试推动机构、职能、资产、人员、党建外事与原有机关、事业单位分离，改变"一套人马，两块牌子"的旧有格局。2015年，中国足球协会与国家体育总局脱钩，标志着单项体育协会管理体制改革的正式启动。此后，篮球、乒乓球等体育项目协会也相继进行了实体化改革。这些改革的重点在于实现政社分开、权责明确、依法自治，通过法律、法规授权或受国家机关依法委托管理公共事务，从而提升单项体育协会的自主性和专业化水平。在实体化改革的过程中，单项体育协会逐步建立起具有法人治理结构的独立运营实体，确立了与体育行政部门的新型合作关系。体育行政部门对单项体育协会的管理和指导不再过度依赖行政权力，而是更多地依靠法律、法规提供政策服务和业务指导。这一转变有助于单项体育协会在法律框架内健康有序地开展活动，同时也为单项体育协会的自我发展和能力提升提供了空间。

（4）新兴体育社团发展迅速

随着社区和互联网技术的快速发展，草根体育社团和网络体育社团作为新兴的体育组织形态迅速崛起。这些社团虽然在法律上尚未获得社团法人资格，但在推动全民健身活动方面扮演着日益重要的角色，并逐渐受到社会各界的广泛关注。针对这些新兴体育社团的合法性问题，传统的双重管理体制显示出一定的局限性。在这一背景下，国内多个省（区、市）如江苏、广东、上海、安徽、山东等开始实施备案制度，出台相关政策，对新兴体育社团采取了一种渐进式的管理策略，即"先发展、后规范、后备案、后登记"。通过运行与备案的并行推进，为新兴体育社团的健康成长提供政策支持，也为其逐步规范化和法治化奠定基础。从促进全民健身活动和规范社团管理的角度出发，将新兴体育社团纳入政府的扶持与服务体系中，不仅有助于引导这些社团向具有法人资格的方向发展，而且符合我国体育社团发展的实际国情。

（二）体育类民非企业单位

1. 体育类民非企业单位总体概况

2013 年至 2021 年，体育类民办非企业单位的总体发展情况如图 5 - 8 所示。继 2016 年全国民办非企业单位数量首次过万，达到 11069 个，2017 年继续保持较快增长速度，达到 13903 个，增长率为 25.6%。2014 年至 2019 年，年均增幅为 19.4%。由于疫情原因，2019—2020 年数量呈现小幅下降趋势，2020—2021 年呈现小幅上升趋势，增长率为 4.5%。

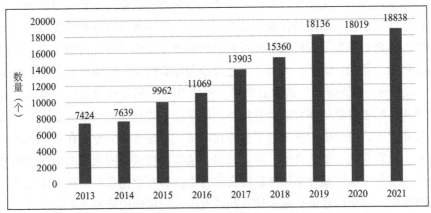

图 5 - 8　2013—2021 年体育类民办非企业单位数量统计

数据来源：《体育事业统计年鉴》（2013—2021）

2. 体育类民非企业单位分布情况

体育类民办非企业单位分区域设置情况如图 5 - 9 所示。从各区域分布情况看，东部地区民办非企业单位数量最多，为 10306 个；东北地区数量最少，为 2064 个。体育类民办非企业单位区域分布情况如图 5 - 10 所示。从各省区民办非企业单位的组织数量分布来看，山东、江苏、河南、浙江、广东、黑龙江的数量较多，均在 1000 个以上，其中山东最多，为 3188 个；青海、宁夏、西藏的民办非企业单位的组织数量较少，均在100个以下。

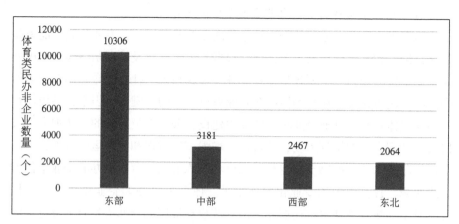

图 5 - 9　体育类民办非企业单位分区域设置情况

数据来源：《体育事业统计年鉴（2021）》

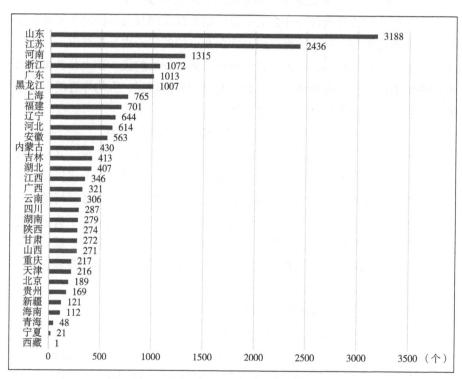

图 5 - 10　体育类民办非企业单位区域分布情况

数据来源：《体育事业统计年鉴（2021）》

3. 体育类民办非企业单位工作情况

（1）重点加强体育类民办非企业单位能力建设

体育类民办非企业单位作为社会化的专业服务机构，专业化服务能力是体现其价值和发挥作用的主要方面。根据其组织性质及特点归纳体育类民办非企业单位的能力，主要包括专业服务、自我约束、社会疏导和创新发展四个方面。能力建设是体育类民办非企业单位发展的关键影响因素，各级体育部门加强体育类民办非企业单位的能力建设，采取人员轮训的方法加大法人代表及管理人员的培训力度，通过培训增强市场意识和管理运营水平，提高专业化服务水平，鼓励支持退役运动员和教练员到体育类民办非企业单位就业或兼职，提升组织的专业化服务水平。体育类民办非企业单位能力的提升，对于加快转变体育部门职能、简政放权和推广服务购买具有十分重要的作用。

（2）体育类民办非企业单位服务范围和形式不断扩展

越来越多的体育类民办非企业单位开始重视面向社会不特定人群提供更加多元的体育服务。传统体育类民办非企业单位的服务内容相对单一，主要集中在活动和技能培训，随着体育事业进入新的发展阶段，扩大公共体育服务的基础更加坚实，群众体育健身和消费意识显著增强，人均体育消费支出明显提高，体育公共服务基本覆盖全民。

（3）体育类民办非企业单位有效培育体育消费新增长点

体育类民办非企业单位在我国体育社会组织中占据重要地位，其在市场经济体制下的运作管理模式体现出多元化资本运作、市场化服务提供、专业化组织管理、政策引导与自主发展结合、社会责任与公益性坚守等特征。体育类民办非企业单位通过灵活创新的管理策略，一定程度上适应了资金来源的多样性，同时根据市场需求调整服务内容，拓展了体育服务的领域。在追求经济效益的同时坚持公益性，积极履行社会责任，推广体育健身理念，一定程度上提升了公众的体育参与度。

（三）基层自治性全民健身组织

1. 基层自治性全民健身组织总体概况

基层自治性全民健身组织是指在社区或乡村层面，由居民自发成立的、以促进健康生活方式和提高居民身体素质为目标的非营利性体育组织。这些组织通常不受上级体育管理机构的直接管理，而是通过居民的自我管理、自我服务和自我监督来运行。其具有高度的自发性、民间性、灵活性和针对性，能够根据社区居民的具体需求和兴趣，设计和实施多样化的体育活动，在促进群众体育普及和提升公共体育服务水平方面具有一定潜力。

随着社会体育需求的日益增长和体育政策的支持，基层自治性全民健身组织成为连接政府、市场与社区居民之间的桥梁，发挥其在体育资源配置、体育活动创新和居民健康促进中的独特作用。未来，基层自治性全民健身组织将更加注重内部治理结构的完善、服务质量的提升以及与外部环境的互动，通过合法化、专业化和标准化的进程，实现可持续发展，为全民健身运动的普及和体育文化的传播提供更为广阔的平台。

2. 基层自治性全民健身组织工作开展情况

（1）基层自治性全民健身组织承担多元功能

①面向全人群与全生命周期，满足居民健康促进需求

基层自治性全民健身组织作为社区和乡村健身活动的重要载体，在应对健康促进的挑战方面发挥着关键作用。在我国社会老龄化趋势加剧和慢性病患者数量增加的背景下，体育活动成为维护公共健康的关键，且逐渐融入民众的日常生活需求中。这些组织以其根植于民间的特性和广泛的群众基础，成为推广全民健身活动的理想平台。在地方体育活动的推进中，基层自治性全民健身组织扮演着至关重要的角色，不仅提供创新的健身或活动方案，满足群众多样化的体育需求，而且在体育社交生活化的大背景下，积极传播科学的健身理念，普及科学的健身方法，从而提升了科学健身技术的普及率。

②弥补其他体育社会组织弱势缺陷

基层自治性全民健身组织作为群众体育资源整合的基层单元，显著提升了其在体育治理中的地位，有效应对了治理格局向基层化的转变。基层自治性全民健身组织不仅在社会影响力上有所增强，而且开始积极融入基层体育治理结构。基层自治性全民健身组织与体育行政部门之间形成了一种协同机制，在政策制定和活动执行的过程中，各方积极协作，采纳更为灵活的管理策略，例如运用契约机制等手段，以更精准地满足公众对体育活动的需求。同时，基层自主性全民健身组织得益于其敏捷、高效和适应性强的特点，在资源整合方面展现出多元化的渠道优势，能有效弥补其他体育社会组织在行政化过程中出现的僵化和刚性问题。

③助力全民健身资源配置不均问题解决

面对全民健身工作中的区域和人群差异问题，尤其是社区与乡村层面的"最后一公里"挑战，基层自治性全民健身组织发挥着不可或缺的作用。由于数量众多且分布广泛，基层自治性全民健身组织能够覆盖不同年龄段和偏好的人群，涵盖从户外运动到传统体育，从城市社区到乡村的多元需求，成

为全面提供体育服务的重要依托。基层自治性全民健身组织有效地弥补了公共体育服务在覆盖面和效果上的不足，成员的志愿性质增强了其在推广基层体育公益事业方面的影响力，解决了健身设施的分布不均问题，促进了体育文化在基层的深入普及和发展。

（2）基层自治性全民健身组织深层次价值不断凸显

①全民健身战略深入实施的有效抓手

《体育强国建设纲要》提出了落实全民健身国家战略的重要任务，将全民健身活动普及工程列为九大重点项目之一。倡导加强社会力量对全民健身活动的支持，以此激发基层自治性全民健身组织的活力，使其成为推动全民健身领域发展的关键力量。基层自治性全民健身组织在执行全民健身战略中，与行业管理部门共同发挥供给者和执行者的角色，重在协作而非竞争。基层组织应提升自主管理能力，通过制度化、规范化的发展，赢得政府和社会的信任与支持。

②发掘和培养体育人才的摇篮

在基层自治体系中，全民健身组织发挥着至关重要的作用。随着群众体育活动的广泛普及和水平的持续提升，基层体育组织正逐渐迈向专业化与精英化的发展道路。在此过程中，基层组织不仅深入发掘具备专业运动员潜质的新秀，同时也致力于培养高水平的教练员、裁判员以及社会体育指导员。基层体育组织在培育体育赛事运营人才、社会体育指导员方面展现出显著的潜力，并且在探索竞技体育后备人才培养、促进青少年运动习惯养成等领域发挥着积极作用。其作为群众体育与竞技体育之间的桥梁，不仅促进了两者之间的有效互动，也为体育事业的全面进步提供了有力的支持。

③有效促进基层体育文化广泛传播

基层自治性的全民健身组织作为百姓周边的社会力量，展现出独特的渗透性和灵活性。基层自治性全民健身组织在推广体育精神和社会主义核心价值观方面发挥着显著作用，不仅促进了体育文化的广泛传播，还加深了参与者之间的情感交流与互动。

（3）拓展自治性全民健身组织发展空间

备案制使未满足法定登记条件的体育社团，通过向行政机关提交相关信息和材料，获得行政认可和法定地位，简化了体育社会组织的成立程序，扩大了合法运营空间。备案制的实施有利于管理机关及时掌握体育社会组织的发展状态，从而有效地指导和规范其发展。如广东省提出的"先发展、后规范、后备案、后登记"的管理办法，对自发性体育社会组织采取灵活的发展策略，简化备案材料，为体育社会组织的有序发展提供了有益探索。将备案体育社会组织纳入政府扶持和服务体系，引导它们向正规社会组织发展，符合我国的国情，也为体育社会组织提供了成长和转型的机会。尽管备案制的法律地位存在争议，但将备案组织视为具有特定权利的特殊民事主体已逐渐形成共识。作为地方制度创新，备案制不仅具有制度价值，也具有现实意义，为体育社团的管理和发展开辟了新的途径。

三、全民健身志愿服务发展情况

（一）全民健身志愿服务的形成发展

全民健身事业的发展与志愿服务的规范化管理紧密相连。2012 年民政部发布《志愿服务记录办法》，旨在规范志愿服务管理并维护志愿者的合法权益。2014 年中央文明委印发《关于推进志愿服务制度化的意见》，对志愿者的招募、注册、培训以及记录和激励机制进行了全面规划。2016 年，中宣部、中央文明办、民政部等部门联合发布《关于支持和发展志愿服务组织的意见》，提出了放宽成立条件、吸纳志愿服务组织入驻社会组织孵化基地等措施。同年通过的《中华人民共和国慈善法》，明确了志愿服务的慈善性质和志愿者权利。2017 年，国务院印发《志愿服务条例》，标志着志愿服务进入法治化运行的新阶段。这些政策和法规的出台，为志愿服务的健康发展提供了坚实的制度保障，也为全民健身事业的推进作出了显著贡献。

目前，我国已基本形成全民健身志愿服务的管理体系，呈现横向由中央文明委、民政部和国家体育总局等部门共同管理，纵向从中央到地方层级管理的格局。《志愿服务条例》明确了中央和地方精神文明建设指导机构建立的志愿服务工作协调机制，以及民政部门的行政管理职责。同时，公益社会体育指导员和普通志愿者队伍不断壮大，为全民健身志愿服务提供了坚实的人力资源基础，这对于推动全民健身事业的深入发展具有重要意义。根据《体育事业统计年鉴》数据，2014 年至 2020 年间，获得技术等级称号的公益社会体育指导员数量显著增长，普通志愿者的规模快速扩大。

（二）全民健身志愿服务工作开展情况

全民健身志愿服务面向基层，面向社区，探索全民健身志愿者队伍建设，探索培育社区全民健身志愿服务项目，搭建社区居民经常化参与全民健身志愿服务的平台，弘扬志愿服务精神与中华体育精神，推动全民健身志愿服务常态化、社会化、组织化。以"建立运行机制、搭好工作平台"为举措，将社区全民健身志愿服务与党建工作结合，突出全民健身志愿服务

（社区）项目的引领性与示范性。

为总结推广全国各地各部门在全民健身志愿服务方面的工作成果与先进经验，体育总局启动 2023 年全民健身志愿服务优秀案例的征集与评选工作。此项举措旨在通过选树典型案例，提升全民健身志愿服务的整体质量，并为相似工作提供示范与引导，共有 50 个案例被评为优秀案例并对外公布（表5－1）。此次评选活动不仅是对全民健身志愿服务工作成效的一种肯定，也是对未来工作方向的指引。

表 5－1 2023 年全民健身志愿服务优秀案例名单

序号	报送单位	项目名称	组织机构
1	北京市体育局	八里庄足球协会同龄人足球队志愿服务活动	八里庄足球协会同龄人足球队
2	天津市体育局	天津市精武体育会武术"六进"志愿服务活动	天津市西青区体育局、天津市西青区精武镇政府、天津市精武体育会
3	天津市体育局	滨海新区汉沽德阳骑行志愿服务活动	天津市滨海新区赛上街道德阳里社区
4	河北省体育局	雄安悦动志愿服务活动	雄安新区宣传网信局
5	内蒙古自治区体育局	"体育助力乡村振兴（呼和浩特市赛罕区金河镇）"志愿服务活动	呼和浩特市赛罕区金河镇全民健身指导站
6	辽宁省体育局	丹东市老年人体育志愿服务活动	丹东市文化旅游和广播电视局
7	黑龙江省体育局	佳木斯市"弘扬传统文化普及推广太极拳、健身气功"志愿服务活动	佳木斯市太极拳协会
8	黑龙江省体育局	佳木斯市富锦市秧歌协会志愿服务活动	富锦市秧歌协会志愿服务队
9	上海市体育局	长者运动促进健康志愿服务活动	尚体健康科技（上海）有限公司
10	上海市体育局	宝山区社会体育指导员体育志愿服务活动	宝山区社会体育指导员协会
11	江苏省体育局	"让流动的花朵更活泼"全民健身志愿服务活动	周铁社区"舞韵"广场舞全民健身志愿服务队
12	江苏省体育局	"大家一起来幸福舞起来"志愿服务活动	溧阳市广场健身舞运动协会
13	江苏省体育局	苏州市全民健身"五进"活动	苏州市体育局、中共苏州市委市级机关工委、苏州市农业农村局、苏州市总工会、苏州市残疾人联合会
14	浙江省体育局	"医起跳操吧"广播体操天使志愿服务活动	浙江省肿瘤医院

序号	报送单位	项目名称	组织机构
15	浙江省体育局	"Fitnow 遇见"线上线下全民健身志愿服务活动	浙江省宁波市宁海县Fitnow 遇见志愿服务团队
16	安徽省体育局	安徽省体育局科学健身志愿服务"五进"活动	安徽省体育局
17	福建省体育局	"扬奥运精神燃志愿之火"推动全民健身发展志愿服务活动	南安市体育中心体育志愿服务队
18	福建省体育局	"体教融合公益行童心跳跃绳飞扬"志愿服务活动	莆田市体育局
19	江西省体育局	江西省靖安县健身气功协会志愿服务活动	江西省靖安县健身气功协会
20	山东省体育局	东平县佛山小学校园足球志愿服务活动	东平县佛山小学
21	山东省体育局	"武术传承舞动人生"全民健身志愿服务活动	青岛西海岸新区社会体育指导员协会
22	山东省体育局	山东省全民健身宣讲志愿服务活动	山东省体育局、山东大学
23	河南省体育局	"全民健身健康新安"志愿服务活动	新安县健身气功协会
24	湖北省体育局	襄阳市健身气功八段锦志愿服务活动	襄阳市健身气功协会
25	广东省体育局	惠州市"为爱弯腰益起捡跑"全民健身志愿服务活动	惠州市捡跑协会
26	广东省体育局	"打造岭南救生圈筑湾区安全网"游泳救生培训志愿服务活动	东莞职业技术学院
27	重庆市体育局	"奔跑的蜗牛"体育公益志愿服务活动	"奔跑的蜗牛"体育公益志愿服务团队
28	重庆市体育局	重庆大学体态评估与功能训练工作室健身科普志愿服务活动	重庆大学体态评估与功能训练工作室
29	贵州省体育局	黔西南州柔力球队志愿服务活动	黔西南州老年人体育协会
30	云南省体育局	体育三下乡增进民族村寨活力建设芒市三台山德昂族乡全民健身志愿服务活动	云南大学体育学院
31	西藏自治区体育局	西藏自治区体育下基层"三送"志愿服务活动	西藏自治区体育局
32	陕西省体育局	"文旅先锋"全民健身志愿服务活动	咸阳市渭城区文化和旅游局"文旅先锋"志愿服务队

序号	报送单位	项目名称	组织机构
33	甘肃省体育局	"我为群众办实事"进校园开展防溺水安全公益宣讲志愿服务活动	甘肃省社会体育管理中心
34	青海省体育局	青海省社会体育指导员"民族团结进步行"志愿服务活动	青海省社会体育指导中心
35	宁夏回族自治区体育局	宁夏西吉县太极拳协会志愿服务活动	宁夏社会体育服务中心
36	新疆维吾尔自治区体育局	太极一家人各族群众心连心志愿服务活动	巴州太极拳专项委员会
37	新疆维吾尔自治区体育局	"放飞梦想"——哈密市青少年航模体育志愿服务活动	哈密市航模科技运动协会
38	新疆维吾尔自治区体育局	乌鲁木齐全民健身大讲堂志愿服务活动	乌鲁木齐市体育局、乌鲁木齐市体育总会
39	国家体育总局体操运动管理中心	"健康中国,一起舞吧"中国排舞、广场舞公益行志愿服务活动	中国蹦床与技巧协会排舞分会
40	国家体育总局健身气功管理中心	洛阳市健身气功协会"三进"志愿服务活动	洛阳市健身气功协会
41	北京体育大学	北京体育大学"冠军行"志愿服务活动	共青团北京体育大学委员会
42	北京体育大学	"科学助力运动,健康融入生活"康复科普宣讲团志愿服务活动	北京体育大学运动医学与康复学院
43	中国空手道协会	陕西省空手道运动公益体育课堂志愿服务活动	陕西省空手道协会
44	西安体育学院	特教志愿者服务队助残志愿服务活动	西安体育学院西体特教志愿者服务队、西安市维爱助残公益慈善中心
45	成都体育学院	以体育人与爱同行——峨边支教团志愿服务活动	成都体育学院体育教育学院
46	天津体育学院	奔跑西藏:西藏昌都学生体质健康志愿服务活动	天津市天体青少年体育公益发展中心
47	南京体育学院	运动控糖志愿服务活动	南京体育学院
48	山东体育学院	"体育服务＋体质提升"新模式助力日照市百校体质提升工程志愿服务活动	山东体育学院
49	广州体育学院	星心语志愿者服务队盲校无线电测向训练志愿服务活动	广州体育学院青年志愿者协会星心语服务队
50	广州体育学院	心希望义教服务队志愿服务活动	广州体育学院青年志愿者协会心希望义教服务队

四、社会体育指导员发展情况

(一) 社会体育指导员总体概况

1. 社会体育指导员队伍规模不断壮大

我国的公益社会体育指导员队伍规模实现显著增长。从 2015 年的大约 186 万人增至 2020 年的 260 万人，增长率达到 39.7%，社会体育指导员的人数占全国总人口的比例上升至 1.86‰。从社会体育指导员等级分布来看，约有 3 万名国家级指导员，21 万名一级指导员，69 万名二级指导员，以及 167 万名三级指导员①。这支庞大科学健身指导队伍成为全民健身公共服务和全民健身志愿服务的骨干力量。

2. 社会体育指导员协会布局不断拓展

作为管理和组织社会体育指导员开展工作的组织依托，社会体育指导员协会布局随着指导员队伍扩大也在同步扩大。截至 2020 年底，全国已建立 1298 个不同级别的社会体育指导员协会。其中，国家级协会 1 个，省级协会 29 个，地市级协会 242 个，区县级协会 1026 个。四级联动的社会体育指导员协会体系不断完善，协会组织网络结构逐步稳固，社会体育指导员工作效益不断提升。

(二) 社会体育指导员工作开展情况

1. 开展乡村振兴工作

社会体育指导员通过传递健身理念、技术支持、组织活动和提供设备，有效利用全民健身活动预防疾病复发和缓解贫困。例如，宁夏回族自治区成立了一个由 50 名社会体育指导员组成的志愿服务团，该团在 9 个月内行程超过 3000 公里，为全区 10 个贫困县（区）和 658 个村的文体工作者及居民提供培训。甘肃省通过在帮扶县（区）开展社会体育指导员培训和广场舞大赛等活动，进一步推动了体育下乡和全民健身的深入发展。这些举措不仅促进了健康生活方式的普及，也为乡村振兴注入了新的活力。

2. 满足群众健身需求

通过社会体育指导员开展针对不同群体的志愿服务活动，建立全民健身的常态化志愿服务机制，以满足人们日益增长的健身需求。例如，上海市实行"定岗、定项、定点、定时"的策略，推动健身活动深入社区、家庭和

---

① 国家体育总局社会体育指导中心、社会体育指导员协会：《中国社会体育指导员发展报告 (2016—2020)》，人民体育出版社 2022 年版。

楼宇。北京市针对残疾人社会体育指导员进行多次培训，为满足不同群体的健身需求奠定了基础。这些举措体现了社会体育指导员队伍在推广全民健身战略中的创新和努力，展示了新时代社会体育指导员队伍的重要功能和作用。

3. 完善基础公共服务

为贯彻新时代文明实践中心建设要求，各地积极构建健身体育服务平台，优化省市镇村四级体育设施，通过各类志愿服务活动，为公众提供健身指导等服务，确保群众健身需求的"最后一公里"得到有效满足。例如，江苏省借助新时代文明实践中心推进"健身体育服务平台"，加强社会体育指导员的能力提升，利用体育活动服务社会，提高民众福祉。

（三）社会体育指导员工作特点

1. 服务活动品牌化

全国社会体育指导员交流展示大会已成为一项具有影响力的品牌活动，极大提高了社会体育指导员的专业水平，并取得了显著的社会效益。同时，全国培训基地不断创新培训活动内容，结合全民健身的热点问题，如国民体质监测、慢性病预防等进行课程设计。在"十三五"期间，全国31个省（区、市）共举办了约2265期指导员培训和继续再培训，覆盖人数超过24万人。

2. 服务方式多元化

为了满足民众多样化、个性化的体育需求，提升民众满意度，各地采用多种创新举措提升服务质量。例如，上海市推出在线点单服务，社会体育指导员可提供上门技能培训和健康讲座等。安徽省利用体质监测中心和站点，建立社会体育指导员服务站，提高服务覆盖率。江苏省探索建立社会体育指导员名师工作室，并将其与新时代文明实践中心结合，为优秀指导员提供普及和推广的平台。宁夏回族自治区对满足特定标准的106个全民健身站点进行统一挂牌，通过这些站点促进体育人口的增长。

3. 服务载体数字化

社会体育指导员协会已完成全国社会体育指导员信息管理平台的建设，覆盖手机应用、微信小程序、网站等多个平台。该系统为各级体育部门、社会体育指导员以及健身爱好者提供服务，支持管理单位进行后台操作。系统功能包括社会体育指导员的在线注册、晋级、学习、考核、预约健身指导、激励评价和信息发布，特别是能实现服务时长的统计。该系统已在全国范围内推广使用，这标志着社会体育指导员服务的数字化、智能化发展。

第三节　全民健身组织网络发展面临的挑战

一、体育总会发展面临的挑战

（一）体育总会的功能尚未有效发挥

各级体育总会不仅肩负着开展全民健身工作的任务，还在项目协会和人群协会中发挥着监督和服务的关键职能。在资金方面，多数体育总会依赖外部资助，如政府资助，相对缺乏自身筹资和吸引社会资本的能力。体育总会在管理能力和经验方面也存在不足，特别是县区级体育总会，缺乏专业人员，在制订工作计划和管理协会的考核制度时，缺少针对本地区特定人群需求的具体和详细的实施策略。体育总会还需更多地考虑本地化的需求，以及如何通过自身的努力和创新来改善管理和服务效果。

（二）基层体育总会发展阻力较大

县级体育总会与省市级体育总会的互动相对较少，主要在监督检查、调研或培训活动中才有所交流。日常工作更多是与同级别政府或体育局系统的直接对话，纵向沟通的不足削弱了以中华全国体育总会为核心的群众体育组织内部的联系紧密度，导致各级体育总会相对孤立，阻碍了信息和政策的有效传递。在横向上，尽管民政部门降低了体育社团登记注册的门槛，促进了单项体育协会的成立，但这些新成立的协会由于缺乏必要的资源支持。基层体育总会由于资源有限，往往只能关注那些群众参与度高、影响力大的协会。

二、体育社会组织发展面临的挑战

（一）体育社团发展面临的挑战

1. 体育社团活跃水平不高

当前，众多体育社团仍深受行政机关影响，缺乏自主性，表现为高度依赖性和较低的组织能力。2018 年，民政部社会组织管理局委托第三方对1789 个全国性社团的调查结果表明，体育社团活跃度排名倒数第二、服务能力排名倒数第一。造成体育社会组织活力不够的主要原因有以下几点。

一是政社不分现象依然存在。体育部门与体育社会组织打交道往往以行政管理者身份出现，难以建立互信、互助的合作关系，活力明显不足。二是职责不清问题依旧存在。体育部门既充当公共体育活动的提供者，又担任生

173

产者的角色，体育社团的职能多数被政府部门所取代，只能作为形式性的补充，缺乏实质性的作用。这种情况不仅限制了体育社团的活动能力，也削弱了它们的实际影响力。三是"一业一会"的格局尚未打破。《社会团体登记管理条例》第三章第十三条规定，在同一行政区域内已有业务范围相同或者相似的社会团体，没有必要成立的，登记管理机关不予登记，指一个地方只能有一个一种业务的社会团体，不允许成立相同业务的社团。尽管国家已在政策层面明确要打破"一业一会"发展路径，但相关法规条款仍未改变，这也是导致体育社会组织普遍活力不够的原因之一。

2. 体育社团自治水平偏低

体育社团在自我管理与自主运作方面存在一定不足。具体而言，民主选举、决策、管理和监督等核心机制在实践中往往未能充分发挥作用，表现出一定程度的形式主义。部分体育社团的内部治理结构仍受到传统行政管理模式的影响，决策执行与监督机制未能有效运作。另外，部分体育社团以举办赛事或活动为名，进行不正当的收费行为，这不仅扰乱了体育市场的良性竞争格局，也对市场的秩序带来负面影响，削弱了体育社会组织的诚信度和公信力。

3. 体育社团自律机制不完善

自律机制的建立涉及体育社团的组织结构合理化、规章制度的严格执行以及运行机制的高效性。具体表现在内部管理制度的不完善、财务的不透明、负责人权力过于集中、缺乏民主决策机制、偏离非营利性质的活动宗旨等方面。此外，社会监督机制的缺失也是一个突出问题。除了政府监管之外，缺乏行业组织、专家学者和媒体的有效监督。

（二）体育类民办非企业单位发展面临的挑战

1. 体育类民办非企业单位发展定位不够清晰

体育类民办非企业单位普遍面临规模较小和功能不完善的问题。公众对体育类民办非企业单位的认识不足，进一步削弱了其公信力和社会认可度。普遍的观点认为，体育类民办非企业单位收费过高，服务质量低，且缺乏必要的诚信和质量保障机制。反映出体育类民办非企业单位在追求经济利益的过程中，忽视了建立和维护诚信及自律机制的重要性。此外，部分体育类民办非企业单位成立的目的并非出于提供社会服务，而是为了获取国家项目和资金支持。这种以资金为导向的动机背离了体育类民办非企业单位服务社会的宗旨，导致其在服务提供方面的不足和质量问题。

2. 体育类民办非企业单位外部监管有待加强

登记管理机关主要依靠年检来监督体育类民办非企业单位，一些体育类民办非企业单位忽视了年检的重要性，未能按时提交必要的合规文件；有的机构的人员结构、业务范围或注册地址发生变更时，未能遵循相关法律规定，及时进行变更登记；更有甚者，在机构终止运营时，未能依照法定程序完成注销登记。在体育类民办非企业单位的管理上，各级体育行政部门面临人手短缺和缺乏经验的问题，导致对体育类民办非企业单位的管理不善。

3. 体育类民办非企业单位专业化人才缺乏

专业化水平对于体育类民办非企业单位的服务质量和发展至关重要。当前，体育类民办非企业单位普遍面临人员专业化程度不足的问题。工作人员往往缺乏必要的专业素养和敬业精神，且多数兼职人员由行政部门派遣，他们往往同时承担多项职责，无法充分投入社团的具体事务中。此外，体育类民办非企业单位的指导人员流动性较高，从而影响了机构的稳定性和服务质量。体育类民办非企业单位在财务管理方面也存在短板，特别是缺乏对非营利组织会计规则有深入了解的专业人才，这对于确保机构财务透明度和合规性构成了挑战。

4. 体育类民办非企业单位内部治理结构不完善

部分体育类民办非企业单位内部治理不完善，没有建立以章程为核心的内部治理机制、民主决策制度、信息公开制度，自律性和诚信度有待增强，对重大问题进行表决时，看似履行了民主程序，但在履行程序的细节上有很多不规范的地方。有些地方的体育部门对体育类民办非企业单位干预过多，体育类民办非企业单位在客观上成为地方体育部门的内设机构或附属部门，缺乏独立性，自律自治制度没有得到执行。

（三）基层自治性全民健身组织发展面临的挑战

1. 基层自治性全民健身组织生存能力有待加强

基层自治性全民健身组织缺乏政府资金支持，多面临资源短缺的挑战，特别是在资金和场地设施方面，基层自治性体育组织的资源匮乏尤为明显。这些组织的资金来源主要依赖于成员会费，额度较小。尽管有政府招标、企业赞助和个人捐赠等多种筹资途径，但基层组织往往因风险较大而难以获得支持。

2. 基层自治性全民健身组织运作规范性有待提升

基层自治性体育组织多缺乏正式章程，其内部治理多依赖于组织领导者的个人影响力和人际关系，导致在财务、人事和活动管理等方面的组织效率不足。

三、全民健身志愿服务工作开展面临的挑战

（一）尚未融入国家志愿服务体系

公益社会体育指导员提供的志愿服务尚未很好地与《志愿服务条例》所规定的志愿服务相对接。尽管公益社会体育指导员的服务符合志愿服务的生产性、集体性、道德性，但在国家志愿服务工作体系中并未得到明确体现。例如，《中国志愿服务发展报告（2017）》并未将全民健身服务明确统计在主要志愿服务领域或内容中。这不利于全民健身志愿服务在国家志愿服务体系中的深度整合，不利于相关组织和个人充分享受国家关于志愿服务的各项政策支持和激励措施。因此，我国在全民健身志愿服务方面需要进一步完善发展规划、加强法律法规建设、构建体育保险制度、丰富激励机制，并明确公益社会体育指导员在志愿服务体系中的地位，以促进全民健身志愿服务的全面发展。

（二）全民健身志愿服务组织管理体制尚未理顺

我国全民健身志愿服务的管理体制已经初步形成，由中央文明委、民政部、国家体育总局等多个部门共同负责。这种多口管理的模式旨在通过不同部门的协同合作，推动全民健身事业的发展。《志愿服务条例》规定国家和地方精神文明建设指导机构应建立志愿服务工作协调机制，但在实际操作中，这些指导机构往往难以对民政、体育等部门进行有效的协调和管理。

（三）全民健身志愿服务人才队伍组成结构不平衡

我国公益性质的社会体育指导员在数量上实现了迅速的扩张，但在地理分布及城乡构成方面仍表现出不均衡特征。东部与东北地区的人均社会体育指导员拥有率普遍高于中西部地区，城市社会体育指导员的数量远超过农村。这种不平衡影响了全民健身服务的普及和质量，也反映出当前社会体育指导员的分类与评价机制存在一定的局限性。现有的考核体系主要侧重于指导活动的时间和频次，而对服务质量和专业类别的划分则缺乏精确性和科学性。这种单一的评价标准在一定程度上降低了社会体育指导员在提供志愿服务时的积极性和主动性。

此外，我国普通志愿者队伍在组成结构和服务效率方面也面临类似的区域和城乡不平衡问题。东部地区注册的志愿者人数远超其他地区，城市志愿者数量同样高于农村。志愿服务率整体偏低，许多经常参与全民健身志愿服务的普通志愿者由于不符合公益社会体育指导员的标准，缺乏参与的主动

性。体育部门在扩大公益社会体育指导员规模时，容易忽视社区和农村普通志愿者的培训，未能有效提升其健身指导与活动组织能力。

四、社会体育指导员发展面临的挑战

（一）社会体育指导员活跃度较低

1. 社会体育指导员队伍指导水平不高

在我国社会体育指导员的队伍构成中，一级及以上资格的指导员数量约为 24 万人，占总体比例的 9.2%，这一数据反映出高级指导员在社会体育指导员中的紧缺。现有的社会体育指导员队伍以退休人员为主，在教育背景方面，拥有研究生学历及以上的指导员人数相对较少，这限制了他们在体育指导工作中的知识应用和创新能力。同时，指导员队伍普遍存在技能等级不高的问题，在一定程度上影响了他们提供专业体育指导服务的能力。

2. 社会体育指导员作用发挥渠道受限

社会体育指导员作为推动全民健身运动的重要力量，其作用的充分发挥对于提升公共体育服务水平具有显著意义。然而，现行管理体系中相关部门之间缺乏有效的协调与整合，导致社会体育指导员的作用发挥受限，进而影响其积极性的调动。目前，指导员的工作重点主要集中于提供科学的健身指导，在活动组织、信息传播、国民体质监测、运动康复、项目推广、体育旅游等领域，其潜力尚未得到充分挖掘。特别是在社区管理、健康促进、养老服务、残障人士康复、文化服务及科普教育等社会服务领域，社会体育指导员的作用仍有待进一步开发与利用。

（二）社会体育指导员组织管理不完善

1. 社会体育指导员管理效能有待提升

社会体育指导员协会在推动体育普及和提升公共健康水平方面发挥着关键作用，但其内部管理制度的完善程度仍有待进一步提高。这些协会在很大程度上依赖于体育行政部门的支持，自治机制尚未完全建立，协会的独立性和自主发展能力受限。随着信息技术的迅速发展，社会体育指导员管理体系亦需更新，以适应智慧化和精细化管理的要求。招募、注册、职业发展、审批和培训等关键环节的管理应与现代信息技术相结合，以提高管理效率和服务质量。因此，应对现有管理制度进行深入审视和优化，以促进社会体育指导员协会的自我管理和可持续发展。

2. 社会体育指导员培训方式有待优化

社会体育指导员的培训模式主要是传统的线下集中培训方式，这种方式在适应性、灵活性和可扩展性方面存在局限。随着社会对体育指导员需求的增长，现有的培训基地和资源难以满足日益扩大的培训需求，迫切需要扩充基地设施和提升培训能力。

第四节　全民健身组织网络发展建议

一、党建引领全民健身组织网络工作高质量开展

（一）加强党对全民健身组织的全面领导

政治建设在各类体育社会组织发展中占据着至关重要的位置，必须坚持和加强党的全面领导。一是加强党的政治建设，各类体育社会组织要清晰认识到中国共产党领导的核心地位。要遵循党的基本理论、基本路线和基本方略，在实践中不断强化党的领导地位。各类体育社会组织要在决策、规划和执行各个环节坚决贯彻党的领导，确保组织的工作和活动始终围绕党的方针政策展开。各类体育社会组织还应当提升党员的政治素养和业务能力，通过组织党员学习党的最新理论成果，提高党员的政治判断力、政治领悟力、政治执行力，加强组织的凝聚力和战斗力，确保体育社会组织在推动全民健身运动和服务群众中发挥出更大的作用。

二是加强作风建设，确保党对体育社会组织的全面领导。完善党内监督体系是加强作风建设的重要途径。建立和完善党内监督机制，确保党的政策能够在体育社会组织中得到有效执行。提高监督的合力和效力对于加强和规范党的领导同样至关重要，应通过建立健全的监督制度，提升监督的实效，确保组织内部的决策和行为符合党的要求。监督不仅限于组织内部，也应延伸至组织与社会、组织与政府的互动中。还应加强对各类体育社会组织领导干部的教育和培训，确保他们在推动组织发展的同时坚持党的领导，保障党的方针政策得到准确无误的执行。

（二）有效提升党建引领全民健身组织行动力

促进体育社会组织的发展，关键在于强化外部因素的参与，尤其是党建工作的深度整合。这需要系统地将党的制度、人员和组织纳入体育社会组织，以增强两者在目标、结构和运作机制上的紧密联系。充分利用党建工作在引导体育社会组织发展方面的重要作用，并在体育治理、促进全民参与体育活动以及体育产业发展等方面发挥示范作用。

一是党建引领环节，为了加强党建在体育社会组织中的引领作用，需构

建一个坚实的制度架构，确保党的活动有效整合到各类体育组织的运作体系之中，并得到相应的法律保障。在体育社会组织的注册、党组织的建立、年度检查、换届选举以及日常活动等关键环节中，同步执行审批与监督工作。通过指派专职的党建指导员和联络员，强化党在组织中的领导作用，同时积极推动党员队伍的发展，提升党员及党务工作者在组织中的影响力和覆盖面。

二是在业务开展方面，强调党组织与组织管理层深度融合。党建工作有效融入体育社会组织的各项业务中，是满足人民对丰富体育生活需求增长的关键。这种整合需具备灵活性、包容性和开放性，确保党建与业务活动互相促进、共同成长。体育社会组织的党组织不仅要确保正确政治方向，还要对重大决策和关键业务进行严格监督，保障财务开支的合理性，并扮演有效监督角色，提升组织治理效能。

（三）系统加强党组织建设的保障力

系统加强党组织建设的保障力是实现体育社会组织健康有序发展的关键。一是通过实施顶层设计，建立一个多方共建的网络，不仅有利于贯彻新时代体育社会组织党建工作的具体要求，还能为各类体育社会组织参与更广泛的社会治理提供稳定而制度化的渠道。推动党建工作与体育社会组织的业务发展同步进行，能够有效地促进政府、市场以及社会各界在协作治理中的积极性、主动性和创新性。

二是突出党组织领导地位，坚定地沿着法治化、制度化、智慧化的路径推进体育社会组织治理。完善党组织领导下的治理方式，健全结合自治、法治、德治的社会治理体系，形成三者相互支持、相互融合的治理模式。进一步强化党组织在政治引导、社会影响和群众组织方面的能力，建设实用化、人性化、精细化的体育服务平台，以更好地满足人民群众在参与社会治理时表达的多元化体育需求。[①]

二、优化全民健身组织网络发展环境

（一）强化扶持培育政策针对性

积极推出针对性的支持和引导政策，强化对不同类型组织的具体指导。与财政部门协作，完善政府购买公共体育服务的机制。根据《国务院办公

---

① 陈丛刊、王思贝：《新时代党建工作引领体育社会组织发展内在逻辑和实现路径》，《体育文化导刊》2021年第12期。

厅关于政府向社会力量购买服务的指导意见》的要求，向符合要求的体育社会组织购买服务，并及时公布服务采购的具体事项和相关信息，同时加强对服务效果的管理。积极与物价部门合作，完善体育社会组织的价格政策，并实施相关的税收政策。鼓励体育社会组织参与体育政策、规划、项目标准以及发展数据统计等方面的工作。充分利用体育社会组织在制定项目发展指南、人才培养和第三方咨询评估等方面的能力，完善支持这些组织在服务创新和能力建设方面的机制。

（二）探索多种形式组织培育模式

为应对体育社会组织在能力上的普遍不足和功能发挥的困难，民政部在《民政事业发展第十二个五年规划》中提出推动建设各级社会组织孵化基地，为社会组织发展和作用发挥提供指导服务和场地支持，特别是在经济、社会和文化领域具有潜力且社会迫切需要的组织。因此，针对各类体育社会组织建立一个培育孵化系统显得尤为重要。地方体育部门应利用现有的体育场馆及其配套设施，打造集孵化、资源共享、公共服务和诉求表达等多功能于一体的综合服务平台。支持那些能力较弱或处于初创阶段的公益性和服务性体育社会组织，通过提供场地、进行人员培训、引入项目、推动业务发展、实施政策指导和承接委托等多种方式和专项服务，解决这些组织在场地、资金和政策支持等方面的问题，从而促进体育社会组织的成长和发展。

（三）构建全方位组织支持体系

一是设立专项资金。针对性解决组织面临的特定挑战，如设备购置、专业培训、活动组织等，制定资金配置方案。专项资金也可以用于支持那些具有潜力但缺乏资金的创新项目，从而促进体育社会组织的多元化和可持续性发展。二是因组织类型而制宜。体育部门在实施这些扶持政策时，应考虑到不同体育社会组织的具体需求和实际情况。政策的灵活性和适应性对于确保资金的有效使用至关重要。例如，对于初创和小型基层体育社会组织，政策需要重点关注基础设施建设和初期运营资金的支持；而对于成熟的组织，更加注重项目扩展和技术升级。三是加强合作共治。体育部门应与其他政府部门、私营部门和非营利组织合作，共同探索和实施这些扶持政策。通过跨部门合作，更好地整合资源、共享专业知识，共同创造一个更加有利于体育社会组织发展的环境。

（四）加强全民健身组织人才队伍建设

制定和实施政策以吸引和培养专业人才，通过提供专业发展机会、持续教育培训和职业规划指导，有效提升员工的专业技能和职业满足感。建立健全劳动用工制度。制定关于人员流动聘用、户籍管理、档案管理、职称评定、福利保障和权益保障等具体政策，确保工作人员的职业稳定性和职业发展，保障他们的社会和法律权益。

三、完善全民健身组织网络综合监管体系

（一）完善全民健身组织网络监管制度体系

针对不同地区、不同性质的体育社会组织监管需要，构建完善的体育社会组织监管制度体系。应在保障国家层面统一标准的基础上，允许地方政府根据自己的实际情况进行必要的调整和优化，确保监管措施既不脱离国家对体育社会组织发展的整体战略，又能充分考虑到地区间的差异，更好地满足各地区体育社会组织的实际需要。如陕西省 2019 年颁布实施《陕西省体育社会组织规范管理暂行办法》、湖北省 2019 年印发《〈全省性体育类社会组织管理办法（暂行）〉的通知》等。使地方对体育社会组织进行监管有法可依、有章可循。同时，要分类考虑体育社会组织发展个性特征，对于不同类型的体育社会组织，如业余体育俱乐部、体育慈善机构等，应制定具体的管理和评估标准。

（二）构建多主体协同联动的综合监管体系

汇聚政府、第三方、组织自身、媒体等多方力量，形成一个全方位、多层次的监管网络。在这个体系中，每个监管主体都有其独特的角色和职能，相互补充，共同确保体育社会组织的健康运行和可持续发展。一是政府作为监管的主导方，不仅负责制定基本的监管规范和标准，还需要定期进行评审、年检和审计等工作，以确保体育社会组织遵守法律法规和行业标准。政府还可以通过提供指导、培训等方式帮助体育社会组织提升管理水平和服务质量。二是社会力量的参与是监管体系的重要补充。非政府组织、专业协会、志愿者团体等在监管中扮演重要角色，比如通过开展第三方评估、提供专业建议等方式，为监管提供更加丰富和多元的视角，提高监管的公正性和透明度，减少政府单方面监管可能产生的偏差。三是实现行业内的自我监管。通过行业协会等组织的自我规范和监督，体育社会组织可以在同行的帮助和指导下改进管理和服务，提高行业整体水平。四是媒体作为公众监督的重要渠道，对体育社会组织的监管体系也起着不可或缺的作用。通过对体育社会组织活动的报道和分析，媒体可以提升公众对这些组织工作的了解和关注，同时也为公众提供一个表达观点和反馈的平台。

（三）实施常态化第三方评估机制

独立的第三方评估机构在监管体育社会组织方面发挥重要作用。它们不仅提供客观、公正的评估结果，而且还能够提供专业的建议和指导，有助于提升体育社会组织的运营质量和效率。第三方评估机构和监管委员会的存在不仅能够促进体育社会组织内部的自我完善，还能够提升公众对这些组织的信任度，有助于揭示组织运作中的问题，提出改进措施，从而促进整个全民健身组织网络的健康发展。一方面，确立第三方评估机构的法律地位是确保其独立性的前提。明确法律对其的明确认可和保护，确保其在评估过程中免受外部不正当影响，能够根据专业标准和道德准则行事。另一方面，第三方评估机构应运用科学、客观的评估方法，对体育社会组织在项目目标完成、财务管理、项目运作效果、信息公开、可持续性以及社会效益等方面进行全面评价。

（四）及时更新全民健身组织监管工具

在当今互联网技术高度发展的时代，构建以"互联网＋"为主体的多渠道监管模式，对于各类体育社会组织监管和发展至关重要。不仅能够增强监管的效率和覆盖范围，还能够促进组织透明化和公众参与，进而推动其健康发展。一是通过建立公开透明的动态信息共享平台，为政府和其他监管主体提供有效的工具，以协调和监管体育社会组织的日常活动，实时更新组织的活动信息，让监管更加及时和精准。二是建立长效的数据跟踪系统。监管机构可以从组织的注册信息、日常运营的各个方面进行跟踪和分析。有助于发现潜在的风险和问题，还能够为制定监管政策和策略提供数据支持。三是利用"互联网＋"监管模式，可以促进跨区域、跨部门的协作和资源共享，通过网络平台共享信息和经验，实现监管资源的优化配置。

四、加强全民健身组织服务能力建设

（一）加强体育总会统筹管理能力建设

一是加强内部治理规范性，各级体育总会应依据现代治理原则，对内部章程进行精细化修订，以确保治理结构和机制的完善。包括明确权力机构、决策机构、执行机构和监督机构的职能，实现权力的明晰界定、决策的科学合理、执行的规范有序以及监督的有效性，从而构建一个透明、高效、有序的治理环境。二是重点提升战略管理能力，各级体育总会需通过科学的评估方法设定目标，并制定持续、清晰的战略规划。体育总会在战略制定过程中，需考虑内外部环境的变化，制定切实可行的战略措施，并细化为明确的行动步骤，以实现组织的长远发展。三是补齐信息能力短板，各级体育总会应通过建立综合传播平台，积极参与社会活动，及时响应社会需求，塑造积极的组织形象，提升公信力和社会声誉。

（二）提升体育总会的专业化服务水平

为提升体育总会的专业化服务水平，需充分发挥其在推动全民健身和健康中国战略中的独特优势，并构建有效的服务平台。一是以品牌赛事为核心，激励和指导协会定期举办活动和比赛，形成每周有活动、每月有赛事的活跃氛围。通过这一策略，增强协会的品牌影响力，赢得公众的信任与支持，吸引不同年龄层和社会群体的广泛参与，从而扩大体育总会的社会影响力，激发组织的内在活力和创新能力。二是强调体育活动的文化价值，通过体育活动传递积极向上的生活理念和精神追求，将体育活动打造成为传播健康生活方式、增进社会文化交流的重要平台。

（三）构建体育总会外部协作网络

在体育社会组织内部，将人群类和项目类体育社团、体育基金会、自发性健身团队等体育社会组织纳入以体育总会为枢纽的网络中，形成多元主体强力聚合的结构性网络。体育总会在这个网络中扮演重要角色，其关键作用体现在对各类体育社会组织的指导、引导和服务上。体育总会需发挥其引领作用，通过制定行业标准、提供专业培训、分享最佳实践等方式，促进网络内部的组织在体育推广、健康教育和社区服务等方面的能力提升。同时，体育总会还需搭建一个自治和自律的平台，鼓励和支持体育社会组织加强内部治理结构的建设。这包括完善法人治理体系、建立健全的决策和监督机制、制定透明的运营规则等。该结构性网络的建立还应注重促进多元主体间的交流与合作，通过定期的会议、研讨会和联合活动等形式，加强信息的流通和经验的交流。

（四）建设体育社会组织专业服务人才体系

广泛招募各界人才，如优秀运动员、教练员、裁判员及社会体育指导员，并确保他们具备相应资质。对于涉及财务、法律、审计、营销等专业领域的工作，须聘请具备专业知识的人才，以促进组织的专业化发展。通过提供技能指导、运动处方、运动康复、运动疗养以及体育旅游等多元化专业服务，培养一批具备高度专业素养和实践能力的人才队伍。为此，需要实施常态化的专业培训计划，以确保人才队伍能够及时掌握政府购买体育服务的最新政策，深入了解体育法律法规，并在此基础上制定和完善行业培训及服务标准。

（五）提升体育社会组织自治水平

对于规模较小、专业性不强的基层自治性全民健身组织，应积极融入村（社区）的党建体系，通过党的建设工作提升其组织能力和服务水平。其他体育社会组织应以章程为基础，推进法人治理结构的完善，包括明确理事会（委员会）的民主决策机制与秘书处的执行职责，确保组织机构、负责人和监督机构之间的职责分工清晰，以及完善相关的规范文件。应制定与其特点相适应的规章制度，规范决策流程和组织行为，实现民主管理和透明运作。

五、激发全民健身志愿服务社会效能

（一）重视全民健身志愿服务制度规范建设

一是各地制定全民健身与志愿服务保障条例，通过立法手段，确保志愿者在参与全民健身活动时的权益得到充分保障。二是应完善激励机制，将志愿者在全民健身服务中的参与经历正式认定为工作经历，并与教育晋升、职业发展、社会信用等个人发展关键要素相挂钩。鼓励地方政府和企事业单位在招聘过程中对具有志愿服务经历的个人给予优先考虑，并提供交通、食宿补贴以及门票、纪念品、健身券等实物奖励，以此激发公众参与志愿服务的热情。三是积极协商推动将公益社会体育指导员纳入全国志愿服务信息系统中的志愿者队伍，并确保全民健身志愿服务活动得到正式认可和记录。

（二）强化全民健身志愿服务多部门协调

为了提升全民健身志愿服务的协调效率和实施效果，建议将其纳入国务院全民健身工作部际联席会议制度的讨论范围，使全民健身志愿服务得到更高层面的关注和更有效的政策支持。通过建立具有法律约束力的行政协议，明确各参与部门在全民健身志愿服务领域的职责分配，以此提升合作的正式性和执行力度。随着数字技术的日益成熟，跨部门合作模式和途径正经历着创新和变革。在此背景下，国家体育总局主管的社会体育指导员管理系统与民政部主管的全国志愿服务信息系统之间的深度融合和互联互通，将极大地促进信息资源的共享和数据的整合。[①] 这种技术层面的合作不仅能够提高全民健身志愿服务的管理效率，还能够为志愿者提供更加便捷、高效的服务，进而激发更广泛的社会参与。

（三）提升人才队伍志愿服务能力

为提升全民健身志愿服务人才队伍的专业能力，须采取多维度的培训与

---

① 马德浩：《中国全民健身志愿服务：建设成效、制约因素与促进策略》，《成都体育学院学报》2024 年第 1 期。

资格认定策略。首先，有效运用现有的社会体育指导员培训设施和专业机构资源，对致力于公益性质的社会体育指导员实施定期的进修教育，使其及时了解并掌握最新的健身指导技巧和相关技术。对于广大志愿者，应当开展入门级的专业培训，这不仅有助于加深他们对全民健身政策的认识，还能激发他们参与志愿服务的热情，并且确保他们具备基本的运动指导技能，从而在健身指导和活动组织方面表现出更高的能力水平。在资格认定方面，应在现有公益社会体育指导员分级制度的基础上，进一步细化分类机制，以激发指导员的服务热情。对于长期参与服务但未达到指导员标准的普通志愿者，可探索实施更为宽松的入职标准，创设入门级别称号，如"初级公益社会体育指导员"，为其提供逐步晋升的机会。信息技术的应用对于支撑全民健身志愿服务亦至关重要。应优化社会体育指导员信息系统，向社会开放，增加动态分布、服务信息及居民需求等板块，构建一个有效的供需互动平台。同时，全国志愿服务信息系统也应纳入全民健身志愿服务内容，为志愿者提供便捷的信息获取和服务参与渠道。

六、提高指导员活跃度，促进其作用发挥

通过拓展工作范围，社会体育指导员可在社区管理、健康促进、养老服务、残障康复及文化服务等领域发挥更大作用。具体而言，社会体育指导员应融入新时代文明实践中心建设，充分利用健身服务平台，构建体育志愿服务队伍，积极参与相关志愿活动。结合乡村振兴战略，可与中国农民体育协会合作，培养农村社会体育指导员；针对兴边富民行动，与国家民族事务委员会协作，培育民族体育社会体育指导员，以满足不同群体的需求。

第六章　重点人群体育活动开展

党的十八大以来，我国全民健身工作开展高度重视重点人群体育活动开展。青少年体育事业蓬勃发展，校园体育活动丰富多彩，体育后备人才培养体系日益完善；老年人健身活动广泛开展，健身设施日益健全，健康老龄化水平不断提升；残疾人体育活动得到充分重视，残疾人体育竞技水平显著提高，社会包容性显著增强。这些成就不仅体现了国家对重点人群体育事业的深切关怀，也为体育强国建设奠定了坚实基础。随着体育强国战略的深入实施，重点人群体育活动将继续得到高度重视和优先发展，全民健身公共服务将更加精准、高效，持续为全民健康、全面发展注入新的活力，助力构建更加健康、和谐的社会。

第一节　重点人群体育活动开展概述

一、重点人群界定和分类

《全民健身计划（2021—2025 年）》围绕青少年、学龄前儿童、老年人、残疾人、农民、妇女等重点人群，从基础设施、体育赛事活动、监管评价等方面进行统筹布局。充分体现全民健身战略实施过程中的重点人群分类施策，针对不同人群的特征、功能及需求，提出具有针对性的实施策略。

（一）青少年群体

《中长期青年发展规划（2016—2025 年）》中所指的青年，年龄范围是14—35 周岁（涉及婚姻、就业、未成年人保护等领域时，年龄界限依据有关法律法规的规定）。根据世界卫生组织确定的年龄分段，年轻人的年龄范围为 10—24 岁，青年为 15—24 岁，青少年为 10—19 岁。

（二）残疾人群体

根据《联合国残疾人权利公约》，残疾人即肢体、语言、听力、精神、智力或多重存在长期缺损的人，这些缺损与各种障碍相互作用，或可阻碍残疾人与健全人一样在平等的基础上充分和切实地参与社会。

（三）老年人群体

《中华人民共和国老年人权益保障法》第二条规定，老年人是指 60 周岁以上的公民。

（四）妇女群体

根据《现代汉语词典》，妇女是成年女子的通称。

二、重点人群体育活动的功能和特点

（一）青少年群体体育活动的功能和特点

1. 青少年群体体育活动的功能

（1）解决青少年体质健康问题

青少年体质健康问题是当前世界较为关注的重点议题，其心理、生理等方面都处于生长发育的关键时期。我国积极实施协同治理措施，旨在提升公众的健康教育素养，推动体育在健康促进中的积极作用。这些措施的实施已经取得了显著成效，青少年的健康状况得到显著的改善。然而，我们必须意识到，仅仅依靠改善食物营养和公共卫生条件，还不足以完全达到青少年健康促进的目标，必须对青少年体育活动给予更多的重视，并广泛推广开展。青少年时期是塑造健康身体和养成良好运动习惯的关键阶段。我国积极推进青少年体育活动促进计划，并充分发挥"青少年阳光体育大会"等体育品牌活动的示范引领作用。通过实施协同治理措施、广泛推广青少年体育活动，以及构建全面、系统、长期和可持续的青少年健康促进体系，更有效地推动青少年健康事业的发展，为国家的长远发展和民族的健康繁荣作出积极贡献。

（2）稳固青少年心理健康促进

体育锻炼可以增强身体素质，提升免疫力，预防疾病，同时促进大脑释放多巴胺，改善心理状态，增强自信心和幸福感。青少年时期是习惯养成的关键时期，青少年培养健康的生活方式和体育习惯，将对其终身健康意识产生积极影响。当前，我国青少年面临诸多社会与情感问题，学习压力、焦虑、厌学、网瘾、自残、自杀等心理健康问题呈增长趋势。《2022 年青少年心理健康状况调查报告》显示，约 14.8% 的青少年存在不同程度的抑郁风险。体育锻炼是一种积极应对压力的方式，通过参与体育活动，青少年可以释放紧张情绪，减轻学业和社交压力，提高应对挑战的能力。

（3）提升青少年社会适应能力

体育锻炼对于改善青少年人际关系具有积极的作用，具体体现在以下几个方面：首先，体育锻炼提供了与他人沟通和交流的机会。青少年可在参与体育活动过程中与教练、队友和其他参与者进行交流和互动，提高其表达能力、倾听能力和解决冲突的能力，促进彼此之间的良好沟通。其次，参与团队体育运动可以培养青少年的团队合作和协作能力。在团队运动中，青少年需要与队友协同作战、相互支持和合作，追求共同的目标。这种团队合作的经验有助于培养青少年学会与他人分工合作和相互信任。最后，体育锻炼有助于社交互动，获得社会支持。体育锻炼提供了与其他青少年建立社交关系和友谊的机会，通过参与集体课程、运动队或俱乐部，青少年可以结识有共同兴趣爱好的伙伴，建立友谊和互助关系。

2. 青少年群体体育活动的特点

（1）兴趣的导向性

兴趣是青少年群体参与体育活动的主要动机，青少年参与体育活动多根据兴趣变化，选择感兴趣的运动项目。青少年是否愿意参加体育活动，主要动力来源于内部，一旦在体育学习和锻炼中获得成功，学生便会体验到运动的乐趣，获得愉快的情感，从而强化参与体育锻炼的行为，促使其乐于锻炼。

（2）场域的多样性

青少年群体参加体育活动具有明显的场域差异特征，一是学校场域。学校是青少年参加体育活动的主阵地，体育课、课后体育服务、课余体育训练、学校体育竞赛等基础条件的充分配置，学校体育教师、学校教练员的引导，同学及伙伴关系的推动，促使青少年的体育活动以学校为主阵地。二是家庭场域。通过与父母之间进行体育活动互动，形成良好的家庭体育氛围。三是社区场域。青少年积极参与社区组织的体育活动，形成良好的体育生活方式。四是体育培训机构场域。青少年通过接受专业性的体育项目锻炼，习得运动项目的技术。

（3）发展的阶段性

随着年龄的增长、运动技能的成熟，体育活动参与随之发生阶段性的变化。青少年体育活动在不同学段、不同年龄阶段，在体育活动项目选择、运动强度、运动负荷、参与目的等方面体现出阶段性特征。

（4）参与的同群性

依据青少年身心特征以及运动项目的参与性质，青少年体育活动呈现体育活动参与同群性特征。在参与体育活动时，青少年群体较少单独参与，一般表现为伙伴关系陪同，或与其社会网络关系较近的同龄人共同参与。

（二）残疾人群体体育活动的功能和特点

1. 残疾人群体体育活动的功能

（1）助力残疾人身体机能恢复

残疾人体育是群众体育的重要组成部分。通过体育可以改善残疾人身体素质，更好地面对生活、工作中的挑战。体育活动的体质增强作用是残疾人参与体育的主要需求。全国残疾人社区文体活动参与率由 2015 年的 6.8% 持续提升至 2021 年的 23.9%[1]。残疾人参与体育活动，有助于改善身体机能，减轻和消除功能障碍，增强独立生活能力，满足兴趣爱好，增加社会交往，提高生活品质，实现人生价值。

（2）促进残疾人康复身心

残疾人体育不仅是残疾人恢复身心健康、参与社会生活、实现全面发展的重要途径，而且是展现残疾人潜能与价值、促进社会和谐共进的重要渠道。《全民健身基本公共服务标准（2021 年版）》等，指出改善残疾人健身环境的重要性，并规定公共体育设施应向残疾人免费或低收费开放。据统计，截至 2020 年，全国已累计建设残疾人健身示范点 10675 个，共培养、发展残疾人社会体育指导员 12.5 万名，为 43.4 万户重度残疾人提供了康复体育进家庭等服务。[2] 此外，体育运动对残疾人的心理状态具有积极影响，从体育运动中获取信心和勇气，提升残疾人的社会适应能力，逐步走向身心健康发展的道路。

（3）实现残疾人人权保障

残疾人参与体育运动是其基本权利，同时也是响应国家全民健身与全民健康的重要举措。我国颁布诸多政策，保障残疾人在教育、就业、医疗、文化体育等多个方面的公共服务。残疾人体育事业主要包含无障碍环境的建设、科学的健身指导、康复身心平台的搭建、残疾人体育活动的举办，为残疾人参与社会建设，共享社会成果提供平等的机会。

---

① 《中国残疾人体育事业发展和权利保障》，《人民日报》2022 年 3 月 4 日。
② 《中国残疾人体育事业发展和权利保障》，《人民日报》2022 年 3 月 4 日。

2. 残疾人群体体育活动的特点

（1）项目的单一性

残疾人在练习运动项目时，一方面因其自身条件限制，对于许多运动项目的练习存在局限性；另一方面残疾人习得一项运动项目所付出的努力远超常人，多选择在一些身体技能要求不高的运动项目，导致残疾人参加的运动项目较为单一。

（2）社会的依赖性

残疾人参与体育活动依赖于社会包容和支持，运动项目应针对残疾人群体进行改进，为残疾人体育活动开展创造物质条件与基础保障。在残疾人体育活动开展中，体育社会组织发挥重要作用。例如，2019 年中国残联共资助 19 个省（区、市）共 43080 户困难重度残疾人家庭享受居家型康复体育服务，全国累计实施康复体育入户服务达 32 万余户。《2019 年残疾人事业发展统计公报》显示，截至 2020 年底，为 324659 户重度残疾人提供了康复体育器材、方法和指导进家庭服务。

（三）老年人群体体育活动的功能和特点

1. 老年人群体体育活动的功能

（1）积极促进老龄化的应对

伴随老龄人口数量的急剧增加和老年人健身需求的不断扩大，老年人体育工作面临新的机遇和挑战。第七次全国人口普查数据显示，截至 2020 年 11 月 1 日，全国人口中，60 岁及以上人口规模达到 2.64 亿，占总人口的 18.7%，其中，65 岁及以上人口规模为 1.91 亿，占总人口的 13.5%。预计到 2050 年前后，我国老年人口数将达到 4.87 亿，占总人口的 34.9%。

在应对人口老龄化进程中，科学、有效的体育运动对于提升老年人生命质量，促进其身心和谐发展具有重要作用。体育运动还有助于提升老年人的社交机会，促进老年人积极应对老龄化生活。

（2）促进老年人身心健康

体育活动对老年人的身心健康具有显著的促进作用，生理层面上，规律的体育活动能够增强心血管功能，维持肌肉和骨骼健康，改善代谢状况，降低患多种慢性疾病的风险。心理健康层面上，体育活动通过刺激神经递质的释放，有助于预防阿尔茨海默病、缓解抑郁和焦虑，增强认知功能，提高老年人的自我效能感，使他们在生活中感到更加自信和独立。社会参与层面上，体育活动通过促进社会互动和增强社会支持网络，提升老年人的社会参与感和生活质量。

（3）激发银发经济活力

2024 年 1 月 11 日，国务院办公厅印发《关于发展银发经济增进老年人福祉的意见》中提出，组织开展各类适合老年人的体育赛事活动。加强球类、棋牌等活动场地建设，支持体育场所错峰使用。近年来，老年人体育活动频频出圈，显示出银发族对体育的热情，也让老年体育如何更"适老"成为大众关注的焦点。《2020 年全民健身活动状况调查公报》显示，2020 年老年人人均体育消费为 1092.2 元，与 2014 年调查相比增长 588.2 元。这表明，随着老年人群体的增长以及健康意识的增强，适老化健身市场需求也随之上升。

2. 老年人群体体育活动的特点

（1）项目的多样性

《2020 年全民健身活动状况调查公报》指出，老年人参加的体育运动项目主要是健身走、跑步、广场舞、骑自行车和羽毛球。依据个人需求及场地设施条件，老年人在锻炼方式选择上多喜欢一些节奏韵律感较强，且多人参与的团体性运动。也有较多人选择象棋、围棋等可以舒缓身心、增强反应能力的益智类运动。还有部分老年人喜欢晨练，借助各种运动器材进行体育活动。呈现出老年人体育活动的多样性特点。

（2）健康的导向性

通过科学的体育运动提升老年人的生活质量，促进其身心健康，延长寿命，满足老年人的健康导向，有效提升老年人的幸福感。

（3）群体的差异性

城乡、经济收入、健康状况与年龄等因素对于老年群体参加体育活动具有一定影响。2020 年调查数据显示，虽然有 2/3 的老年人定期参与健身活动，但仍有两成老年人不参加健身，其中农村老年人占 24.8%，比城镇老年人高出 9.2 个百分点。同时，相比于中高收入老年人，低收入老年人不参加体育健身的比例增加了 2.89 倍；相比于 60—69 岁人群，70 岁及以上老年人不参加体育健身的比例增加了 1.35 倍；相比于健康无慢性病老年人，患病老年人不参加体育健身的比例增加了 2.5 倍。因此，生活在农村、低收入、高龄、病残群体更可能成为老年人体育健身的弱势群体。

（四）妇女群体体育活动的功能和特点

1. 妇女群体体育活动的功能

（1）满足塑造自身的需求

为了满足自身对健康、美丽、社交、减压等方面的需求，许多女性投身体育锻炼或休闲体育运动中。好身材成为众多女性的"基本需求"和"价值标准"，在大众传媒和流行文化的影响下，一种有关美的准则潜移默化地渗透到人们的观念中。

（2）助力社会和谐

世界卫生组织认为，定期参加体育活动可以促进妇女骨骼健康，解决焦虑和抑郁等心理问题，提高妇女的生命质量，促进妇女更好地融入社会。妇女平等地参与体育活动是性别平等和社会文明的重要体现，能够产生一定的社会效益。社会的进步使体育成为人类生活中的重要组成部分，女性大众体育参与状况不仅关涉女性健康，更影响国家整个体育事业发展的进程。

2. 妇女群体体育活动的特点

（1）参与的自主性

妇女体育以自身需求为目的，通过参与体育活动为自身健康及身体塑造提供体育价值。

（2）项目的户外性

户外性是妇女体育的显著特点，女性将户外运动视为一种社交活动，她们享受与朋友一起户外的自由感受。

（3）身体的焦虑性

妇女体育活动形式以提升外在性的体育项目为主，通过运动带来由内而外的自信与健康成为妇女体育的共识。

第二节　重点人群体育活动开展情况

一、青少年体育活动促进现状

（一）青少年体育活动促进的总体状况

近年来，青少年体育在政策引导下逐步迈入发展的新航道。"十三五"期间，"实施青少年体育活动促进计划"被写入《中华人民共和国国民经济和社会发展第十三个五年规划纲要》《"健康中国 2030"规划纲要》《体育强国建设纲要》《全民健身计划（2016—2020 年）》等一系列党和国家重要政策文件，并以专项政策《青少年体育活动促进计划》的形式颁布实施。2022 年新修订的《中华人民共和国体育法》将"国家实行青少年和学校体育活动促进计划"写入法条，从国家法律层面为优先发展青少年体育作出顶层设计。青少年体育赛事体系逐步完善，体育组织职能发挥逐步被激发，青少年体育活动实现高质量发展。

（二）青少年体育活动开展的政策保障状况

我国青少年体育活动促进工作受到党和国家高度关注。《关于深化体教融合促进青少年健康发展的意见》《深化新时代教育评价改革总体方案》《关于全面加强和改进新时代学校体育工作的意见》的发布，标志着在国家体教融合政策指引下，我国青少年体育活动促进工作被赋予新的发展要义。《"十四五"体育发展规划》首次将"加强体教融合，促进青少年体育健康发展"单列为体育发展规划大项，提出各部门加强交流合作，保障重大体育工程落实发展的要求。近年来我国青少年体育发展的主要政策如表6－1所示。

表6－1 近年我国青少年体育主要政策

发布时间	政策名称	主要内容
2016.9	《青少年体育"十三五"规划》	加强青少年体育、完善青少年体育公共服务体系、强化竞技体育后备人才培养。
2017.11	《青少年体育活动促进计划》	到2020年，广大青少年体育参与意识普遍增强，体育锻炼习惯基本养成。青少年体育活动的形式更为多样、内容更为丰富，体质健康状况明显改善。
2019.8	《体育强国建设纲要》	青少年体育服务体系更加健全，身体素养显著提升，健康状况明显改善。
2020.8	《关于深化体教融合 促进青少年健康发展的意见》	推动青少年文化学习和体育锻炼协调发展，促进青少年健康成长、锤炼意志、健全人格，培养德智体美劳全面发展的社会主义建设者和接班人。
2020.10	《关于全面加强和改进新时代学校体育工作的意见》	教学、训练、竞赛体系普遍建立，教育教学质量全面提高，育人成效显著增强，学生身体素质和综合素养明显提升。
2021.10	《"十四五"体育发展规划》	加强体教融合，促进青少年体育健康发展。

（三）青少年体育活动促进的基本状况

1. 青少年体育赛事日趋丰富

以赛事为引领推动青少年体育活动迅速发展，青少年体育赛事品牌逐步完善。全国青少年阳光体育大会举办以来，有力地带动我国青少年体育赛事活动的发展，推动了我国大型综合体育赛事的发展，为我国青少年体育赛事奠定发展基础，为青少年参加体育活动提供重要载体。各地在全国系列赛事的支撑下，充分健全青少年体育赛事管理机制，定期举办青少年体育赛事。尤其在第一届全国学生青年运动会的示范引领下，各地方政府积极整合青少年和学生体育赛事。整合学校比赛、U 系列比赛等各级各类青少年体育赛事，建立了分学段、跨区域的青少年体育赛事体系，在贯彻全民健身战略，促进青少年运动技能普及、培养后备人才方面凸显出积极价值。此外，青少年体育组织积极发挥组织统筹职能，积极举办基层青少年体育赛事，与学校及体育行政部门合作，引导广大青少年学生参加体育活动，并建立规范的赛事体系，为我国竞技体育人才培养输送，起到了极大的推动作用，也推动更多社会资本投入青少年体育活动促进工作中来。

2. 青少年体育社会组织逐渐壮大

青少年体育组织在青少年体育活动开展中起到有效的推动作用。从体育赛事活动举办、体育技能培训指导、体育场地设施开放使用等方面，为青少年参加体育活动搭建了重要载体。"十三五"期间，我国青少年体育事业取得了显著进展，青少年体育组织数量和规模均呈现出稳步增长的态势。政府积极推动青少年体育活动，实现政府职能的转移，使体育俱乐部和传统项目学校在青少年体育发展中扮演着越发重要的角色。青少年体育俱乐部和传统项目学校，作为青少年体育发展的重要力量，不仅为青少年提供了丰富多样的体育活动，还通过专业的教学和训练培养了一批又一批优秀的体育后备人才。

我国体育组织的层级结构也日益清晰，形成了以国家级、省级、地市级传统项目学校为核心的多级发展体系。这一体系有利于资源的合理配置，能够确保青少年体育活动的连续性和稳定性。通过各级体育组织的紧密合作，我国青少年体育事业得以蓬勃发展。此外，各地还积极探索"一校一品"和"一校多品"的体育发展模式。这一模式的核心理念在于，让每所学校都至少拥有一个体育特色项目，从而丰富学校的体育文化内涵，提高学生的体育参与度和运动技能水平。

3. 青少年参加的体育项目日益丰富

《2020 年全民健身活动状况调查公报》显示，7—18 岁青少年参加的运动项目主要是跑步（15.6%）、跳绳（11.2%）、羽毛球（10.3%）、健步走（9.9%）和乒乓球（6.6%）等。分析性别差异，男生参加篮球的比例较高，女生参加跳绳、舞蹈体操的比例较高（图 6-1）。

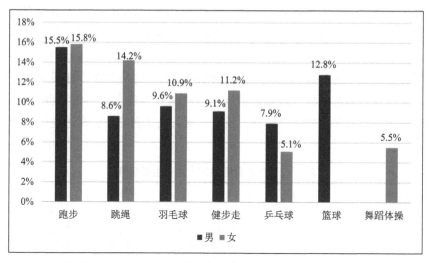

图6-1 2020年7—18岁青少年参加的主要运动项目及比例

数据来源：《2020年全民健身活动状况调查公报》

二、残疾人康复体育和健身体育开展情况

（一）残疾人体育活动工作开展总体状况

近年来，我国残疾人事业取得了显著进步，这主要得益于国家的高度关注和社会各界的广泛参与。将残疾人事业纳入国家经济社会发展规划和人权行动计划，充分彰显了国家对保障残疾人权益的坚定决心。通过实施一系列有针对性的政策和措施，逐步实现了残疾人平等参与、共享发展的目标。随着全民健身、体育强国、健康中国等国家战略的深入实施，残疾人体育事业迎来了前所未有的发展空间和良好机遇。

残疾人康复健身体育活动得到广泛的推广与实践。越来越多的残疾人积极参与各类体育活动，通过锻炼身体素质得到了提升，生活质量也相应提高。全民健身助残工程的实施，为残疾人体育事业的发展注入了新的活力。该工程不仅培养了大批残疾人社会体育指导员，还为重度残疾人提供居家康复健身服务，帮助他们更好地融入社会生活。随着残疾人体育事业的持续进步，社会各界对残疾人的理解、尊重、关心和帮助氛围也日益浓厚。

（二）残疾人康复体育和健身体育开展的政策保障状况

一是康复服务政策的制定实施。自2016年起，一系列有针对性的政策相继出台（表6-2）。这些政策不仅体现了国家对残疾人福祉的深切关怀，更标志着我国残疾人康复服务体系的逐步建立与完善。在这一背景下，体育康复作为康复服务的重要组成部分，得到广泛的关注和应用，各级政府和相关部门积极行动，投入大量资源，建立起覆盖城乡的残疾人康复服务网络。

二是提升残疾人公共体育服务水平。在残疾人康复服务体系中，公共体育服务扮演着举足轻重的角色。各级政府通过设立专项资金、建设无障碍体育设施、开展体育指导员培训等措施，不断提升残疾人公共体育服务水平。还通过开展形式多样的体育活动，激发残疾人的体育热情，促进他们的身心健康。

表 6 - 2　近年我国残疾人体育主要政策

发布时间	政策名称	主要内容
2016. 10	《国务院关于加快发展康复辅助器具产业的若干意见》	到 2020 年，康复辅助器具产业自主创新能力明显增强，创新成果向现实生产力高效转化，创新人才队伍发展壮大，创新驱动形成产业发展优势。
2018. 7	《国务院关于建立残疾儿童康复救助制度的意见》	到 2020 年，建立与全面建成小康社会目标相适应的残疾儿童康复救助制度体系，形成多元治理的残疾儿童康复救助工作格局。到 2025 年，残疾儿童康复服务供给能力显著增强，健康成长、全面发展权益得到有效保障。
2019. 7	《残疾人基本康复服务目录（2019 年版）》	进一步满足残疾人基本康复服务需求，确保如期完成《"十三五"推进基本公共服务均等化规划》确定的"残疾人基本康复服务覆盖率达 80%"任务目标。
2019. 11	《残疾人社区康复工作标准》	加强残疾人社区康复工作组织管理。
2020. 12	《精神障碍社区康复服务工作规范》	促进精神障碍社区康复服务健康规范发展。
2021. 4	《中国残联办公厅关于推进"互联网 +"辅助器具服务工作的通知》	充分认识开展"互联网 +"辅助器具服务对规范辅助器具采购，提升残疾人辅助器具适配服务水平的重要意义，切实增强开展辅助器具网上采购等工作的责任感、主动性。
2021. 4	《全国残联系统康复专业技术人员规范化培训实施方案》	到 2021 年，设立国家、省（区、市）康复专业技术人员规范化培训基地。到 2025 年，建立较完善的规范化培训管理制度、实施体系，形成健全的工作机制。
2021. 9	《"十四五"残疾人体育发展实施方案》	带动残疾人体育和残疾人事业加快发展；大力发展康复健身体育，保障残疾人体育权益，让残疾人共享健康的小康生活。

（三）残疾人康复健身体育活动开展基本情况

1. 残疾人健身示范点建设规模化

截至 2022 年底，我国残疾人总数超过 8500 万，据估计，到 2030 年我国残疾人群体可能突破 1 亿。中国残联自 2016 年起，对经济欠发达地区和乡镇、农村地区给予重点支持，并积极落实建设残疾人冬季健身活动服务站点、创建残疾人健身示范冰场雪场等举措。截至2020年底，全国累计建设社区残疾人健身示范点13313个（图6-2）。残疾人健身示范点的建设，为有组织和自发的体育健身康复活动提供了平台，促进了基层残疾人体育健身活动的积极开展。

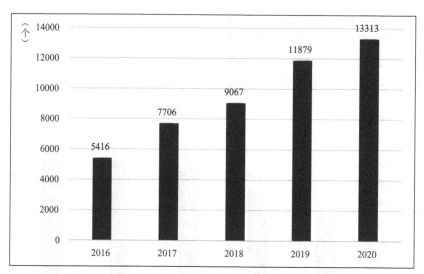

图6-2 2016—2020年全国残疾人健身示范点数量统计

数据来源：2016—2020年《残疾人事业发展统计公报》

残疾人健身示范点建设分为四类：一是依托乡镇、社区（村）所辖公共服务站点、机构，如社区活动中心、居委会等进行建设；二是遴选残疾人康复、托养机构或残疾人特殊教育学校开展建设；三是依托各级残疾人体育运动训练基地建设体育康复中心；四是联合全民健身公共站点、健身路径、体育俱乐部等开展融合建设。

残疾人体育健身示范点建设工作，极大改善了基层残疾人体育公共服务的条件，为基层残疾人就近就便参与日常康复健身锻炼提供了平台，为推动残疾人体育纳入全民健身公共服务大局、促进残疾人共享全面小康成果，提供了基本保障。

2. 残疾人体育场地建设逐步增加

以举办北京冬奥会和冬残奥会为契机，对残疾人无障碍体育设施进行全面升级与完善。各地方无障碍全民健身综合场馆逐步实施建设。我国在发展残疾人群众体育事业方面，已逐步构建出具有鲜明中国特色的残疾人体育发展模式。通过建设残疾人体育训练基地，有效激发残疾人参与体育运动的热情。

3. 残疾人社会体育指导员培养实现质与量的提升

作为"残疾人自强健身工程"的一项举措,《残疾人文化体育工作"十三五"配套实施方案》提出在全国培养 10 万名在残疾人健身康复体育方面具有咨询指导、项目拓展和活动能力的社会体育指导员。截至 2020 年,各地残联通过自主组织开展培训和联合同级体育部门培养的形式,共培养、发展残疾人社会体育指导员 139206 名(图 6-3),为 43.4 万户重度残疾人提供了康复体育进家庭等服务。各级残联的体育工作者、社区残疾人体育专干、残疾人特教学校教师和残疾人康养机构的服务人员,在日常性残疾人康复健身指导、社会宣传、体育赛事和健身活动组织工作中发挥了重要的支撑作用。

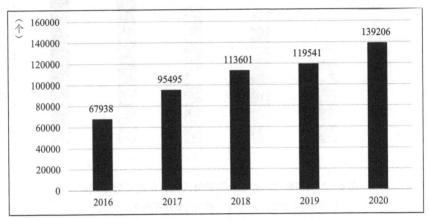

图 6-3 2016—2020 年全国残疾人社会体育指导员人数统计
数据来源:2016—2020 年《残疾人事业发展统计公报》

4. 残疾人康复体育关爱工程有序推进

《残疾人康复体育关爱家庭计划(试行)》提出,"十三五"期间,为 10 万名不易出户或家庭困难的重度残疾人实施康复体育家庭关爱服务。服务内容包括康复指导员进家庭指导,为重度残疾人提供适宜的康复体育器材、配套发放康复体育器材使用光盘。各地认真研究、统筹部署,逐级分解任务,压实主体责任,有计划、分步骤地推动"残疾人康复体育关爱家庭计划"在基层深入开展。截至 2020 年 12 月,中国残联为 324659 户重度残疾人提供了康复体育进家庭服务,提前完成"十三五"期间 10 万户的服务目标,提升了基层残疾人健身康复服务的水平和质量,保障了残疾人平等享有体育基本公共服务均等化成果(图 6-4)。

总体来看,"残疾人康复体育关爱工程"有序推进,对残疾人体育公共服务体系建设和残疾人群众性体育活动协调发展发挥了重要作用。一是项目实施为残疾人体育纳入政府公共服务大局搭建了平台，二是进一步推动体育服务重心下移，促进康复健身体育服务"六个落在身边"。

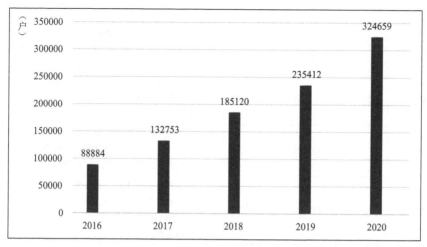

图6-4 2016—2020年"残疾人康复体育关爱家庭计划"服务户数统计

数据来源：2016—2020年《残疾人事业发展统计公报》

5. 残疾人体育活动参与率显著提升

在"残疾人自强健身工程"和"残疾人康复体育关爱工程"的持续实施下，组织开展"全民健身挑战日融合关爱跑""三菱杯残疾人民间足球争霸赛""残健同行乒乓球残奥冠军挑战赛""中国残疾人冰雪运动季基层残疾人旱地冰壶比赛""全国盲人板铃球交流赛""京津冀残疾人飞镖线上挑战赛""全国听力残疾人柔力球交流赛""环青海湖智慧星公益骑行活动""全国残疾人排舞公开赛"等丰富多彩的群众性体育赛事及活动。

三、老年人体育健身活动开展现状

（一）老年人体育健身活动工作开展总体状况

随着人口老龄化进程推进，我国积极应对老龄健康事业，深化体制机制改革，针对老年人的各项工作取得了新的进展，为进一步提高老年人健康水平奠定了坚实基础。全国社会组织信用公示平台显示，我国目前约有2081个各级老年人体育协会，基层老年人体育组织不断壮大，基本实现横向到边、纵向到底（省、区、市全覆盖，地市、县达到90%）的发展格局。部分省下属街道、乡镇老年人体育组织实现了全覆盖，社区和行政村普遍建有老年健身站点和体育团队。老年体育在政策体系加持下，逐步建设较为完善的基层组织网络，更高质量推进老年体育发展。近年老年体育相关的主要政策如表 6-3 所示。

表 6-3 近年老年人体育主要政策

发布时间	政策名称	主要内容
2021.6	《全民科学素质行动规划纲要（2021 年—2035 年)》	以提升信息素养和健康素养为重点，提高老年人适应社会发展能力，增强获得感、幸福感、安全感，实现老有所乐、老有所学、老有所为。
2021.7	《全民健身计划（2021—2025 年)》	提高健身设施适老化程度，研究推广适合老年人的体育健身休闲项目，组织开展适合老年人的赛事活动。
2021.10	《"十四五"体育发展规划》	开展老年人非医疗健康干预，支持社会力量参与新建社区老年人运动与健康服务中心，提供有针对性的运动健身方案或运动指导服务。
2021.11	《关于加强新时代老龄工作的意见》	健全养老服务体系，完善老年人健康支撑体系，促进老年人社会参与，着力构建老年友好型社会，积极培育银发经济，强化老龄工作保障，加强组织实施。
2021.12	《"十四五"国家老龄事业发展和养老服务体系规划》	要通过盘活空置房、公园、商场等资源，支持社区积极为老年人提供文化体育活动场所，组织开展文化体育活动。
2022.2	《"十四五"健康老龄化规划》	推进体卫融合。研究推广适合老年人的体育健身休闲项目、方式和方法，发布老年人体育健身活动指南。

（二）老年人体育活动开展的政策保障状况

我国在 2016 年出台《"健康中国 2030"规划纲要》《"十三五"国家老龄事业发展和养老体系建设规划》《体育发展"十三五"规划》《老年教育发展规划（2016—2020 年)》《全民健身计划（2016—2020 年)》等政策文件。多项文件的发布，使老年人体育在政策支持方面相较之前更加丰富和深入，老年人体育政策体系开始逐步完善。

（三）老年人体育活动开展的基本情况

1. 老年人体育活动强度

《2020 年全民健身活动状况调查公报》显示，老年人经常参加体育锻炼的比例随年龄增大呈现下降的趋势。在参加体育健身的老年人群中，健身强度以中等强度为主的占 55.5%；其次是低强度的占 35.7%；从事高强度运动的比例较少，仅为 9.2%。每次体育健身的时长以 30—60 分钟为主的占 36.9%；其次是 20—29 分钟的占 25.5%；60 分钟以上的比例为 23.01%。随着年龄的增长，老年人每周参与中等或高强度、每次时长超过 30 分钟健身的比例呈下降趋势（图 6-5）。

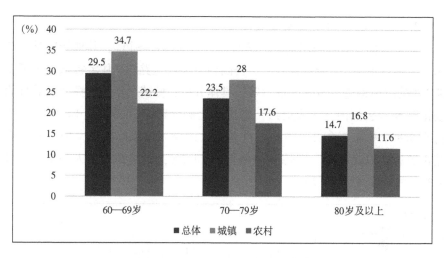

图6-5 2020年老年人经常参加体育锻炼人数比例

数据来源：《2020年全民健身活动状况调查公报》

2. 老年人参加体育锻炼运动项目

《2020年全民健身活动状况调查公报》显示，老年人参加的运动项目主要是健步走，占比41.6%，其他依次为跑步（14.7%）、广场舞（8.0%）、骑自行车（3.8%）和羽毛球（3.1%）等。分析性别差异，老年男性参加乒乓球和登山的比例较高，老年女性参加广场舞和健身操的比例较高（图6-6）。老年人力量锻炼的参与比例男性为7.1%，女性为3.1%。

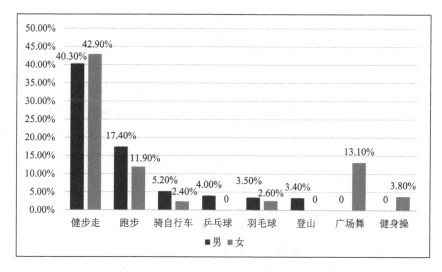

图6-6 2020年老年人参加的主要运动项目及比例

数据来源：《2020年全民健身活动状况调查公报》

3. 老年人参加体育活动场所

老年人体育锻炼利用最多的场所是"公共体育场馆",其他依次是"广场的空地或道路""健身路径""公园内空地或道路""住宅社区空地或道路""公路街道边空地或道路"等。具体分析,城镇老年人选择"公共体育场馆"和"公园内空地或道路"锻炼的比例分别为 23.5% 和 14.1%,比农村高 5.8 个和 9.0 个百分点;农村老年人选择"自家庭院或室内"和"公路街道边空地或道路"锻炼的比例均为 14.2%,比城镇老年人高 7.5 个和 6.3 个百分点(图 6-7)。

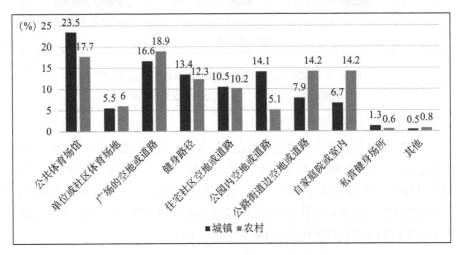

图 6-7 老年人使用各类体育锻炼场所的人数比例

数据来源:《2020 年全民健身活动状况调查公报》

老年人中有 70.4% 的人表示周边 15 分钟步行范围内有锻炼场所。其中城镇老年人中的比例是 77.8%,而农村老年人中的比例为 60.3%,明显低于城市社区。城镇老年人选择的 15 分钟步行范围内的锻炼场所主要包括健身广场、社区文体活动室、公园、篮球场和全民健身活动中心。农村老年人选择的锻炼场所主要是健身广场、社区文体活动室、篮球场、全民健身活动中心和乒乓球场。公园仍然是城镇老年人特有的锻炼场所。

四、妇女体育健身活动开展现状

(一) 分析妇女体育健身活动工作开展总体状况

《全民健身计划(2021—2025 年)》《"健康中国 2030"规划纲要》等多项关于全民运动的纲领性文件,明确了发展女性体育是全民健身计划的重要组成部分，为女性体育发展提出新目标。在社会文明与进步的浪潮中，妇女体育逐渐崭露头角，越来越多的女性主动融入公共体育活动中，释放着别样的风采。这一趋势反映了体育运动观念的广泛渗透，以及社会各界对体育活动的热情参与，同时也体现了妇女体育在政策层面上的全面保障。

在体育日益商业化、全球化的背景下，女性消费者已成为体育市场的主要力量。随着女性主体意识的觉醒和社会地位的提升，她们对体育的需求不断增长，她们不仅关注身体健康，还追求形态美、健康美、力量美。这种需求催生了大量针对女性的健身场所和锻炼方法，为体育产业的发展注入了新的活力。与此同时，科学的运动观念逐渐深入人心。越来越多的女性开始注重运动的科学性和合理性，愿意在体育相关产品上进行消费。她们通过参加专业健身课程、购买先进健身器材、参与各类体育赛事等方式，不断提升自己的运动技能和身体素质。此外，女运动员在赛场上展现出坚韧不拔、勇敢无畏的精神风貌，成为社会的楷模和榜样。女运动员通过媒体向公众传递出的积极向上的价值观和生活态度，激励着更多女性投身体育活动。

妇女体育的普及和发展是社会进步与文明的重要标志，不仅有助于提升女性的身体素质和社会地位，也推动着体育产业的繁荣与发展。展望未来，妇女体育将继续保持其独特魅力，为社会的进步和发展贡献更多力量。

（二）妇女体育活动开展的政策保障状况

我国女性在体育事业中的地位持续提高，这主要得益于国家的坚定支持和相关政策的积极推动。我国政府制定并实施了多项体育事业发展规划、妇女发展纲要以及保护女性权益的法律法规，为我国女性参与体育事业提供了广阔的平台和宝贵的机会，为女性体育事业的发展指明了方向（表6－4）。

表6－4　近年我国妇女体育主要政策

发布时间	政策名称	主要内容
2016.10	《"健康中国2030"规划纲要》	实施住院分娩补助制度，向孕产妇免费提供生育全过程的基本医疗保健服务。
2018.10	《中华人民共和国妇女权益保障法》	妇女在政治的、经济的、文化的、社会的和家庭的生活等各方面享有同男子平等的权利。
2021.7	《全民健身计划（2021—2025年）》	推动农民、妇女等人群健身活动开展。
2021.9	《中国妇女发展纲要（2021—2030年）》	健全妇幼健康服务体系。省、市、县三级均各设置1所政府举办、标准化的妇幼保健机构。

(三) 妇女体育健身活动的基本情况

1. 妇女体育参与需求逐步增长

在现代社会中，妇女越来越注重身体健康和美丽，体育活动成为实现这一目标的重要手段之一。体育活动不仅可以帮助妇女弥补日常生活中的体力活动不足，还能有效缓解压力，成为妇女追求健康生活方式的重要组成部分。

在追求高品质生活的潮流中，妇女对健康的追求扩展到了多个层面。体育活动作为一种健康的休闲方式，不仅可以锻炼身体，还能让妇女在紧张的工作之余放松身心。体育活动成为妇女消费的新热点，各种运动装备、健身器材等市场不断壮大，为妇女提供了更多选择。此外，体育活动还为妇女提供了展示自我、交流互动的平台。在各种体育比赛中，妇女不仅可以展示自己的运动才能，还能结识更多志同道合的朋友，拓宽社交圈子。体育活动对于妇女来说，不仅仅是一种锻炼身体的方式，更是她们追求健康、美丽、高品质生活的重要途径。

2. 妇女体育消费观念逐渐增强

女性成为健身消费市场的主力军。《2022 年中国健身行业数据报告》显示，2022 年女性健身消费者占比达 61.93%，较 2021 年增长迅猛。在消费支出方面，2022 年女性消费者在万元以上的健身消费和周边消费支出均高于男性。中国体育用品业联合会发布的《大众健身行为与消费研究报告》显示，2021 年女性在运动鞋服消费上占比超过 50%。

第三节　重点人群体育活动开展面临的挑战

一、青少年群体体育活动开展面临的挑战

(一) 青少年体育政策执行效率有待提升

党的十八大以来，我国针对青少年体育的发展制定了一系列具有前瞻性和战略眼光的政策，凸显出党和国家对青少年体质健康的深切关怀。各地方政府亦积极行动，结合地方特色和青少年体育实际状况，制定了切实可行的实施方案，为青少年体育的蓬勃发展创造了有力的政策支撑。

当前，青少年体育政策执行中仍存在一些问题。一方面，部分政策在执行过程存在模糊地带，执行链条衔接不够顺畅，导致政策难以真正落地生根。另一方面，政策执行效果的评估面临诸多困难。青少年体育政策涉及教

育、体育、卫生等多个部门，各部门之间权责利关系不够清晰，导致行政壁垒难以打破。还一定程度上存在监督主体协同落实途径不畅、监控力度不够、评价体系和调控机制不完善等问题。我国在青少年体育政策制定与执行方面已取得显著成效，但仍需针对存在的问题进行深入分析并采取有效措施加以改进。

（二）青少年学校体育工作困局有待破解

学校体育作为教育体系中不可或缺的一环，是实现立德树人教育目标的关键路径，承担着培育党与国家所需人才的重任。当前学校体育工作面临一些仍需完善的问题。一是体育课程的一体化进程需要持续推动。大学、中学、小学三个学段的体育课程在内容设置上未能有效衔接，导致多数大学生在运动技能方面仍处于初级阶段，未能实现运动技能的逐步提升与深化。加强体育课程一体化建设，促进学段间的顺畅衔接，是提升学校体育教育质量的关键所在。二是体育教师师资不足。"十三五"期间，全国义务教育阶段体育教师由50.2万人增加到59.5万人，但因体育教学运动项目多样化和组织内容多元化等需求，体育教师仍然面临数量不足和质量不高等问题。三是中小学体育场地设施短缺的问题有待解决。体育场地设施对于保障学生身体健康、培养运动习惯至关重要，也是教育公平和社会发展的重要体现。然而，由于历史因素和现实条件的制约，还有一些中小学在体育场地设施方面需要改善。许多中小学位于城市中心区域，这些地区人口密度极高，土地资源稀缺。随着城市化的推进和人口的不断增长，周边住宅区、商业建筑等基础设施布局已经固化，难以为新建或扩建体育场地提供足够的空间，导致此类学校的体育场地数量未能得到有效增加，无法满足日益增长的学生运动需求。

（三）青少年体育社会组织功能有待发挥

青少年体育社会组织在促进青少年体育发展中具有不可或缺的地位。它们不仅为青少年提供了广泛参与体育活动的平台，还通过专业的指导和培训助力青少年提升体育技能，培养运动习惯，塑造健康的生活方式。然而，青少年体育社会组织在实际运行中面临诸多挑战，需要政府、学校以及社会各界协同应对。

一是青少年体育社会组织的数量相对不足。虽然近年来，国家对青少年体育的重视以及社会对体育活动的关注度都有所提升，使得青少年体育社会组织的数量有所增长，但相较于庞大的青少年人口基数，现有的组织数量仍然捉襟见肘。政府应加大对青少年体育社会组织的扶持力度，鼓励更多的社会组织和个人参与青少年体育事业，增加组织数量以满足更多青少年的需求。

二是青少年体育社会组织与学校体育的融合面临挑战。由于缺乏相应的配套政策，青少年体育社会组织难以与学校体育体系实现有效融合，无法实现资源共享和优势互补。政府可出台相关政策，促进青少年体育社会组织与学校体育的深度融合，建立合作机制，共同推进青少年体育事业的发展。

三是青少年体育社会组织的服务能力有待提升。许多组织过于依赖国家体育总局的扶持，缺乏自主创新和可持续发展的能力，导致组织的活动内容和形式较为单一，缺乏吸引力和创新性，难以满足青少年的多元化需求。为了提升青少年体育社会组织的服务能力，需要加强组织的自主创新能力，培养专业人才，提升服务质量，同时引入市场化运作机制，推动组织的可持续发展。

（四）青少年体育竞赛体制与机制有待完善

青少年体育竞赛是实施体教融合战略、构建体育强国的有效环节。体育竞赛不仅能够促进青少年的身心健康，提升团队协作能力，还对个人综合素质的培养具有积极作用。近年来，我国成功举办了各类体育赛事，初步构建了全国青少年体育竞赛体系，但是仍然面临诸多挑战。

一是青少年体育赛事质量参差不齐。全国青少年单项锦标赛、单项"U系列"赛事等多样化赛事的举办，为青少年提供了展现自我、锤炼技能的舞台。这些赛事不仅激发了青少年的体育热情，还为选拔和培养优秀体育后备人才奠定了坚实基础。但是，青少年体育也存在赛事质量参差不齐等问题，国家应加大对青少年体育事业的投入，特别是为教育资源相对匮乏的地区提供更多体育设施和专业教练，以提升当地青少年的体育素质。

二是赛事标准和发展定位不清晰制约青少年体育竞赛的发展。年龄分段、组别设置等方面的混乱使得赛事组织和管理变得复杂。应建立健全赛事组织管理体系，明确各部门职责和权力，形成协同发展的良好局面。加强赛事监管，确保赛事的公平性和公正性。

二、残疾人群体体育活动开展面临的挑战

（一）各部门协同合作有待加强

残疾人体育在我国社会发展中具有重要地位，融合了康复治疗、身心锻炼、竞技竞赛和教育等多重功能。这一领域与卫生、文化、体育、教育等部门紧密相连，需要这些部门间的紧密合作，以共同推动残疾人体育事业的进

步。因此，应加强部门间的协作，优化管理体制，为残疾人体育事业的健康发展创造更好的条件。

（二）残疾人体育活动市场化缓慢

相较于健全人，残疾人在参与市场经济活动时面临更多困难与挑战。残疾人的事务在很大程度上依赖于社会福利制度的扶持，而非完全受市场力量驱动。残疾人体育活动，因其受众群体相对较小，商业价值有限，在市场经济中往往难以获得足够的关注与支持。当前，我国残疾人群众体育服务供给机制尚未完全建成，残疾人体育市场化发展程度较低，自身"造血"功能不足，残疾人群众体育服务供需矛盾较为突出，这些情况不仅影响残疾人群众体育公共服务质量，还可能影响残疾人体育活动市场化发展进程。

三、老年人群体体育活动开展面临的挑战

（一）老年人体育活动供给质量较低

老年体育服务存在一定的同质化和单一化问题，场地设施和活动内容缺乏创新性和多样性，无法充分满足不同老年人的个性化需求。一些地方的老年体育活动中心提供的运动项目有限，在有限的财政资源和体育公共服务无偿性的背景下，一些地方出现了资源闲置和浪费的现象。老年人对体育公共服务的需求不断增长，而现有的供给方式却难以满足他们的期望，这进一步加剧了供需之间的矛盾。

（二）老年人体育活动社会支持不足

在体育锻炼方面，老年人的需求往往得不到足够的关注。比如缺乏组织性活动，缺乏合适的体育锻炼平台和机会。许多老人只能依靠自发组织或与亲友一同锻炼，缺乏科学有效的指导，这不仅影响了锻炼效果，还可能带来运动损伤等风险。因此，提升老年人体育锻炼的组织性和科学性显得尤为重要。

机构支持不足是制约老年人体育锻炼发展的另一重要因素。目前，我国老年人体育组织机构数量有限，难以满足广大老年人的体育需求。老年人体育协会作为老年人体育事业的主要管理机构，其领导作用尚未得到充分发挥。

（三）老年人自身体育参与意识有待提升

一是运动促进健康意识淡薄。老年人都希望自己身体健康，但有些老年人体育健身意识薄弱，把健康寄托于药物和保健品，而忽视更为重要的体育健身活动。二是传统观念的束缚。老年人群体难以科学参与体育锻炼运动，

较多地选择跑步或者健身走。老年群体的科学健身意识较弱，阻滞其参与体育活动的程度。

四、妇女群体体育活动开展面临的挑战

（一）妇女体育观念有待厘正

妇女在参与体育活动时仍面临着诸多观念上的障碍。在传统观念中，妇女往往被视为生理上的弱势群体，这使得妇女在参与体育活动时，忽视了她们对于挑战自我、实现自我价值的内在需求。此外，妇女在运动项目选择上也面临着一定的局限性，更偏向于选择那些被认为更符合妇女特质的运动项目，例如，广场舞作为一种适合女性的健身方式，近年来在社区中迅速普及。这也在一定程度上反映了传统性别观念对女性体育观念的影响仍然存在。

（二）妇女体育消费有待升级

随着社会经济的蓬勃发展和人们生活水平的提高，女性体育消费需求呈现出逐步增长的态势。为了推动女性体育消费的升级，必须深入探讨如何激发市场供给潜力，为女性消费者提供更加丰富、多样化的产品和服务。

第四节　重点人群体育活动促进发展建议

一、青少年群体体育活动促进发展建议

（一）强化多元主体联动，促进青少年体育政策深入落实

政策在基层的落实关系到青少年体育发展的效能，扎实推进青少年体育活动有效开展，应遵循多元主体联动原则，创建多元治理格局，进行政策执行效果评估。一是坚持一体化设计、推进，完善顶层设计是青少年体育政策执行的关键所在。要从全局出发，综合考虑教育、体育行政部门和社会组织的资源和优势，形成政策执行的合力。通过完善顶层设计，确保政策的连贯性和系统性，避免政策执行过程中的碎片化现象。二是共建共治共享多元主体治理格局是实现政府管理与基层自治相统一的重要途径。在青少年体育工作中，要建立党委领导、政府负责、社会协同、家庭参与的治理格局，形成多方共同参与、共同治理的局面，形成青少年体育工作的强大合力。三是改进政策实施效果评估方法。加强对政策执行过程的监督，扩大考核评估对象和范围，完善专项督查、抽查、公告制度。通过科学、合理的评估方法，可

以及时发现政策执行中的问题和不足，为政策调整和完善提供依据。

（二）深化推进体教融合，提升学校体育工作质量

在体育课程资源开发方面，着力发挥好体育课程的主渠道作用，强化个性化体育教学组织设计，突出具身性体育教育教学效果达成。体育课程应以促进学生主动参与体育的身体实践活动为追求，着眼于广大学生身体活动的趣味性、游戏性、体验性，让体育精神在日用而不觉的体育活动中浸润学生们的身体实践，促进学生们拥有强健的体魄、健全的心智、完整的人格。

在体育教师资源方面，应积极推动法律制度的完善。为吸引更多优秀人才投身于体育教育事业，可考虑适度降低其学历门槛或设立专门职业培训，以提升其教育教学能力。在场地设施资源方面，应完善制度体系，加强体育与教育部门间的协同合作。各级政府及学校应根据《关于深化体教融合 促进青少年健康发展的意见》，制定详细的体育场地设施共享细则，包括场地设施的维护、保障、共享时间及使用人群等方面，以确保场地资源得到合理高效利用。同时，为避免资源过度损耗和供给不足，应建立健全的监管机制，明确主体责任。还应注重场地设施资源的多元化供给，鼓励社会力量参与体育场地设施的建设与运营。通过政策引导与市场机制相结合，吸引社会资本投入体育场地设施建设，推动供给多元化和市场化。

（三）加强政府主导作用，激发青少年体育组织活力

为了激发青少年的体育热情并提升其身体素质，民政部门、教育部门以及各级政府应形成合力，为青少年提供更多的体育机遇与资源。

一是应简化体育社会组织的注册流程，吸引更多社区和个人参与青少年体育组织的创建。民政部门应优先扶持具有示范作用的青少年体育俱乐部，提供资金和技术支持，以使其成为青少年体育发展的领头羊。二是鼓励和支持校内青少年体育组织的建设，引导学生积极参与各类体育活动。教育部门可与体育社会组织携手，共同开展体育教学，为学生提供更多元化的体育体验。

（四）完善青少年体育竞赛体系，发挥体育赛事引领作用

青少年体育赛事，作为我国体育事业的重要组成部分，对培养青少年的体育兴趣、提升体育素质以及选拔优秀运动员等方面具有不可替代的作用。

一是完善青少年体育赛事体系。我国已出台相关政策优化青少年体育竞赛体系。为实现这一目标，应制定科学的竞赛组织管理办法，确保赛事的公正、公平、公开。应扩大竞赛范围，覆盖更多运动项目，吸引更多青少年参与。还应加大赛事的宣传推广力度，提高知名度，扩大影响力。二是改革青少年体育赛事。传统赛事中参赛限制过多、参与方式单一等问题，限制了青少年的广泛参与。因此，应打破参赛壁垒，拓宽参与渠道，让更多青少年有机会参与赛事。三是培育品牌商业性青少年体育赛事。商业性赛事不仅为青少年提供更多参赛机会，还为青少年体育事业发展提供资金支持。应重视商业性赛事的品牌建设，提升赛事专业化和品质化水平，避免同质化竞争。加强与校外青少年体育竞赛的衔接，以健康成长为目标，常态化组织赛事，让更多青少年受益。四是发挥数字技术作用。融合5G、AI等技术改善参赛体验，增强赛事吸引力和趣味性，提高关注度和参与度。积极探索数字技术在青少年体育赛事中的应用，推动赛事智能化和数字化转型。

二、残疾人群体体育活动促进发展建议

（一）强化政策引领，保障残疾人体育开展

一是转变政府职能，实现服务与管理的高效平衡。政府应逐步弱化直接的驱动作用，更多地发挥引导和监管的作用，通过市场机制引入多元竞争，激发残疾人体育服务市场的活力。这样不仅能提升残疾人体育服务治理的质量和效率，还能更好地满足残疾人多样化的需求。

二是坚持放管结合，为残疾人体育服务市场注入新活力。放管结合是推进残疾人体育服务市场发展的重要手段。通过金融、税收、土地等方面的放权，政府可以为社会主体和市场主体提供政策支持，降低市场准入门槛，吸引更多的资本和人才进入残疾人体育服务领域。还可以通过制定行业标准和规范，引导市场主体提高服务质量和效率，保障残疾人的合法权益。

三是构建完善的残疾人体育服务监督体系，实现全过程监督。构建完善的残疾人体育服务监督体系是保障残疾人体育服务质量和效率的关键。这一体系应吸纳社会主体、市场主体、残疾人个体及政府相关部门作为共同责任主体，形成全方位立体监管网络。这样不仅能对残疾人体育服务管理进行全过程监督，还能及时发现和解决问题，确保残疾人的权益得到保障。

（二）增强基层体育组织间联动，加强残疾人体育活动开展组织保障

基层残疾人组织和社区（村）及残疾人集中的康复、托养、教育机构，应开展日常性残疾人康复健身体育活动，不断健全残疾人身边的康复健身体育组织，完善残疾人身边的康复健身设施，加强残疾人身边的康复健身指导，努力营造残疾人身边的康复健身文化氛围。继续支持中国盲协、中国聋协、中国肢协、中国智协和中国精协等残疾人专门协会开展各类残疾人康复健身体育活动。举办和参加国际、国内残疾人体育赛事。定期组织"中国

残疾人冰雪运动季""残疾人健身周""全国特奥日"等全国性活动，搭建残疾人康复健身体育全国活动平台。

（三）提升残疾人体育服务水平，增强体育活动质量

一是加大对残疾人体育服务的投入力度，包括资金、设施和人力资源等，以丰富体育服务内容和合理规划场馆建设，确保残疾人能够方便、安全地参与各类体育活动。二是明确残疾人体育服务资源统筹的责任主体。当前多部门共同负责的局面易导致责任分散、效率降低。应确立主导部门，负责统筹协调各方资源，确保残疾人体育服务的高效运作。三是促进资源有效融合。例如，体医融合可实现社区与医疗机构的资源共享，为残疾人提供更为全面、系统的健康服务。通过加强残疾人的健康促进工作，不仅能满足其身心发展需求，还能在一定程度上减轻医疗负担，提升社会整体福祉。四是制定残疾人社区体育服务标准。通过深入调研残疾人的实际需求，了解其偏好和困难，制定更符合实际、具有可操作性的服务标准。

三、老年人群体体育活动促进发展建议

（一）完善老年体育活动供给，提升体育参与质量

一个健全的公共服务体系不仅能够满足老年人的体育需求，还能推动老年体育事业的持续繁荣。提升老年体育的参与度，关键在于增加公益性的老年体育场所和设施。政府及相关部门在规划城市空间时，应充分考虑到老年人的体育需求，合理布局体育场地。同时，对现有体育场地资源进行整合和优化，确保老年人能够方便、安全地参与体育锻炼。

可以依托老年大学等公益性场所，开展各类体育培训课程，帮助老年人掌握正确的运动技能和知识。针对不同年龄和健康需求的老年人，提供个性化的体育服务。例如，定期举办健康知识讲座，教授老年人如何科学运动、预防疾病。创办社区体育服务机构与当地体育协会合作共同开展各类公共体育活动。通过举办趣味运动会、健身操比赛等活动，吸引更多老年人参与体育锻炼，提高他们的身体素质和生活质量。

（二）加强基层体育组织建设，激发老年体育效能

培育具有自愿性、群众性、民间性的基层老年体育组织。这些组织能够根据老年人的兴趣和需求，开展丰富多样的体育活动，提高老年人的身体素质和生活质量，为老年人提供交流、互动的平台，增强老年人的社会归属感和生活满足感。完善老年体育组织管理，制定完善的体育服务标准，确保老年体育组织的规范运作和高效服务。开展有组织、科学性的体育锻炼活动，

根据老年人的身体状况和兴趣爱好，制订科学合理的锻炼计划，引导老年人积极参与体育锻炼。利用部门优势组织开展大型老年人体育活动，定期积极组织培训和参加比赛展演，以推动基层老年体育工作发展。充分发挥老年人体育组织和社区健身俱乐部等群众身边组织的作用，不断创新活动方式，打造各具特色的老年人品牌健身活动，为老年人进行比赛、表演、交流提供机会，丰富老年人文化体育生活。

（三）统筹体育服务资源，拓展老年人体育活动空间

为老年人参与体育健身休闲活动提供更优质的服务，支持更多的体育场馆向老年人健身免费开放。建设体育公园、全民健身中心等场地设施时，应充分考虑老年人的需求，拓展老年人健身活动空间，提供更适合老年人特点和需求的健身场所。地方政府应积极构建多元化的资金筹措机制，确保适老化社区体育公园和老年体育公园的建设资源充足。地方政府应重视并建立稳固的老年人社交网络，推动老年人的再社会化和社区融入。随着养老模式的不断创新，智慧养老已成为主流趋势，地方政府应着力打造专业的老年体育智慧服务平台，使其成为推动社区老年人体育活动共建共享的重要力量。通过线上线下的深度融合，为老年人提供精准的健康指导和监测服务，满足他们多样化的体育需求与健康维护要求。

四、妇女群体体育活动促进发展建议

（一）激发妇女体育消费，促进妇女体育参与

随着市场需求的不断扩大，越来越多的体育产品开始针对女性消费者进行设计和生产。这些产品不仅包括各类运动器材、装备和服装，还包括针对女性特殊需求和兴趣爱好的体育培训课程和活动。这些多样化的产品和服务，不仅满足了女性消费者的多样化需求，也进一步推动了女性体育消费市场的蓬勃发展。同时，统一的社会运动指导员认证体系可以确保指导员具备专业的知识和技能，为女性消费者提供更加科学、安全的运动指导。

（二）加强文化宣传，引导妇女积极参与体育活动

一是从女性视角出发，鼓励她们自我发现，探索多样化的体育参与方式。鼓励女性积极参与各类体育活动，如传统球类、舞蹈、瑜伽、健身操以及新兴的户外运动和极限运动等。二是倡导女性以"为自己"为导向的体育参与理念。这表示女性参与体育不应受性别限制，而应基于自身需求和内心愿望。女性应关注身体健康、休闲需求及自我实现，选择适合自己的体育项目，享受运动带来的愉悦和满足。三是为实现"健康即美"的目标，引

导女性树立正确的身体观和体育观。健康的身体是美丽的基石，而体育运动是达成健康的重要途径。应鼓励女性关注自身身体状况，通过科学锻炼和合理饮食塑造健康的体态。

（三）加强基层培训指导

一是集中开展社会体育指导员培训。每年定期组织妇女全民健身志愿者参加的社会体育指导员培训，传授科学健身理论知识和健身气功、广场舞、柔力球、太极拳等实用健身技能，进一步壮大基层妇女组织的兼职体育人才队伍，为丰富各类妇女体育赛事活动提供智力支持和人才保障。二是开展健身技能培训。如举办区域体育健身技能培训班，培训基层 20—60 岁、身体健康、肢体动作协调、学习能力强、会使用智能手机的健身爱好者群体。三是到基层一线进行体育健身技能指导。依托基层体育行政部门和体育组织，组织和选派优秀社体指导员到联系区域指导村（居）民开展体育健身活动，提供技能培训和技术讲解，引领广大妇女群众爱上体育、爱上健身，不断提高妇女参与体育锻炼的比例。

第七章　全民健身智慧化发展

党的十八大以来，全民健身智慧化进程加速推进，大数据、云计算、物联网等新技术广泛应用于体育领域，智慧体育场馆、智能穿戴设备、全民健身信息服务平台等数字化、智能化的健身设施和服务不断涌现，为公众提供了更加便捷、高效的健身体验，有效提升了全民健身服务的智能化水平和覆盖面。展望未来，随着科技的不断进步和创新，全民健身智慧化将实现更高层次的发展，更加智能、个性化的健身服务将不断满足人民群众对美好生活的向往，推动全民健身事业迈向更高水平。

第一节　全民健身智慧化发展概述

一、全民健身智慧化发展概况

（一）政策背景

为推动全民健身智慧化发展，国务院、相关部委以及各地方政府先后出台多项政策文件，从顶层设计、技术标准、试点示范等方面大力支持智慧体育试点及全民健身智慧化发展。2020 年 9 月，《国务院办公厅关于加强全民健身场地设施建设发展群众体育的意见》出台，提出"提高全民健身公共服务智能化、信息化、数字化水平"。2021 年 7 月，《全民健身计划（2021—2025 年）》提出"数字化升级改造 1000 个以上公共体育场馆"，"逐步形成信息发布及时、服务获取便捷、信息反馈高效的全民健身智慧化服务机制"。2021 年 10 月，国家体育总局出台《"十四五"体育发展规划》，提出"加快体育场地设施数字化改造"，"建设 1 万个以上智慧健身路径、智慧健身步道、智慧体育公园、智慧健身中心等智慧化健身场地设施"，进一步明确了加快数字化发展、建设数字体育的创新发展思路，即打造全民健身服务"一张网"，加快体育公共服务体系建设。2022

年 3 月，中共中央办公厅、国务院办公厅印发《关于构建更高水平的全民健身公共服务体系的意见》，提出"到 2035 年，与社会主义现代化国家相适应的全民健身公共服务体系全面建立"，"加快运用 5G 等新一代信息技术改进场馆管理和赛事服务"。全民健身智慧化发展的相关政策见表 7 - 1。

表 7 - 1　全民健身智慧化发展相关政策

时间	政策文件	涉及内容
2019.8	《体育强国建设纲要》	推进智慧健身路径、智慧健身步道、智慧体育公园建设。
2019.9	《关于促进全民健身和体育消费推动体育产业高质量发展的意见》	支持体育用品制造业创新发展，推动智能制造、大数据、人工智能等新兴技术在体育制造领域应用。
2020.9	《国务院办公厅关于加强全民健身场地设施建设发展群众体育的意见》	提高全民健身公共服务智能化、信息化、数字化水平。
2021.7	《全民健身计划（2021—2025 年)》	扩建公共体育场馆等健身场地设施；数字化升级改造 1000 个以上公共体育场馆。
2021.10	《"十四五"体育发展规划》	建设 1 万个以上智慧健身路径、智慧健身步道、智慧体育公园、智慧健身中心等智慧化健身场地设施。
2022.3	《2022 年群众体育工作要点》	指导场馆进行数字化、信息化升级改造，进一步提升开放服务水平。
2022.3	《关于构建更高水平的全民健身公共服务体系的意见》	到 2035 年，与社会主义现代化国家相适应的全民健身公共服务体系全面建立。
2022.7	《关于体育助力稳经济促消费激活力的工作方案》	以 5G、大数据、人工智能等新技术的融合，大力发展数字体育。

（二）相关概念

1. 人工智能

人工智能（Artificial Intelligence，AI）是指人类创造的具有描述模仿人类与其他人类思维相关联的"运算、感知及认知"能力，涵盖专家系统、机器人、语言图像识别和自然语言处理等功能。随着信息技术的快速发展，人工智能被广泛用于模拟、延伸和扩展人工智能的理论、方法、技术及其应用，成为新一轮科技创新和产业变革的重要驱动力。

近年来，人工智能的应用场景已经日益完善与多元，在我国，这些应用场景的成熟度呈现出平稳上升的趋势。从技术的核心本质到具体的实践应用，人工智能在不断地迭代与演进，为各行各业带来深刻的变革。智能制造、智慧医疗、生物识别等领域，都是人工智能大显身手的舞台。特别是随着第三次人工智能浪潮的涌现，越来越多的社会焦点开始聚焦于大健康领域，人们开始深刻意识到人工智能在改善健康、提升医疗服务质量等方面所蕴含的巨大潜力。这种趋势使得人工智能与体育，甚至聚焦到健身之间的联系变得愈发紧密。在技术方面，实现了对运动过程中的内外部活动进行完整、动态的监测和记录。此外，许多基于深度学习的算法也已经被应用到各种健身场景中。例如，实时反馈、自主评估、互动社交、多元激励等。在治理维度，人工智能推动体育治理走向高效化与精准化。例如，通过爬取和分析 15 分钟健身圈的行为数据，服务于公共政策制定与城市规划。

2. 智能体育

智能体育由"人工智能 + 体育"组合而成，是新一代信息技术在体育领域的应用。在各种传感器的帮助下，它可以利用用户数据、管理数据、运动数据等大数据和云计算算法进行综合分析处理，感知和监测用户的体育行为，智能体育不仅在技术上赋能了传统体育，也为其所依托的新技术拓展了应用场景。

根据主要经济体智能体育典型应用场景对比发现（图 7 - 1、图 7 - 2），智能体育具有广泛的应用场景，在体卫融合、智能设备、赛事经济、训练技术和智慧场馆等方面呈现出广阔的应用价值。智能体育具有系统化、软件化、便捷化等特征。其中，系统化是指各类智能运动设备在穿戴后逐渐形成各自独特的运行系统，能够使体育健身活动、运动产品以及体育服务过程更加规范化。软件化是指借助一定硬件设施基础将数字技术与体育运动深度有机融合，通过数据整合和分析形成具备可供检测、统计与科学训练指导等的功能型 App 或程序平台，进而推动全民健身等活动发展过程中的管理优化、市场规模的逐步扩大、用户体验与隐私保护技术的迭代更新等。便捷化是指智能设备的多功能化逐渐打破了人们以往对时间和空间的碎片化限制，更好赋能"全人群"全生命周期的科学有效健身，使运动健身更加普适化与灵活机动。

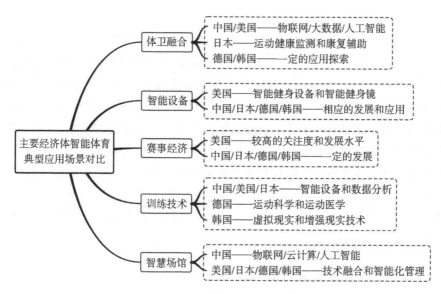

图 7-1　主要经济体智能体育典型应用场景对比

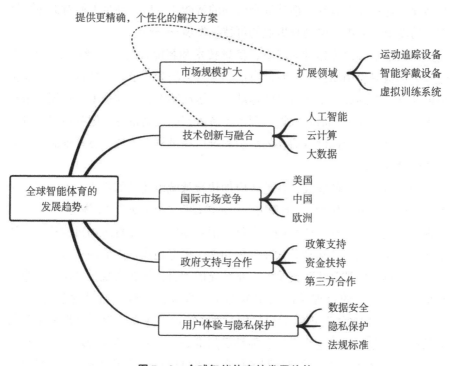

图 7-2　全球智能体育的发展趋势

3. 智慧体育

智慧体育具有智慧化、生态化、场景化等特征。其中，智慧化是指人类对现有与有待开发的各类智能体育技术与设备系统进行主观能动性的整合。场景化是指在 5G、物联网、数字孪生技术等覆盖下，通过产业融合等方式带动产生的系列"线上交互+现实增强"体育场景模式，使体育参与及消费方式体验感更具有趣味性，更加多维、立体。生态化是指通过云平台逐渐形成体育发展的生态物联网，将多种体育运行系统进行多类型的资源整合、互联互通及数据共享，使体育发展更加高级化与精准化。综上所述，通过智慧体育，我们可以将竞技运动训练、赛事、场馆、创意制作、公园和公共服务平台等多种体育新业态深度融合，从而为人们的日常生活和工作带来更加便捷、高效且智能的服务。

二、全民健身智慧化的内涵

全民健身智慧化是指运用先进的信息技术、智能设备和大数据分析手段，促进全民健身活动的普及和便利化，提高健身活动的科学性、个性化和互动性。这一理念有利于推动健身活动的智能化发展，满足人们对健康生活方式的需求，促进全民健身事业的可持续发展。

在数字基础设施建设加持下，信息技术和智能设备被广泛应用在场馆、公园、步道等应用场景中，对健身活动进行监测和记录。这种智能化的监测和记录可以帮助民众了解自己的运动量、运动频次、运动强度等数据，通过收集和分析全民健身活动数据，深入了解人们的运动偏好、健身习惯、健身需求等信息，为全民健身活动的组织和推广提供科学依据，更好地满足不同群体的健身需求。

随着数字技术的发展，各地政府加快智慧城市建设的步伐，不断完善全民健身公共服务。例如，"浙里办""来沪动""群体通""i 健身"等 App，实现了线上体育运动、体育场馆预订、消费券领取、体育运动机构检查、比赛项目训练以及体育运动分数兑换等功能，更好地满足人们的需求。

全民健身的智慧化建设是一个系统化的项目，旨在实现公共服务信息的共享、管理方法的合理性以及服务的主动性和高效性。通过智慧化建设，"省—市—县—乡镇"四级的智慧化管理系统得以建立，为公众带来更加便捷的健康服务。通过这个系统，能够更加准确地平衡供给和需求，既可以让需求方的民众获得更多的健身服务信息，也可以让行政部门及时获取辖区内的全民健身服务的供给情况。

三、全民健身智慧化发展特征

（一）宏观层面：智慧与治理高效融合

随着数字技术与公共体育服务的深度融合，治理数字化成为国家治理的应然趋向。全民健身的智慧化发展具有靶向治理、化繁为简等诸多优势。例如，随着苏州"苏体通"智能平台的建设和推进，苏州市体育局实现了从微观管理转变为宏观调控和过程监督，实现了公众、企业、社团等多元主体信息共享。

全民健身智慧化发展具有多元协同的治理特征。基于健身服务的应用系统与数据管理平台使治理模式迭代升级。在全民健身智慧化时代，治理主体不仅限于政府，更多的社会、企业、媒体等主体参与进来。具体而言，一是人工智能的介入为全民健身智慧化发展过程中各主体之间的协作提供了渠道和方式，加强全民健身各主体之间的联系。二是人工智能的介入倒逼全民健身治理多元协同。应采取综合性的措施，加强与市场机构的合作，采用新兴的科学管控方式，科学和合理利用大量的数字资源，比如健康偏好、消费行为、体重检查、个人基础信息，采取采购公共服务、技术外包的方式，有效推动"人工智能＋全民健身"的有序推进。

（二）中观层面：供与需精准匹配

数字技术与全民健身融合，在中观层面消解了供需两侧存在的错位问题。大数据的快速发展与渗透使健身需求得以数字化呈现，数据的统计分析为人们的健身需求带来定量化、精细化的便捷反应，激发了多元供给主体对全民健身需求的适时回应。一是全民健身的智慧化发展使体育服务信息与健身者的需求信息精准对接，构建全程服务管理、全方位信息采集和无缝隙联动的供需协同框架，从而不断提升人民群众在运动健身、运动康复、训练指导方面的获得感与幸福感。二是进一步促进全民健身公共服务供给的质量与效率提升，促进多元主体之间的协作互动与决策沟通。全民健身智慧化能够最大限度地达成全民健身供给与需求的精准匹配，从而降低信息失衡引发的服务供给效率与精准度偏差。

（三）微观层面：质与量同步提升

一方面，全民健身的智慧化发展能够提高群众体育参与的实效性。人工智能可以准确记录健身数据，既能够保障用户的健身过程客观、可记录，也能够实现对用户运动健身过程的全流程监控，为消费者的健康带来更多的便利，并且更加准确地把握他们的健康信息。在数字化平台技术的加持下，根据历史数据库测算出的相关参数也可提前预警疲劳和损伤，能够规避风险。另一方面，全民健身的智慧化进程使得用户能够接受更加专业和个性化的指导，这不仅增强了运动的沉浸式体验，还提高了参与全民健身活动的黏性。

四、全民健身智慧化价值分析

（一）探索高质量全民健身和整体治理的价值追求

全民健身的智慧化发展对实现健康中国、体育强国建设具有重要意义。全民健身的智慧化发展是数字化转型背景下，国家对满足健身需求和智慧化发展的战略回应。全民健身与全民健康的融合发展是人民健康需求的集中反映，全民健身应把满足人民群众的健身需求和健康需求作为价值遵循，积极对接和回应健身人群的多元诉求和权益保障，彰显以人为本的理念。一方面，提升全民健身供给效率，精准对应个性化、多元化的群众健身服务需求；另一方面，以保障全民健身供给质量更好、更加公平、全体覆盖为价值诉求，不断提高群众在健身中的获得感和幸福感。

（二）聚力公共服务城乡融合协同发展的目标引领

随着社会主要矛盾的变化，不断提供高质量的、智慧化的公共服务成为新时代满足人民群众美好生活需要的重要抓手。全民健身不仅仅局限于基础的身体锻炼，它与经济、教育、文化和养老等多个领域紧密结合，共同构建了一个相互促进和共同发展的模式。随着数字技术持续融入健身服务，全民健身领域逐渐覆盖远程健身指导、线上群众性体育赛事等服务，城市区域的竞技赛事、健身指导、健身休闲等公共服务走入经济欠发达区域，相关健身人群得以共享全民健身智慧化发展的成果。全民健身智慧化为缩小区域差距、城乡差距提供了新思路、新内涵。

（三）智慧体育发展与体育强国建设的路径探寻

构筑完善的全民健身公共基础设施，加快实施数字化转型，满足国家实施体育强国战略，促进体育产业的高质量发展，成为当前中国体育工作的重要内容。我国数字技术驱动基本公共服务资源逐步嵌入群众性体育赛事、健身指导、全民健康等领域，尤其是在人口密集地区，强化信息化、数字化的现代化公共服务供给手段，大幅度提升了区域健身公共资源的均衡发展与精准匹配。这种深度融合的广泛应用为助力全民健身普惠化、均等化、减少区域差距提供了可循之路。总之，全民健身的智慧化发展对社会各个领域产生着深刻变革，新技术与全民健身的深度融合必将加快中国体育的现代化。

第二节　全民健身智慧化发展情况

一、全民健身智慧化应用场景发展现状

（一）全民健身智慧化应用场景的发展情况

近年来，在国家政策的引导下，全国各地逐渐开始探索多元特色的全民健身智慧化应用场景，实施了一系列体育设施智慧化转型建设项目，着重在智慧体育场馆、智慧体育公园、智慧健身步道、智慧体育校园等方面积极布局，为我国全民健身的智慧化发展开辟了新篇章。

一方面，智慧体育场馆服务是全民健身智慧化应用场景的重要业态，也是体育产业的有机组成部分。数据显示，2021 年体育场地和设施管理的增加值为 1031 亿元，占体育产业增加值的 8.4%[①]，加快智慧体育场馆建设是拓展体育"新基建"消费场景，拓展全民健身智慧化应用场景的重要抓手。另一方面，学校体育设施的智慧化升级是全民健身智慧化应用场景的重要组成部分。"十三五"期间，全国小学、中学的体育运动场地面积达标率分别为 90.22%、93.54%，体育器械达标率分别为 95.38%、96.56%，2020 年底全国获得教育部认定的篮球特色校近 1 万所、校园足球特色校近 3 万所、排球特色校近 1500 所、网球特色校近 300 所、冰雪运动特色校近 2000 所、北京 2022 年冬奥会和冬残奥会奥林匹克教育示范校近 800 所，95% 的学校能够保障学生在校每天进行一小时体育锻炼[②]。

智慧社区健身中心是全民健身智慧化发展的基层实践，是构建更高水平全民健身公共服务体系的务实之举，政府、企业、居民以及社区等多元建设主体协同配合，共同推进社区公共体育服务智慧化转型发展。2018 年，国家体育总局办公厅印发《智慧社区健身中心建设试点工作方案》，积极推动各级各类主体参与智慧社区健身中心建设。例如，2019 年至 2021 年底，长沙市共建成并交付使用 230 个智慧社区健身中心，城市社区覆盖率达到 30.3%[③]。智慧社区健身中心建设过程中，体育部门与互联网企业、社会组

[①] 国家统计局、国家体育总局：《2021 年全国体育产业总规模与增加值数据公告》，http：//www.gov.cn/xinwen/2022 - 12/30/content_ 5734284.htm。

[②] 教育部：《对十三届全国人大四次会议第 1314 号建议的答复》，http：//www.moe.gov.cn/jyb_ xxgk/xxgk_ jyta/jyta_ tws/202209/t20220922_ 663788.html（访问时间：2024 年 3 月 19 日）。

[③] 《长沙探索"互联网 + 健身"模式 已建成 230 个智慧社区健身中心》，https：//baijiahao.baidu.com/s？id = 1720303622210451725&wfr = spider&for = pc。

织形成了稳定合作关系的建设模式，有利于发挥体制内外主体的比较优势，快速实现智慧社区健身中心的普及推广。

（二）全民健身智慧化应用场景的具体应用

1. 智慧体育场馆

（1）概念特征

智慧体育场馆是指拥有以数字平台为核心且具有全面感知、泛在互联、综合分析、辅助决策和智能控制等功能的融合基础设施，集信息采集、信息感知、信息融合、指挥调度、互联互通等功能于一体的体育场馆，是切实解决群众"去哪健身"的基础性工程。

随着技术的发展，体育场馆的用户体验需求也在不断发展。观众期待更身临其境的体验，这种体验是互动的、信息丰富且直观的。人工智能、5G、区块链、量子信息等数字技术和信息技术的发展应用，新技术、新产业、新业态给智慧体育场馆的创新开辟了更广阔的空间和新的赛道，其重要优势是能够实时收集和分析数据，让场馆运营商能及时做出明智的决策并改善整体体验。运营商可以通过实时监控网络、系统集成和效率优化，为用户提供更流畅、更愉快的体验。智慧体育场馆管理系统见图7-3。

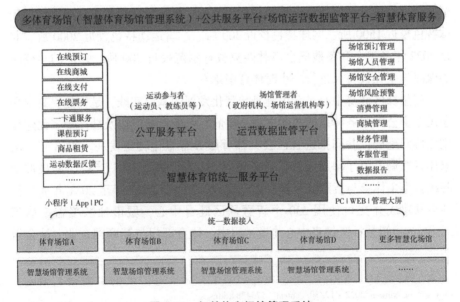

图7-3　智慧体育场馆管理系统

（2）案例介绍

北京新工人体育场的"智慧工体系统"能够实时监控球场的人流热度，

自动分析商户数据，为商户提供更加精准的业务决策支持。系统还可以通过智能化算法，为商户提供更加个性化的服务，帮助商户更好地了解客户需求，提升销售额和客户满意度，有利于商户获得更大的经济效益。江苏南京五台山体育中心自智慧系统上线运营后，互联网订场率超 90%，自助购票率超 80%。场馆利用效率有效提升 30%。湖南耒阳体育馆结合 BIM（建筑信息模型）+ IOT（物联网）技术打造的智慧运维管理平台，融合了"设备设施""消防管理""安防管理""智能楼宇""空间管理""赛事管理""物业管理""统计分析""系统管理"等功能模块，利用三维可视化功能，让整个体育馆管理更加直观、便捷、高效。智慧场馆不仅能促进线上和线下融合，优化健身群众的消费体验，同时也能为场馆在运营、管理及服务工作上提供便利。

2. 智慧体育公园

（1）概念特征

智慧体育公园是指采用"体育 + 科技"概念，将物联网、互联网、移动通信和云计算等新兴的信息技术集成起来构建智慧网络，增强经营方的感知、控制和管理能力，实现以更加精细和动态的方式进行管理，为全民健身带来个性化、科学化、智慧化的运动体验。

（2）案例介绍

泰山智慧体育公园，是完全自主设计、运营、规划和维护一体化的体育公园，体现了新基建、新空间、新场景、新业态的体育产业新理念，是创新性的"体育 + 小生态"模式的探索模式。铺装使用泰山人造草坪，不仅为公园带来了美观、耐用的草坪地面，还可以释放负离子功能、防火阻燃功能、抗菌抗病毒功能等。泰山智慧体育公园具有投入低、配置灵活、建设周期短等优势，充分利用城市"金角银边"，探索复合用地模式，为全国全民健身设施提升和体育公园建设提供了可复制、可推广的宝贵经验。泰山智慧体育公园见图 7－4。

南京市雨花台区永盛奥林匹克公园基于全民健身的基本理念建设，共设有残障人士健身区、中老年保健区、儿童游乐区等六大功能区，配置了体测组合器材、三维拉伸器等二代智慧型健身器材，依托"二代智慧健身区"搭载云服务平台，让健身者开展体质检测、自我评估、自我锻炼，满足不同年龄段、不同人群的需求，可服务整个岱山片区约 15 万居民。重庆涪陵区江南滨江体育公园、江东滨江体育公园、锦绣洲体育公园 3 座智慧体育公园于 2022 年 5 月建成，设置项目包括智慧步道、陪跑光带、AI 语音导览、AI

互动跑酷、自行车喷泉、AI 武术大屏、AI 太极大屏等智慧体育科技，通过科学智能手段实时监测市民健身运动情况，为市民提供良好的科学健身指导。

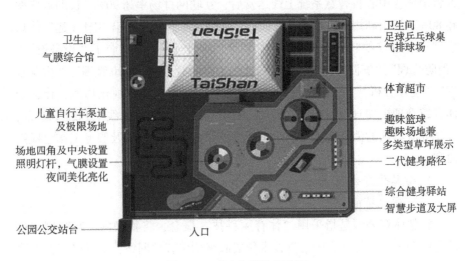

图 7-4　泰山智慧体育公园

3. 智慧社区健身中心

（1）概念特征

智慧社区健身中心是一个专为社区居民设计的健身设施，其利用信息平台链接、智能设备更新、智慧场景创建等数字化技术，融合管理的信息化、运动的科学化以及服务的智能化等多种优势，推动全民健身智慧化的创新方向，创新了基层普惠性全民健身智慧化服务途径。

（2）案例介绍

浙江省湖州市建成国家级智慧社区健身中心"章家埭社区智慧健身中心"，该中心包含瑜伽室、健身器材室、羽毛球场等场地，可利用大数据技术实时分析锻炼人数、设施利用率，进行运动健身效果综合评价。健身爱好者还可以通过 3D 智能体测仪获取身体的健康程度和潜在问题等数据信息，并结合教练专业评估，生成训练计划。上海市总工会大力推广的"智体角"项目，以智能划船器、智能单车、智能跑步机、智能射击、智能飞镖等体育设备和健身器材为基础，将 AI、云计算、大数据等高新技术植入运动设备，构建数据化、网络化、智能化的全新健身平台。贵州省贵阳市创新模式打造的"贵航社区百姓健身中心"，实现小区 24 小时运营，是高性价比、高舒适感、高黏合度的社区智慧健身场所。

4. 智慧健身步道

（1）概念特征

智慧健身步道是在全民健身大背景下，整合城市健身广场、体育公园等公共资源，一体化推进公共体育设施科技化建设，打造城市智能社区健身圈的生动实践。步道系统是一个集 AI 无感采集、人脸识别、物联网、智慧云计算、大数据分析等多项前沿技术于一体，具备数智语音导览、数智体测、数智预警、数智座椅、数智卫生间、数智储物柜等数智化功能，为大众提供户外科学健身的数智化平台。该平台的核心配置主要由 AI 智能识别互动大屏、AI 智能识别杆、小程序、智慧步道综合管理平台组成，有运动排行榜、多人比赛、组建战队等多种运动形式，人们可在记录运动健身数据的同时，感受高新科技带来的酷炫体验。

（2）案例介绍

2022 年，南京玄武湖环湖路全面升级为智慧步道，被评为南京最美健身步道。智慧步道依托景区内原有的环湖路绿道升级改造而成，步道一圈总长约 10 公里，共设置 11 个多功能信息数据智慧屏，能够帮助运动爱好者及时、准确、全面地了解自己的运动状态，具有"全天候、自助式、智能化"的特点。

5. 智慧体育校园

（1）概念特征

随着人工智能技术的不断发展和应用，智慧体育成为体育教学和训练的新趋势。通过智能设备、物联网摄像头、人脸识别、智能查询屏幕和智能物联等技术，学校可以实时监测学生运动情况和身体指标，帮助教师评估学生的运动状态和身体素质，实现对学生体育项目的智能测试和数据分析，从而实现家、校共同监管。同时，智慧体育校园建设能够为学生和老师提供更加安全和可控的体育环境，实时监测学生运动情况和安全状况，及时识别运动风险并预防意外事故发生。

（2）案例介绍

上海市闵行区田园外语实验小学自 2018 年起开始了智慧体育校园建设，通过对学生数据的汇集和分析计算不同项目的优良比例，进而提出针对性的改进措施。上海市黄浦区卢湾一中心小学在课堂上引入可穿戴设备，获取学生体温、心率、血氧饱和度等生理基础数据，据此合理安排体育课中的运动负荷。2021 年，南京市南湖二中建造智慧操场，在引体向上、立定跳远等中考体育项目中全部安装了自动视觉分析和自助测试套件，在满足学生单独锻炼和安全监督需求的同时，鼓励学生利用碎片化时间自主进行体育锻炼。

二、全民健身智慧化平台发展现状

（一）全民健身智慧化平台发展情况

1. 全民健身智慧化平台发展内涵

国家体育总局出台的《全民健身信息服务平台建设指南（试行）》，从技术角度规范了全民健身信息服务平台的标准化建设。全民健身信息服务平台（以下简称"平台"）下设三级子平台，即国家级平台、省级平台和地市级平台。建设模式分为统分模式与统建模式，统分模式为由各省（区、市）投资资金自建平台，市级可依托省级平台扩展市级应用；统建模式是各省（区、市）依托国家平台进行拓展，地市级平台可在所属省级平台下建设，遵循平台统一框架开展相应的特色应用建设。

2. 全民健身智慧化平台功能架构

平台建设的主要目标是实现全民健身服务的一体化，涵盖群众体育管理、公共服务和安全保障的一体化。为实现这一目标，平台建设内容包括统一公共服务入口、规范公共服务事项、融合线上线下服务、管理场馆场地设施、赛事活动管理、统一身份认证、统一数据开放和共享等功能。建设统一公共服务入口的平台，整合各类健身服务，让用户便捷获取所需。规范公共服务事项，确保符合标准，并融合线上线下服务，通过智能手机和移动网络提供线上健身及线下场馆预约。平台统一身份认证，保障用户信息安全。开放数据共享，提供准确全面的健身信息和服务，推动全民健身事业发展。全民健身信息服务平台技术架构见图 7-5。

平台依类型可分为微信公众号、应用 App 和门户网站三类。微信公众号利用智能手机与移动网络，实现信息定向传递、业务服务和互动沟通，助力全民健身信息发布、服务提供与社交互动。按主体划分，平台分为政府主导、企业主导和非营利组织主导类；按功能划分，平台分为场地设施、赛事活动和健身指导类。

（二）全民健身智慧化平台具体应用情况

1. 国家全民健身信息服务平台建设发展概况

（1）平台发展现状

2023 年 6 月 2 日，国家全民健身信息服务平台上线试运行，该平台拓展智慧化全民健身公共服务供给体系，实时汇聚各类全民健身讯息、整合群众体育相关资源，通过统一的电子地图实现体育场馆、健身器材、体育公园等各类体育信息的集中展示。数据显示，平台目前已累计汇聚 6464 家公共体育场馆，健身场地 50 多万个，健身器材 309.6 万多件/套。①

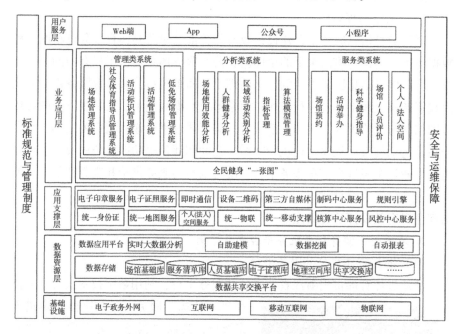

图 7－5　全民健身信息服务平台技术架构

　　为群众健身提供便利的同时，该平台还有效提高了全民健身公共服务政务管理水平。除了展示享受中央财政体育场馆免费或低收费开放补助的场馆，还打通整合全国公共体育场馆低免开放补助申报，低免开放场馆客流监控，全民健身场地设施、赛事活动管理等群众体育业务系统，为各级体育行政部门提供统一的信息化管理服务，逐步建成群众体育数据资源中心，建成以数据为核心的数字化管理体系。

　　平台对全民健身资源的整合并不是传统意义上全民健身资料的汇总，而是面向消费者多元需求的有效集成、标准处理与智能推送。在此基础上，为提升资源利用的质量，信息平台还可以通过端口设置等方式增强对全民健身资源的统一标准管理。以东北地区全民健身信息服务平台的建设为例，该平台系统地整合了冰雪资源，并重点关注当地消费者的基本需求。体育爱好者和消费者等群体可以在平台上方便地分享他们的运动体验，平台也可以准确

　　① 《2023 年的体坛荣光可曾照亮你的梦想——中国体育的这些色彩值得被看见》，《中国体育报》2023 年 12 月 28 日。

了解消费者的个性化需求，并发现潜在的共性需求，从而实现冰雪运动服务与产品的大规模定制。

（2）数字治理效能

全民健身信息服务平台建设是政府相关部门对公共体育服务供给的一种数据治理，为构建更高水平的全民健身公共服务体系提供了强有力的智力支撑。全民健身信息服务平台的数字治理不是简单地将公共体育服务供给完全由线下转移至线上平台进行操作，而是形成数据线上走、人员线下动的应用范围拓展与供给模式。例如，消费者只需要通过平台输入消费关键词，平台会在其运动结束后程序化地执行支付、互动和评价等功能。公民及社会体育组织等通过全民健身信息服务平台，既可以参与服务供给和服务评价，也能够通过平台发表意见建议，充分表达个体的需求，通过数字平台自下而上的治理逻辑有效发挥治理效能。

2. 地方全民健身信息服务平台发展案例

（1）浙江省体育公共服务平台

浙江省体育局推出浙江省体育公共服务平台，利用数字技术实现公共体育"一站式"服务，让数字体育走进千家万户，其以"服务"为宗旨，以"互联网"思维为手段，以"海量有价信息"为支撑，打破体育领域的传统壁垒、机制障碍，破解"健身去哪儿""如何科学健身"等实践困境。浙江省体育公共服务平台见图7-6。

目前，浙江省119家大、中型公共体育场馆系统均已智能接入、预约、支付功能，1015家百姓健身房全部纳入全民健身地图并实现查询、导航功能。在搜索方式上，平台支持以场地性质、运动项目、区域等条件进行搜索，也可以通过关键字进行搜索。点击进入场馆信息页面，开放时间、地图导航一览无余。

浙江省体育公共服务平台为健身人口画像提供数据支撑，包括场地设施、赛事活动、社会组织、科学健身4个方

图7-6　浙江省体育公共服务平台

面。其中，场地设施可以统计场地数量、场地面积、人均面积等数据近几年的变化情况；赛事活动可以了解各地市组织赛事活动的数量及变化情况，赛事活动报名人数等；社会组织可以监测现有协会数量、会员总数量、活跃情况及相关指标数据；科学健身可以监测不同年龄段、不同性别、不同运动项目、不同时间段、不同运动时长的运动情况。

除了提供寻找场地的功能，市民还可以在平台上寻求健身指导，查找附近的社会体育指导员以及发布的课程，查找教学视频和健身活动。还可以通过平台查看自己体质测评的结果，查看全省体质监测站点，实现从中查找、导航和预约。同时，平台还接入"找户外营地""查比赛成绩""社会体育指导员履职""青少年运动员注册""业余教练员信息采集""裁判员管理"等多项功能，让体育公共服务做到"一网通办"。

（2）苏州公共服务体系云平台

2016年苏州通过基础数据管理与服务平台，整合现有的十分钟健身圈电子地图等资源，建成市区体育中心、全民健身活动中心、健身步道、健身路径、多功能运动场、全民健身系列大课堂、公益社会体育指导员、体育公园等基础库。成功上线器材巡检、公益社会体育指导员线上申报管理、三进工程线上报名等系统，建成苏州市公共体育服务云平台，实现统一一张网（公共服务网），统一端（乐动苏州App），包括游泳及健身房的信息备案、体质测试预约、社会体育指导员管理，体育志愿者管理，体育健身电子地图，形成了苏州公共体育服务聚合矩阵。平台包括苏体通App、苏体通公众号和苏体通PC端，实现了会员管理、咨询发布、场馆预订、消费券发放等多个功能，为用户提供全方位的全民健身服务。

2023年，"运动苏州"平台上线，重点围绕场馆设施、赛事活动、体育惠民、运动健康、社会组织、体育旅游等与市民健身需求密切相关的应用场景，为市民提供更多元的场馆选择、更丰富的场景运用、更便捷的运动体验以及更科学的健身指导。结合苏州市环古城河健身步道全线贯通，开发建成健身会App，包括活动信息发布、健步走活动、健身设施查询导航、步道路径获取及个人运动记录查询等功能。市民通过下载该App，可以查询附近的健身器材及路径，并且可以同步记录运动数据，使用户可以根据自己运动数据进行调整，更加科学地进行运动锻炼。

（3）广西壮族自治区城市体育公共服务信息平台

广西壮族自治区打造了由政府主导管理、以场馆信息化系统为基础的城市体育公共服务信息平台，构建兼具全民体质健康数据库、场馆经营管理平台及异业融合功能的统计监管平台。城市体育公共服务信息平台由三大系统组成：政府统一监管平台、智慧场馆运营管理系统、全民体育服务信息平台（微信公众号/小程序）。广西壮族自治区城市体育公共服务信息平台架构见图7-7。

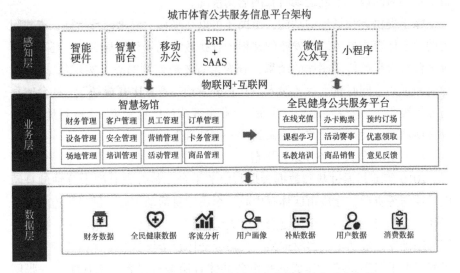

图7-7　广西壮族自治区城市体育公共服务信息平台架构

以微信公众号/小程序为载体，平台为群众提供在线订场、在线购票、活动赛事及其他相关服务，提升群众体验。例如：线上实现各类体育运动健身教练个人信息展示，在线即可预约选择心仪的课程和私人教练，透明信息化管理。同时，通过打造互联网线上＋线下营销平台，实现体育优惠券在线发放、领取、核销及效果分析可视化呈现，为场馆进一步提供了裂变的传播和拓客的渠道。

平台独具特色的智能健康人体成分分析系统，能够为会员找到身体状况改善的轨迹，从而制订新的节食和运动计划。健康管理系统会自动在客人身体分析数据的基础上为客户提供建议和知识，可以配合专业饮食、保健顾问系统为客户提供周到的服务。

在场馆维度，平台能够对场馆的经营数据、安全数据、补贴数据、全民体质数据进行科学分析和预测，从而有效指导场馆运营以及相关政策制定。统一监管平台可通过数据推算出场馆的经营能力、服务能力，并作为补贴发放可量化的评估依据，做到科学补贴、合理发放。

三、科技助力全民健身发展现状

（一）科技助力全民健身的总体趋势

党的十八大以来，我国体育领域科研工作进展迅猛，涵盖全民科学健身普及、青少年体育活动状况调查、体育培训机构测评、国民体质监测等诸多领域。国家体育总局体育科学研究所不断推动智慧体育的创新以及行业标准的研究工作，现设有国民体质与科学健身研究中心、运动训练研究中心、运动心理与生物力学研究中心等 8 个研究中心和 1 个综合实验中心，拥有"运动训练监控重点实验室"和"运动心理重点实验室"2 个国家体育总局重点实验室。主要任务是引领和推动我国体育科技事业发展，把握国际体育科学前沿领域和未来体育事业发展中的重大科技问题，以国民体质监测和健身方法研究、优秀运动员竞技能力研究、体育政策研究、体育工程技术研究等领域为主要方向开展基础研究和应用研究。近 10 年来，共计承担国家科技支撑计划、国家 863 计划、国家科技基础专项、国家自然科学基金、国家社会科学基金、国家体育总局科研攻关与科技服务等重大研究项目 661 项。

我国科学技术部对科技赋能全民健身发展给予高度重视，着力推进体育领域国家重点研发项目、科普基地、科研机构等行稳致远，为实现体育领域高水平科技自立自强厚植土壤、夯实根基。一方面，开展"全民健身科技行动"，研究提出针对不同人群的健身方案，并在示范区逐步推广应用，为全民健身提供科技支撑。另一方面，构建多元化投入机制，大力培养体育科技人才。建立了有针对性的健身指导方案和方法体系，实现了全民健身关键技术与信息体系的标准化。

中国体育科学学会作为科技助力体育发展的重要社会力量，目前设有 20 个分会、7 个工作委员会和 3 个会刊，是我国成立时间长、运作规范、社会影响较大，集学术性、科普性、公益性于一体的最大规模、最高层次的体育科技社会团体。广泛开展体育科技活动，推动体育科技创新和促进体育科技人才成长，理论与实践并重，兼顾学科建设、人才培养与社会服务，着力构建具有影响力的国民体质、科学健身研究与普及的全民健身科技助力体系。其中，全民健身日系列活动共开设 11 个板块，在科学减脂、育儿健康、冰雪普及、老年人健身、心理健康和体育工程等方面开展了诸多影响广泛的科普活动。

（二）科技助力全民健身科研项目立项情况

一是，以体育科学、计算数学、复杂性科学、分子生物学等交叉跨学科研究为特色建设国家重点实验室和重点研发计划，建立主动健康国家工程研究中心，在交叉学科领域设立重大专项予以支持；二是，推动成果转化熟化，推进主动健康技术工程化研究和场景验证，搭建科技创新与产业发展之间的桥梁；三是，以体医融合等跨界协作为主，建立主动健康国家技术创新中心，推动新型研发机构的建设，搭建主动健康技术创新平台。近20年来，我国体育领域科研工作发展迅速，其中与"全民健身"相关的国家社会科学基金项目达到97项，科技部重点研发计划逐年攀升，涉及数字经济、公共服务、脱贫攻坚、健康中国等诸多领域。科技助力全民健身智慧化发展的科学研究项目见表7-2。

表7-2　科技助力全民健身智慧化发展的科学研究项目部分概览

类别	项目名称	牵头负责单位/人
科技部国家重点研发计划	人工剖面赛道类场馆新型建造、维护与运营技术	清华大学
科技部国家重点研发计划	运动行为监测与干预关键技术研究	中国科学院深圳先进技术研究院
科技部国家重点研发计划	运动促进健康精准监测关键技术和专用芯片的研发	中国体育用品业联合会
科技部国家重点研发计划	国家科学健身知识图谱库和推荐系统平台研究	首都体育学院
科技部国家重点研发计划	全民健身信息服务平台关键技术的研究	首都体育学院
科技部国家重点研发计划	运动促进健康复杂性科学机理的研究	北京体育大学
科技部国家重点研发计划	社区科学健身综合应用示范	北京体育大学
科技部国家重点研发计划	人体运动促进健康个性化精准指导方案关键技术研究	北京体育大学
科技部国家重点研发计划	运动负荷精确测量关键技术和系统研发	国家体育总局体育科学研究所
科技部国家重点研发计划	吉林省智慧健身区域服务综合示范研究	吉林体育学院
科技部国家重点研发计划	西部地区智慧健身服务综合示范研究	西安体育学院
科技部国家重点研发计划	智慧健身区域服务综合示范	上海体育学院
国家社会科学基金	数字赋能构建更高水平全民健身公共服务体系研究	钟亚平
国家社会科学基金	数字经济驱动全民健身智慧化转型的实现机制与路径研究	李国强
国家社会科学基金	数字时代全民健身公共服务的效能评价与高质量体系构建研究	黄晓灵
国家社会科学基金	数字赋能全民健身公共服务供需匹配机制与路径研究	武洛生

续表

类别	项目名称	牵头负责单位/人
国家社会科学基金	智慧社区背景下全民健身公共服务供需错配与矫正	史小强
国家社会科学基金	区块链嵌入全民健身公共服务治理的实践机制与路径研究	韩松
国家社会科学基金	数字赋能全民健身公共服务精细化治理的现实逻辑与实践路径研究	肖毅
国家社会科学基金	大数据促进全民健身志愿服务供需适配的机制与路径研究	张大为
国家社会科学基金	数字政府建设背景下全民健身公共服务可及性治理研究	李丽
国家社会科学基金	大数据促进全民健身公共服务创新治理和转型发展研究	樊炳有
国家社会科学基金	数字时代全民健身公共服务动态治理体系研究	李军
国家社会科学基金	我国全民健身智慧服务机制创新及效果评价研究	吴明华
国家自然科学基金	基于运动人群热舒适的湿热地区体育馆健康设计模式的评价体系与工具研究	李晋
国家自然科学基金	基于全民健身需求的大众体育健身空间设计研究	李玲玲
国家自然科学基金	全民健身公共服务供需匹配机理、测度模型及引导政策研究	高岩
国家自然科学基金	基于全民健身需求的中小城市体育中心设计研究	李玲玲
国家自然科学基金	基于多维功能整合的社区体育空间生产研究：要素、机制与路径	李雪伟
国家自然科学基金	大型体育场馆室内空气流动测量技术与实测研究	王欢
国家自然科学基金	人群荷载作用下体育场馆钢结构看台安全性和服务性研究	任珉
国家自然科学基金	健身 App 对用户运动行为的影响机制研究	章骏
国家自然科学基金	基于运动体验的社区体育设施循证设计研究	徐洪涛
国家自然科学基金	基于大数据的体育中心人群疏散模式及优化设计方法研究	刘莹
国家自然科学基金	基于赛后利用原则的重大体育赛事场馆规划设计研究	彭小松

国家重点研发计划《国家科学健身知识图谱库和推荐系统平台研究》项目于 2023 年 2 月启动实施，围绕全民健身中"如何提升自主性科学健身服务保障能力"这一关键科学问题，解决健身科普知识生成和传播、线上健身方案智能推荐的关键技术及产品缺失问题，为搭建国家科学健身知识查询和推荐系统平台提供技术和平台支撑。国家重点研发计划《全民健身信息服务平台关键技术的研究》，积极搭建与人工智能领域的优质机构的合作桥梁，运用健身行为精准监测、健身数据融合共享技术及全民健身多层次综合服务评价方法等，不断推动新型模式与场景方面的探索。针对全民健身中的运动风险识别、健身数据采集、个体化健身指导、健身大数据安全共享、全民健身绩效评价等方面进行优化。全民健身信息平台技术的日趋完善，为国家创新驱动发展、科技城市建设贡献体育智慧力量。

（三）科技助力全民健身科研机构发展情况

国家体育总局体育科学研究所成立于 1958 年，主要职责是引领和推动我国体育科技事业发展，紧密跟踪国际体育科学的前沿趋势和未来体育领域的关键科技问题。体育总局科研所围绕国家体育事业发展实践主战场，开展全方位、多层面、高水平的科研工作，取得了丰硕的科研成果，获得部委级以上科技成果奖励 363 项。开展体育工程学相关领域的应用基础研究工作，进行学位教育、全国体育科技人才业务培训和资格审定工作，组织出版《体育科学》《中国体育科技》等学术期刊和体育科技出版物。

体育总局科研所综合实验中心运行与管理"运动训练监控"和"运动心理训练"重点实验室，涉及学科实验室有运动训练学、生物力学、病理学、分子生物学、运动心理学等学科。实验室拥有大量国内外先进仪器设备，可为科研人员提供严谨、周到、细致的科技服务。体育总局科研所运动康复研究中心围绕"康复体能一体化与全民健康"的战略定位，充分发挥前沿思想站位高、运动康复技术高、功能训练效率高的综合优势，以肌骨康复和慢病康复为两大重点研究方向，依托数字化功能重建实验室，统筹国内外先进康复手段和技术资源，是我国运动康复研究和技术创新基地与人才培养基地。

（四）科技助力全民健身科普基地建设情况

国家体育科普基地是国家特色科普基地的重要组成部分，是展示体育科技成果与发展实践的重要场所，是面向公众开展体育科技知识普及、宣传体育科技成就、推广科学健身知识、提高全民健康素养的重要阵地。截至 2023 年 1 月，全国体育科学科普基地达到 58 家，其中涉及全民健身的科普基地发展态势良好，智慧化发展成效颇丰，全民健身科普基地分布见表7－3。

表7－3　2023年全民健身科普基地分布情况

基地名称	依托单位名称	所在地区
国家体育总局训练局科普基地	国家体育总局训练局	北京市
国家体育总局体育科学研究所全民健身科普基地	国家体育总局体育科学研究所	北京市
国家体育总局运动医学研究所体医融合科普基地	国家体育总局运动医学研究所	北京市
武汉体育学院全民科学健身科普基地	武汉体育学院	湖北省
西安体育学院运动与健康科普基地	西安体育学院	陕西省
成都体育学院体医融合科普基地	成都体育学院	四川省
沈阳体育学院运动智能与健康科普基地	沈阳体育学院	辽宁省
北京市体检中心体卫融合健康科普基地	北京市体检中心	北京市
河北体育学院雄安新区运动健康科普基地	河北体育学院	河北省
南京体育学院走跑健身科普基地	南京体育学院	江苏省
南京体育学院、江苏省体育科学研究所（共建）科学健身科普基地	南京体育学院、江苏省体育科学研究所	江苏省
常州市体育医院运动促进健康科普基地	常州市体育医疗科研所（常州市体育医院）	江苏省
浙江省黄龙体育中心	浙江省黄龙体育中心	浙江省
宁波奥体中心	宁波奥体中心运营管理有限公司	浙江省
福建师范大学运动与健康科普基地	福建师范大学	福建省
山东体育学院科学健身与健康促进科普基地	山东体育学院	山东省
济南市全民健身中心	济南市全民健身中心	山东省
湖北省体育科学研究所大众体质与健康科普基地	湖北省体育科学研究所	湖北省
江汉大学都市时尚体育科普基地	江汉大学	湖北省
湖南科技大学科学健身科普基地	湖南科技大学	湖南省
广州市体育科学研究所全民健身科普基地	广州市体育科学研究所	广东省
重庆邮电大学健身与健康智慧技术科普基地	重庆邮电大学	重庆市
西南大学全民健身科普基地	西南大学	重庆市
四川大学体育运动与华西健康科普基地	四川大学	四川省
西藏民族大学高原运动与健康科普基地	西藏民族大学	西藏自治区
陕西师范大学体育与健康教育科普基地	陕西师范大学	陕西省
青海省体育科学研究所高原运动与健康科普基地	青海省体育科学研究所有限公司	青海省
宁夏大学体育与健康促进科普基地	宁夏大学	宁夏回族自治区

我国全民健身科普基地各具特色，例如，黄龙体育中心作为第一批国家体育科普基地，其科普以体育为特色，以开放场馆为依托，静态阵地与动态

科普相结合。黄龙冠军楼常设流动展区、会客厅等区域，开放面积近 600 平方米，通过实物、多媒体技术和 AR 技术等多种形式立体呈现浙籍奥运冠军夺冠时刻与顽强拼搏的体育精神。黄龙体育场是杭州亚运会足球、亚残运会田径比赛场馆，建筑面积约 10.33 万平方米，草坪为锚固草坪，场馆可容纳观众约 60000 人。体育场外围新建空中环道，配有智能识别系统，能实时记录运动数据。此外，黄龙体育馆、游泳跳水馆、省老年活动中心、室内训练馆等场馆结合公益赛事活动，不定期开展科普教育活动。比如"黄龙公开课""黄龙晚高峰"等公益体育赛事、培训，在培训的同时对运动项目特别是橄榄球、棒球等小众项目进行普及。2023 年"全民健身日"和"体育宣传周"期间，黄龙体育中心通过线上直播及线下知识问答进行《中华人民共和国体育法》普法宣传，线上直播总参与人次超过 11 万，线下参与约 5000 人次。黄龙体育中心微信公众号还推出线上体育技能科普专栏，共开设足球、棒球、橄榄球等 9 期活动，通过专业运动项目视频讲解的方式，为群众普及运动知识及技能，总阅读量约 2000 人次。

（五）科技助力全民健身器材研发应用情况

2022 年 8 月，工业和信息化部、国家体育总局联合组织开展智能体育典型案例征集工作，遴选了一批成效显著、技术进步、可进一步推广的智能体育典型应用和产品解决方案。为促进智能体育行业交流，加大典型案例应用推广，中国信息通信研究院设立"智能体育典型案例"系列专题，深入走进入选企业，分享行业先进成果与经验。

1. 英派斯

英派斯深耕智慧健身和智能制造领域，打造智能健身系统、高端数字化器械以及智慧健身场馆。英派斯智慧健身系统聚焦数据中心，打造集体测、训练、恢复于一体的智慧健身生态，以现代智慧健康管理服务模式，解决传统健身房管理成本高、用户体验差、健身数据采集分析不够科学等痛点问题。英派斯倡导运动健康和科学训练，同时也关注康复训练的理论研究和装备制造，打造智慧健身平台、构建智能运动生态，让全民健身更加安全、科学、高效，让全民健康更有保障。从健身领域拓展至健康领域，英派斯的发展也是国家推动全民健身与全民健康深度融合的缩影。

2. 泰山体育

华东理工大学、山东大学等高校与泰山体育合作开展科研攻关，将一批批产品进行检测后实际使用测评，不仅务实在"做产品""做研究"，其研发标准业已成为业界楷模。在高达 65 项专利赋能和加持下，泰山瑞豹在自行车系列产品中已经做到最轻的仅 5.8 千克的研发精度，比市面上一般碳纤维自行车重量要轻 40%，高韧性、高强度且舒适度尚佳。

我国体育器材智慧化程度和国际竞争力越来越强。我国体育器材智慧化已经走上自主创新、自力更生之路，生产的大批先进的健身器材力求高质量、普及化、便民化，完成从"遵循标准"到"制定标准"的蜕变。在科研助力全民健身器械的不断升级过程中，许多高校、科研机构和企业开展多方合作，推动智能体育、5G＋体育运动等领域技术研究工作，支撑工业和信息化部、国家体育总局等行业主管部门的重大决策，承担相关标准研制、检测检验、行业咨询、安全监测等工作，将继续为社会、政府和企业提供优质的服务，助力全民健身智慧化发展。

第三节　全民健身智慧化发展面临的挑战

一、制度层面：制度激励与监管规制不足

（一）政策引领有待加强

政府主体执行力在推动全民健身智慧化可持续发展中极其关键，国家政府从宏观层面设计全民健身数字化发展的蓝图发挥着统领全局的作用。然而，倘若地方政府在政策实施中执行力层层递减或者出现领导力弱化的现象，会给政策执行带来偏差，全民健身数字化发展可能成为"盆景式"的形象工程，与以人民为中心的发展理念相悖。

同时，我国体育领域对科技敏感度略有欠缺。机器学习、算法等新生事物尚未完全普及到全民健身中。对全民健身智慧化的了解大多停留在终端产品上，缺少政策文件的细化落地方案，政策激励作用不显著。例如，在《智慧社区健身中心建设试点工作方案》等宏观政策出台后，多数省市并未制定专项政策予以响应。此外，从政策导向来看，全民健身的智慧化发展仍未摆脱"政府包办"的传统路线，对社会组织、市场企业、高校、智库等多元主体的准入政策或激励机制存在欠缺。

（二）智慧治理有待加强

近年来，党和政府对智慧公共服务的建设工作十分重视，在数字平台建设和数字动态治理上积极探寻全民健身公共服务智慧化的实践经验，在北京、上海、浙江和江苏等地开展智慧公共服务治理工作试点。从治理理念层面来看，"线上社区"和"线下社区"之间存在一定脱节，究其原因，全民

健身公共服务的智慧治理仍然停留在应用层面和技术开发范畴，忽视了体育社会化服务应回归地域生活共同体本身的事实，未能利用信息网络进行全面的技术赋能，从而在效率层面降低了体育治理在人的社会化过程中的正向功能以及"社会"与"技术"的双向赋能功效。同时，由于基层社区存在"责大权小"的矛盾和行政职能条款分割的现实问题，未能形成多元主体相协同的嵌入型互动模式，一定程度上制约了全民健身公共服务智慧治理生态圈的建构。

（三）数字监管有待加强

随着社会的迭代更替和人工智能技术的跨越式发展，由于人工智能复杂的算法结构以及多种因素的综合作用仍会对社会造成潜在的危害。一部分该领域的专家学者已开始审视人工智能工具异化的风险。一方面，在特定场景下，由于机器工作的程序性等特点，受到开发局限性和数据准确性的影响，极有可能发生决策错误，加之基于全民健身智慧化发展的安全生产标准体系尚未建立，从而带来财产损失或人身伤亡的风险大幅度增加，后备保障措施尚未成熟。另一方面，在智慧体育场馆及公共服务的提供过程中，用户数据安全性存在隐患。例如，云平台管理的不完善易造成大量用户隐私数据的泄露，用户信息风险管理机制、个人运动数据信息的保护机制尚未完全建立，使得数据非法买卖成为可能，对用户人身安全和合法权益带来隐患。

二、技术层面：基础技术与应用方案不足

（一）技术人才存在短缺

我国在数字体育领域的人才短缺，从要素构成来看，数字体育领域的人才数量不足。单一型体育专才已难以满足变革的需求，特别是在智慧体育这一领域，面临经营管理型、技术研究型以及具有高度综合能力的复合型人才的短缺。调查发现，大部分的智慧体育场馆和智慧社区健身中心只配备了1—2名指导或管理人员，这些人员大多不具备数字服务能力，缺乏提供智慧化和复合化服务的能力。成为全民健身向智慧化转型过程中的一个阶段性挑战。

（二）数据利用效率不高

在数字化时代，数据作为关键的生产元素，其被应用的深度和效益，成为评估全民健身智能化程度的重要标准。目前，我国全民健身在数据使用上还不够充分。例如，在社区和场馆应用场景中，横向单位数据的协同使用不足以及部门之间存在信息隔离，导致公共服务智能化供应效率低下。在市场

层面，国内智慧体育场馆发展趋势主要集中在加强场馆管理层面，在数据资源利用上更偏向于注重运营"降本"而非服务"赋能"，对技术升级迭代的关注度不够。

三、市场层面：市场动力与产业生态不足

（一）自主营利存在壁垒

政府通常通过限价措施来确保公共服务的公益性，侧面导致运营单位的收费标准受到限制。另外，许多运营方也没有积极采取推销策略，而是以较低成本来争取智慧社区健身中心的运营补贴。调研发现，大部分体育场馆没有设立专职销售岗位，限制了市场营销和推广效果。

（二）公众消费体验不佳

为社会公众提供高质量的体育产品和服务，满足多元化的体育消费需求，是全民健身智慧化发展过程中市场主体的重要任务。市场运作过程中存在的刺激消费不足、定制化体验不佳、基层调研不足等问题，影响和阻滞了全民健身智慧化落地的市场环境。交易关系和购买制度的模糊性在一定程度上使得公共服务边界不清晰，随着政府购买范围的扩大，公共产品的虚拟性、复杂性等属性，使在复杂的公共服务中很难把公共产品进行准确描绘、对服务的要求进行准确界定，要做到购买公共服务的"清晰可见"无疑对政府和市场都提出了巨大的挑战。此外，尚未健全和规范的制度也为实践操作层面提供了操作空间。

四、社会层面：数字包容与评估体系不足

（一）数字鸿沟现象普遍

数字鸿沟是指不同社会群体由于对信息、网络技术的拥有程度、应用程度以及创新能力的差别而造成的信息落差。一方面，智慧化的健身场景让数字素养不高的老年人陷入"被动数字鸿沟"，即老年人因受互联网知识等数字能力限制而难以顺利参与智慧健身。《中老年互联网生活研究报告》指出：77%的老年人需要在他人帮助下使用数字设备。例如，尽管如今很多健身房拥有全面的健身设施和健身模式，可以通过一些智慧平台获取体测报告，形成健身方案。但在应用中，由于操作复杂降低了使用积极性，难以发挥智慧效用。另一方面，过于复杂的数字设备和智能场馆设施也让需求有限的老年人形成"主动数字鸿沟"，对智能化设备持排斥态度。

(二) 评估体系建设单薄

在全国大部分地区的智慧化公共服务行动计划中，体育领域的智慧化建设评估标准还不够完善。全国标准信息公共服务平台显示，截至 2022 年 7 月，我国体育领域现行的国家标准共计 101 项，但多为一般性的运动器械与场所标准，鲜少涉及智慧体育领域。根据调研走访发现，许多地方政府对于智慧体育场馆的相关评价考核指标缺失，在智慧化建设过程中缺乏有效的评估体系和参考依据，特别是在地方全民健身公共服务的智慧化体系的有效性方面存在明显的不足。此外，评估主体的功能缺失，也对信息在不同部门之间的协同共享产生影响。全民健身的智能化建设被视为一个综合性的项目，需要国家的整体规划和控制，也需要社会各界的积极参与和有效执行，以确保全民健身公共服务在社会经济和健康促进等领域的职责得到充分体现。因此，需要进一步加强评估体系建设，促进多元协商联动，以推动全民健身智慧化建设的进程。

第四节 全民健身智慧化发展建议

一、制度保障：宏观政策和监管规制共同引导

(一) 明确全民健身智慧化建设方向

公共服务智慧化供给的逻辑起点是，政府通过出台公共政策对服务的项目规划、制度设计发挥导向性作用。建立政策支持体系，需要推进全民健身公共服务智慧化建设"三纳入"(纳入各级国民经济和社会发展规划、纳入各级财政预算、纳入各级政府年度工作报告)。各级体育部门共同构建了全民健身智慧化建设的政策支持矩阵，在有序推进现有项目稳定发展的同时，还需结合居民真实的智慧体育需求，进一步出台实施细则以及配套政策，提供更为合理、系统的支持政策与服务体系。还应联合多个部门部署政策文件，积极整合各部门职能，在政策制定过程中发挥"横向协同"效用。例如，智慧社区健身中心、智慧体育公园和智慧体育场馆等项目可以进一步并入民政部、城建部等非体育部门的发展规划和建设方略之中，形成全民健身智慧化建设的行政合力。

(二) 提升数字赋能全民健身治理能力

全民健身的智慧化发展不仅局限于体育领域，还要加强跨部门的协同合作，将体育与多个学科交叉融合。研究机构、研究者之间应进一步畅通合作

关系，各大高校、运动项目协会、体育俱乐部和科研中心等应加强合作，构建跨地域、跨部门、跨行业、跨学科的复合型协作创新平台。加强对智慧体育前端的体育行为智能传感器和后端体育行为分析决策平台的研发，为智慧体育场馆、智慧体育社区、智能化运动训练等应用场景打造更加智能化、便捷化、精确化的仪器设备和数据收集处理平台，使其更好地服务于运动员训练和大众健身。

（三）加强规范执行与监管力度

规范性和标准化是促进全民健身智能化发展的基础，而建立完善的标准体系则是这一过程的关键。因此，政府应在现有的政策框架内，制定更加精细化的、更具针对性的、更具可操作性的健身规划。例如，在智慧体育场馆的各个细分领域，需要关注其发展规划、入场标准以及服务准则等相关的行业法律和制度规定。例如，浙江省市场监督管理局是国内首个发布《大中型体育场馆智慧化建设和管理规范》的机构，它对智慧体育场馆的相关术语、业务应用、保障管理和系统架构等方面进行了明确的规定，以其严格的指导原则、清晰的概念界限、完善的管理制度以及完善的技术支撑，使得该领域的工作更加高效、有序，成为全省范围内的一个典范。此外，还应当建立完善的监督检查机构，以确保在使用人工智能的情况下，相关的法律法规得到落实，从而实现供应与需求双方的协调发展。

全民健身的智慧化发展需要由体育主管部门进行有效监管，各级体育行政部门可以在内部设立对应的监督管理小组，结合当地的实际情况制定适当的监管措施。同时，在全民健身的智慧化建设监管中确立可追溯性，保障人工智能的行为和决策可事后追责，消除公众的不信任和偏见。寻求数据的保护和利用的平衡点，保证人工智能系统收集使用的数据被合理地限制和控制。

二、技术保障：创新突破与应用落地协同并进

（一）加快复合型人才引进

数字体育人才不足，是我国全民健身智慧化建设面临的重要问题之一。从宏观来看，智慧体育的发展并非单兵作战的系统性工程，需进一步健全智慧体育人才的培养机制、推动复合人才和数字化人才的培养模式落地。一方面，通过校企合作，建立智慧体育人才培养体系，加强产教融合。高校在人才培养方面拥有丰富的理论和实践经验，应根据时代发展的需求，制订并执行适当的培养计划。加快发展智能体育学科，并增加博士和硕士招生名额，

有效承担复合型体育人才的培养工作。另一方面，要注重人才激励，采取政社联动，提高智慧体育人才福利待遇，社区层面应提高对体育人才的重视程度，可在社区设立专职管理岗位，为智慧体育服务建设提供专业化助力。

同时，以科研重点人才为基础，重点攻克芯片、人体健康信息测量传感器等关键技术，梳理和争夺产业链关键制高点，汇聚国内外优质的资源，打造一个具有自主性的健康产业生态。积极破解体育与社会协调发展的理论难题，促进全民健身智慧化发展的可持续性，并通过对相关领域的深入研究来支持这一目标。在体育发展战略规划、职业体育制度设计、体育产业政策以及体育社会组织建设等方面开展科研助力，开辟国民健康保障第二战场。

（二）提高数据利用效能

为实现服务的跨域性合作，应进一步强化数据关联、优化企业的数据利用方向。社区、场馆、企业等多元主体应树立全局思维，协助完成不同智慧服务的数据互联，从而进一步贯通智慧养老、医疗、家居等服务板块的数据壁垒，协助形成完整的全民健身智慧化生态系统，精准回应群众全民健身需求。此外，除了采取有效的个人信息保护措施，还可以利用最新的隐私增强技术和设计保护隐私技术，有效防止智能化发展过程中带来的隐私风险。

三、市场保障：开发管理与市场生态双向助力

（一）合力增强市场渗透力

对企业而言，由于公共服务提供的独特性，其盈利难题主要是因为全民健身公共服务的供应决策更多地受到政治因素的影响。面对这种情况，企业应当主动寻求变革，研发具有多样性和多层次的智能项目和服务。在实现绩效目标的基础上，市场主体应该更深入地了解居民多样化的健身需求，探索多种收益来源，并适当地扩大服务的经营领域。例如，上海市施湾社区健身中心在确保智慧社区体育服务充足供应的基础上，高效地利用了社区中心的场地资源，推出如瑜伽、篮球等市场需求较高的教学服务。同时，可以进一步通过税收优惠、冠名授权等方式拓宽融资渠道，激发社会资本参与的积极性。

（二）形塑流畅的消费体验

受众基础不佳、大众需求不旺等问题困扰着一些公共服务设施，特别是大型体育场馆的发展。我国以先进的网络应用技术和庞大用户群体为支撑，如何利用全民健身智慧化自身的特性，需要结合互联网的营销模式，利用大数据精准对接用户，提高营销反馈的及时性。一是紧密结合我国体育参与群

体的特点，鼓励在原有功能的基础上找到智慧化新的契合点，并将其从青少年体育逐步向幼儿体育、老年人体育、残疾人体育等领域扩展，进一步扩大智慧体育的受惠人群。通过广泛的民意征集、听证会、基层调研、民主恳谈会以及委托专业机构调查等方式，准确了解掌握社会公众急切的全民健身智慧化体育公共服务需求，根据调查结果加强可行性分析。二是政府应进一步明晰公共服务边界。按照定义清晰、量化可操作的原则推进公共服务量化工作，对公共服务的内容、规模、预期成果、投入成本进行综合评估，加快建立公共服务购买菜单，实现公共服务的"照单购买"。

四、社会保障：数字包容与宏观战略互动发展

（一）提升老龄化数字包容度

增进数字包容是解决中老年群体数字鸿沟的主要手段。一方面，器械生产企业及相关商家应避免过度技术化，要充分了解老年人对智慧器械的需求上限，以设施器械为抓手赋能适老化智慧体育服务。2020年11月，国务院办公厅印发《关于切实解决老年人运用智能技术困难的实施方案》提出要便利老年人文体活动，包括提高文体场所服务适老化程度、丰富老年人参加文体活动的智能化渠道。例如，可以生产专供老年人健身锻炼的适老化器械，或是将程序植入"简明化"操作模式，在产品设计上解决可操作性难题。另一方面，在公共服务层面加强适老化服务建设，以提升老龄化人群的智慧健身幸福感和满意度。例如，建设体养融合主题的智慧社区健身中心，参照上海市的"长者运动健康之家"，建立具有普适性和可推广性的老年人健身中心。同时，在为老年人提供健身指导时给予人文关怀，应有计划、分阶段地推出中老年人群体的专项优惠政策，推动政策落到实处。

（二）服务智慧城市战略发展

促进全民健身公共服务智慧发展与多领域互联互通、多元联动是新型智慧城市建设背景下的重要内容。将全民健身公共服务智慧化建设纳入城市发展战略布局，实现跨界融合，实现多方参与，并采用综合的评价机制，以实现智能化的运行。尝试引入多元评估主体，构建智慧协同模式。建立和完善由行政主管部门、专业评估机构、非营利组织和学术机构组成的中国全民健身活动智慧化公共服务评估与反馈机制，构建具有中国特色的、可持续的、可监督的、可追溯的、可信赖的全民健身公共服务评估与反馈机制。同时，社会保障机制应做到因地制宜，精准识别群众需求、聚焦规划供给方案、提高精益服务的供给效能。

Ⅲ 实践探索篇

第八章　全民健身工作的实践与探索

一、体卫融合的福建实践——以福建省厦门市"体卫融合"示范社区为例

（一）构建健康促进新模式，形成健康促进服务体系

福建省厦门市不断深化体卫融合模式，建立起体育、卫生及社区各部门职责明确、分工协作、信息互联互通、资源整合的体医结合管理体系。厦门市思明区"体卫融合"示范站点已经进入示范应用阶段，形成了集智慧健身房、体卫融合、国民体质监测、社会体育指导员志愿服务驿站等功能于一体的健康促进模式。思明区"体卫融合"健康促进干预项目由厦门市体育局、思明区文旅局、梧村街道、梧村社区卫生服务中心及北京一家健康企业联合开展，结合日常健康管理对社区居民进行健康干预，即项目对符合条件纳入管理人群进行分类干预，力求通过2个多月的分类强化健康行为管理模式，培养参与者自我管理能力，特别是使依从性、执行力较高的高危人群、慢病新发无严重并发症人群，经过个体化有效的生活方式干预，控制慢病进程、阻断或者推迟慢病发生。同时，逐步形成比较完善的健康促进服务体系，促进辖区居民健康状况持续改善，建设高水平健康社区。

（二）加强健康教育，营造健康促进的环境氛围

项目以线上、线下结合的形式对人群进行健康干预，通过建立微信群管理，群内汇集心内科专家、康复科专家、运动专家、运动教练、全科医师、健康管理师、营养师等专家智慧，提高了干预的专业化。同时，在健康管理中，通过采取每日运动、营养小知识点、优秀三餐展示定时推送及群友互动等举措，积极营造健康促进的环境氛围，加强健康教育，促进健康生活方式养成、健康行为形成与巩固。此外，以科技赋能检测干预前后的变化，并强化结果反馈，提高居民依从性，以其行为改变的力量带动更多居民获益。

（三）积极推进试点单位建设，构建"体育＋医疗"新格局

截至2023年底，厦门共有体卫融合试点单位9家，分为市级试点和区

级试点。其中，市级试点为思明区筼筜街道、思明区嘉莲街道、湖里区禾山街道的社区卫生服务中心，思明区育秀居委会、莲兴居委会和湖里区禾盛居委会；区级试点为梧村街道社区卫生服务中心、金山街道社区卫生服务中心、新民街道社区卫生服务中心、东孚街道社区卫生服务中心、新店卫生院。试点单位通过开设运动处方门诊的方式开展体卫融合工作，为慢性病患者提供常态化看诊，形成了信息登记、医学诊断、体质检测、评估建档、开具处方、跟踪管理、动态校正的完整体卫融合干预工作流程。预计到 2025年，厦门市各区至少在一半以上街道社区卫生服务中心开展体卫融合试点项目；2026 年到 2030 年，厦门市所有街道社区卫生服务中心开展体卫融合试点项目，形成体卫融合建设全覆盖。

二、嵌入式健身场地以"金角银边"破解"健身去哪儿"——以浙江省杭州市为例

杭州市于 2022 年 7 月印发《杭州市嵌入式体育场地设施建设三年行动计划（2022—2024）》，将全民健身场地建设的重心放在人民的实际需求上，着力在人口密度大和体育公共服务供需矛盾相对突出的位置布局建设全民健身场地设施。截至 2023 年，杭州已建成各类嵌入式体育场地设施 3350 片，共 113.1 万平方米。嵌入式场地设施与亚运场馆数据资源统一纳入"亚运场馆在线"服务平台，实现智慧化系统管理。

（一）摸清底数、结构重整奠定改革基础

在城市空间资源有限，尤其是人口密集的中心区域体育场地稀缺的背景下，闲置土地资源利用成为破解全民健身场地设施总量不足、结构不优的关键举措。杭州市高度重视存量用地调查和资源整合工作，将释放空间活力、重整场地结构作为破解全民健身场地设施矛盾的基础性工作。近年来，杭州市政府在全市范围内广泛开展体育场地普查工作，通过实地调研、综合利用国土资源调查数据、土地审批登记数据等资料的方式，探索地块智慧管理系统，建立健全土地资源常态化管控机制。全面查清桥下空间、废旧厂房以及公园空地等低效用地总量，基本掌握可供全民健身利用的闲置土地资源现状。结合《杭州市国土空间总体规划（2021—2035 年）》等土地使用规划，科学合理推进社区（村）、公园绿地、桥下空间、屋顶、绿道以及运河两岸"一江一河"嵌入式体育场地设施布局，为拓展体育场地设施建设空间夯实了基础。

根据行动方案所需，杭州市政府重新优化整合空间资源结构。一是开展桥下、屋顶以及腾退空间等闲置资源的清理工作，集中清退废旧车辆、建筑

垃圾，平整土地；二是开展零散空间的一体化整合工作，将分布零散、土地性质和用途不同、土地归属部门不同等情况的闲置空间按照全民健身场地设施建设实际需求重新整合，统一纳入政府发展规划。此外，还广泛开展全民健身设施结构优化提升行动，对质量不高、利用低效的全民健身场地设施重新调整以满足全民健身场地设施建设的基本用地需求，为闲置空间资源的全民健身利用创造了工作条件。

（二）规范标准、全民共享优化场地效能

杭州市政府将规范全民健身场地设施建设标准作为提升场地质量的有力保障，坚持将全民参与贯穿于全民健身场地建设的全过程，确保体育场地建设工作始终遵循人民需求的主线。

《杭州市嵌入式体育场地设施建设三年行动计划（2022—2024）》对缓冲区、场地坡度、场地标高、场地面层、场地布置方向、给排水设施等作出具体建设规定，同时针对部分体育场地进行专门部署，保证了全民健身场地设施的建设质量，显著提升了场地实际利用效率，为建设单位、执行部门、监管机构以及社会群体提供了有力遵循，极大加强了政策执行力度。

（三）健全机制、统筹协调提升建设效率

健全体制机制、加强组织领导是推动嵌入式体育场地建设做快做实做细的制度保障。杭州市政府以政治优势引领和推进体育场地改革工作，调动各方积极性，推动体育场地供给体系不断完善。

一是统筹协调，充分发挥党总揽全局、协调各方的领导核心作用。杭州市坚持以推动体制机制改革创新的方式，为全民健身设施建设工作注入蓬勃活力。嵌入式体育场地建设工作领导小组发挥领导决策核心作用，各行动牵头部门发挥执行审核功能，配合单位通力协作畅通反馈渠道，集思广益，群策群力，极大提升了场地建设效率，疏通了多年来制约体育场地发展的梗阻，建立健全了体育场地管理的整体机制，为体育场地建设提供了有力支撑。

二是健全机制，充分发挥集中力量办大事的制度优势。通过设立嵌入式体育场地设施建设工作专项领导小组，有效克服了"条块分割"行政管理体制权力分散的弊端，通过在各级政府建立健全嵌入式体育场地设施建设工作领导小组、设立建设项目台账、定期召开建设工作推进会议以及加强督导检查等方式压实主体责任，及时解决场地建设过程中的困难与问题，有效提升了场地建设效率和建设质量。

（四）盘活资源、以赛促建扩大场地供给

杭州市紧抓国际赛事的发展契机，全面推动竞赛与全民健身深度融合，

以赛促建，盘活资源，用"赛事热"为嵌入式体育场地高质量发展增添新动能，进一步提升了体育场地设施等物质基础。

坚持高效利用的基本原则，充分盘活各类资源实现体育场地设施的有效供给。土地方面，在摸清空间底数，重新调整场地结构的基础上，系统盘活现有体育资源存量，多措并举利用桥下空间、建筑屋顶等闲置空间扩大体育场地增量，打造举步可及的全民健身工程。同时，通过以改代买改造场地和设备、不断优化场地改建新建方案的方式提升专项资金使用效率。

坚持以赛促建多方面多渠道扩大体育场地供给。筹办亚运会期间，杭州市建成嵌入式体育场地设施2243片，共78.9万平方米，人均体育场地面积从2015年的1.8平方米提高到2023年的2.85平方米。各亚运竞赛场馆充分利用建筑周边空间资源，建设嵌入式体育场地，将赛事级专业体育场馆与全民健身场地相结合，满足不同层次居民的多元健身需求。

（五）数字赋能、智慧管理构建长效机制

数字技术赋能嵌入式体育场地设施建设，是实现全民健身体育场地供给质量升级的关键举措。杭州市坚持运用大数据、物联网、5G以及人工智能等数字技术助力嵌入式体育场地设施建设工作落实。通过数据统计平台处理各街道社区群众健身需求，为领导小组规划安排全民健身场地设施建设任务提供决策依据，根据闲置土地资源清单设定嵌入式体育场地设施建设项目情况统计，制定杭州市"一江一河"嵌入式体育场地设施布点方案，实现了嵌入式体育场地建设工作的科学规划。

嵌入式体育场地建设工程实施以来，杭州市体育场地全面升级，场地运营管理专业化水平不断提高，基层嵌入式体育场地老旧损毁公共健身设施更新、改造和维修力度显著改善，借助智慧手段不断探索专业机构、社区工作人员、健身爱好者以及志愿者参与全民健身场地设施运维管理的长效机制，提升嵌入式体育场地设施建设效率和运营活力。智慧化赋能全民健身效果初显，大数据、物联网等新一代信息技术开始以嵌入式体育场地设施为载体赋能全民健身。社区健身中心、智能健身房等全民健身新业态、新模式成效显著。

三、科学健身指导下沉基层——以2023年全国科学健身指导走基层系列活动为例

（一）2023年全国科学健身指导走基层系列活动总体概况

2023年全国科学健身指导走基层系列活动是大规模的、科学的、实用

的全民健身指导活动。该活动由国家体育总局群众体育司指导、社会体育指导中心主办，以"因地制宜、业余自愿、小型多样、就地就近"为原则，结合各地实际情况和特点，组织由知名科学健身专家学者、冠军运动员、优秀教练员、国家级社会体育指导员组成的科学健身专家指导服务团队，重点在边疆地区、革命老区以及乡村、社区、企业等基层单位，深入开展形式多样、丰富多彩的科学健身指导活动。这些活动的形式多样，包括指导项目培训推广、广泛开展体质检测、运动损伤义诊等，活动内容涵盖龙舟、轮滑、门球、健身瑜伽、飞盘、健步走等各类群众喜闻乐见的体育运动。经不完全统计，2023 年在西藏、新疆、青海、云南等 10 多个省（区、市）基层社区、企业、乡村，组织科学健身指导走基层活动 20 余场，线上线下参与人数超过 50 万人次，打通科学健身进基层"最后一百米"，收到了较好的社会反响，基层人民群众科学健身的星星之火逐步形成燎原之势（表 8-1）。

表 8-1　2023 年全国科学健身指导走基层系列活动

序号	活动名称	活动地点	活动时间
1	全国科学健身指导走基层（南京江宁站）暨江苏体育冠军"双百双送"公益活动	江苏	2023.5.30
2	全国科学健身指导走基层（湖南站）暨省全民科学健身推广活动	湖南	2023.6.10
3	科学健身指导走基层（青海民大站）活动	青海	2023.6.25
4	"迎亚运 享健康"2023 年科学健身指导走基层（宁波镇海站）活动	浙江	2023.6.27
5	2023 年科学健身指导走基层（青海油田站）	青海	2023.7.5
6	科学健康指导走基层（温州龙湾站）	浙江	2023.7.8
7	2023 年科学健身指导走基层（海南海口站）暨海南省社会体育指导员全民健身志愿服务活动	海南	2023.7.29
8	2023 年科学健身指导走基层（山东济南站）暨济南市第十届体质达人联赛全民健身日专场比赛	山东	2023.8.6
9	2023 年科学健身指导走基层（青海互助站）暨全民健身日系列活动	青海	2023.8.7
10	2023 年科学健身指导走基层（西藏拉萨站）	西藏	2023.8.15
11	2023 年科学健身指导走基层（新疆克州站）暨美疆飞盘运动公益行	新疆	2023.8.19
12	科学健身指导走基层（青海玉树站）暨"全民健身我行动"玉树市首届民运会（社区运动会）	青海	2023.9.7

续表

序号	活动名称	活动地点	活动时间
13	2023 年科学健身指导走基层（湖南浏阳站）暨湖南全民科学健身推广活动	湖南	2023.9.23
14	2023 年科学健身指导走基层（山东济南站）暨济南市第十届体质达人联赛全民健身日专场比赛	山东	2023.10.18
15	2023 年科学健身指导走基层（华南理工大学站）暨广东省高校"师生健康"嘉年华	广东	2023.10.22
16	2023 年科学健身指导走基层（呼和浩特站）暨美疆飞盘运动	内蒙古	2023.10.27
17	2023 年科学健身指导走基层（西藏林芝站）	西藏	2023.11.4
18	2023 年科学健身指导走基层（云南德宏站）	云南	2023.11.18
19	2023 年科学健身指导走基层（湘西十八洞村站）	湖南	2023.11.23
20	2023 年科学健身指导走基层（湖南长沙站）	湖南	2023.12.23

（二）2023 年全国科学健身指导走基层系列活动重点

1. 竞技体育成果全民共享

《意见》指出，推动更多竞技体育成果全民共享，建立国家队、省队运动员进校园、进社区制度，现役国家队、省队运动员每年要在中小学校或社区开展一定时间的健身指导服务。全国科学健身指导走基层（南京江宁站）暨江苏体育冠军"双百双送"公益活动正是竞技体育成果全民共享的积极实践。2023 年 5 月 30 日，全国科学健身指导走基层（南京江宁站）暨江苏体育冠军"双百双送"公益活动启动仪式在南京市江宁区淳化街道青龙社区举行。活动现场除了进行广场舞展演和广场舞公益培训、免费体质测试、"运动健身与科学膳食"主题讲座外，淳化街道还开设展台向来宾和游客展示当地的特色农产品，女足全运会冠军王丽思走进直播室，向网友热情介绍淳化的悠久历史和当地特产，为自己家乡的振兴发展助力赋能。

江苏体育冠军"双百双送"公益活动是江苏省广场健身舞运动协会牵头打造的一项造福农村百姓的品牌活动，活动围绕全民健身和乡村振兴两大国家战略，秉承公益宗旨，通过邀请 100 位江苏体育冠军进入 100 个江苏特色田园乡村，把广场舞技能培训、免费体质测试、科学健身知识等以志愿服务的形式送到农民身边，同时为当地乡村的土特产进行公益带货，产生的收益捐给江苏省发展体育基金会"益起舞动·筑梦乡村"公益基金。通过将竞技体育的资源下沉到基层，实现竞技体育与全民健身、乡村振兴的有效衔接，为推动社会的全面进步作出积极贡献。这一案例充分展示了竞技体育成果全民共享的潜力和价值，为未来的发展提供了有益的借鉴和启示。

2. 重点人群体育广泛开展

2023 年全国科学健身指导走基层系列活动开展多次面向青少年、老年人、职工、少数民族等重点人群的科学健身指导活动，带动重点人群体育的广泛开展。针对青少年群体，2023 年 8 月 19 日，"载着梦想起飞" 2023 年科学健身指导走基层（新疆克州站）暨美疆飞盘运动公益行在克孜勒苏柯尔克孜自治州举行。国家体育总局社会体育指导中心向克州教育局发放飞盘、跳绳、毽球等运动器材，北京市美疆助学基金会联合中禧（浙江）控股集团有限公司向此次飞盘公益行捐赠活动经费，用于当地中小学校园的飞盘运动普及和推广。针对老年人群体，2023 年 7 月 8 日，科学健身指导走基层（温州龙湾站）活动在龙湾区举行，200 余名老年人参加现场活动，接受科学健身指导。活动现场，广州体育学院专家为大家讲解《功能锻炼运动处方——有效促进老年人肌骨健康》课程，并为老年人传授肌肉骨骼系统慢性疼痛及功能训练运动处方，指导广大老年人如何进行科学练习。针对职工群体，2023 年 6 月 27 日，"迎亚运 享健康" 2023 年科学健身指导走基层（宁波镇海站）活动在宁波市镇海区中国石化镇海炼化分公司举行，200 多位企业员工参加现场活动，接受科学健身指导。活动同步录制视频指导课程在线播出，惠及镇海炼化分公司职工和宁波全市健身爱好者。针对少数民族群体，2023 年 8 月 7 日，2023 年科学健身指导走基层（青海互助站）暨全民健身日系列活动在青海省海东市互助土族自治县启动。活动举办健身知识讲座、体能测试和轮子秋、安昭舞的民族特色体育健身项目展示活动，飞转的轮子秋和鲜艳的民族服饰给观众带来了运动和美的享受。总体而言，2023 年全国科学健身指导走基层系列活动在促进重点人群体育广泛开展方面取得了显著成效，通过因地制宜、专业指导、创新形式等方面的努力，有效提高了重点人群的体育意识和参与度。

3. 体卫融合促进居民健康

2023 年全国科学健身指导走基层系列活动在加强体卫融合、促进居民健康等方面进行了积极的探索和实践。一方面，邀请医学和体育领域的专家，为群众提供科学健身和健康生活的讲座。这些讲座不仅涵盖体育锻炼的方法和技巧，还融入健康饮食、疾病预防等卫生保健知识，是体卫融合的直接体现。例如，"迎亚运 享健康" 2023 年科学健身指导走基层（宁波镇海站）活动邀请科学健身专家指导服务团队成员，国家体育总局运动医学研究所专家老师担任授课老师，现场讲授《颈肩痛的运动康复》课程，并现场为职工传授颈椎病康复锻炼方法，指导大家如何进行科学练习。另一方面，提供个性化的体检和健身指导服务。针对不同年龄、性别和健康状况的群众，通过专业的体育教练、医疗专家诊疗，群众可以及时了解自己的身体健康状况，获得适合自己的运动处方和健康建议，从而更好地实现科学健身和健康管理。例如，2023 年科学健身指导走基层（湘西十八洞村站）现场体质检测区为当地群众免费开展肺活量、反应时、坐位体前屈、俯卧撑、仰卧起坐等 13 项健康体质检测项目，测试结束后，还会通过数据平台生成个人国民体质综合评分，并对其进行科学合理的健身指导，同时提出针对性科学健身建议，使测试者及时了解自身的体质健康状况，为科学健身保驾护航。2023 年全国科学健身指导走基层系列活动为体卫融合提供了宝贵的实践经验，提高了群众的健康素养，为公共健康服务的发展和创新提供了新的方向。

（三）2023 年全国科学健身指导走基层系列活动经验总结

1. 深入群众，服务基层

体育是人民的事业，必须充分调动人民群众参与体育的积极性、主动性和创造性，让人民真正成为体育事业发展的参与者、建设者与共享者。2023 年全国科学健身指导走基层系列活动以"满足人民群众健身需求"为出发点，以"进乡村、进机关、进校园、进社区、进边疆、进企业"为抓手，把科学健身理念传播到基层一线，力争打通科学健身进基层"最后一百米"，让基层人民群众科学健身的星星之火形成燎原之势。

2. 普及知识，引导参与

全民健身事业的发展离不开科学健身知识和理念的普及。一方面，科学健身知识可以帮助人们了解自己的身体，掌握正确的运动技巧和姿势，避免运动损伤，提高运动效果，让人们更加安全、有效地参与健身活动。另一方面，科学健身理念可以帮助人们树立正确的健身态度和价值观，保持健康的生活方式，提高生活质量和社会适应能力。2023 年全国科学健身指导走基层系列活动结合实际需求，邀请国内科学健身、运动训练、运动医学等领域专家，为当地老年人、青少年和企业职工等群体，开展有针对性有特点的科学健身讲座，树立科学健身理念，促进全民健身健康发展，科学健身的理念逐步深入人心。

3. 整合资源，协同发展

政府发挥牵头作用，整合多方资源，发挥企业、组织、团体和个人等多方力量，才能为全民健身事业更好地"保驾护航"。2023 年全国科学健身指导走基层系列活动以"政府主导、部门主办、全社会参与"为引领，形成推进全民健身多元发展的合力。一方面，活动由政府部门、体育企业、社会组织、事业单位等多元主体共同参与，活动内容和形式丰富多样，满足了当地基层群众的现实需求。另一方面，活动实现体育领域与卫生保健领域的有机融合，邀请运动医学、运动康复领域的专家学者为群众传授体育健康知识，通过开展体质检测、运动损伤义诊等方式，传播"运动是良药"等大健康理念，推动健康关口前移，以体卫融合促进居民健康，是实现全民健身与全民健康深度融合的有益实践。

四、"全民健身·志愿服务"——2023 年全国柔力球大篷车公益惠民推广万里行活动

全国柔力球大篷车公益惠民推广万里行活动（以下简称"大篷车活动"）创办于 2013 年，由国家体育总局社体中心主办，各省（区、市）体育局和社会体育指导员协会及有关单位承办，组建专业柔力球教练团队前往各地开展柔力球运动推广的公益活动。

（一）柔力球活动群众参与度不断提升

2013—2023 年，在各地政府体育职能部门的积极配合下，活动团队走遍了内地所有省（区、市），实现了推广全覆盖，累计活动数量达 1000 余站，直接受益群众超 100 万人次。大篷车活动的持续举办，对柔力球运动的发展产生了直接的推动力。大篷车活动不仅促进了柔力球运动在全国的普及，还提升了社会对体育运动重要性的认识，对于提高公众体育意识和健康水平发挥了重要作用。活动的成功举办也为其他民族特色体育运动的推广提供了可借鉴的模式。柔力球运动自发明以来，经过 30 多年的普及和推广，从雏形太极娱乐球到太极柔力球，发展成为一项完整的体育运动项目。柔力球运动作为国际上为数不多的由我国自主研究发明的极具民族特色的体育运动项目之一，是当代体育人对中华民族体育创新发展的重要成果。在全民健身上升为国家战略的大背景下，柔力球运动作为全民健身的重要内容，将会迎来新一轮的发展高潮。

（二）2023 年全国柔力球大篷车公益惠民推广万里行活动广泛开展

柔力球在我国有着巨大的发展潜力。从全国柔力球大赛的发展趋势来

看，柔力球运动在中国受到了越来越多的重视和支持。越来越多的城市开始组织和举办柔力球比赛，吸引了大量的参赛选手和观众，群众对柔力球的认识度和兴趣正不断提高。柔力球作为一项新兴的体育运动，具有很高的可塑性和创新性。它结合了舞蹈、体操和器械操等多个元素，给选手展示了无限的创意和表现空间。这种多元化的表现形式吸引了更多的年轻人参与其中，也为柔力球大赛带来了更多的创新和潜力。柔力球作为一项全民健身运动，具有广泛的普及性和参与性。无论年龄、性别、身体条件如何，任何人都可以参与柔力球运动。这种包容性和普及性为柔力球大赛的发展提供广阔的人群基础。

2023 年全民健身志愿服务——全国柔力球大篷车公益惠民推广万里行活动在湖北、湖南、山东、山西、福建、江西、河南、辽宁等多省顺利举办，直接受益人群 1 万人，间接受众人群 10 万余人，活动相关视频播放量达 1570 万余次。为柔力球项目推广打下坚实基础，把全民健身、全民健康落到了实处。同时不断总结，根据群众喜好对柔力球技术不断更新，2023 年大篷车活动期间，教练团队在各地推广全国第二套柔力球大众推广套路《我们都是追梦人》，在 2023 年全国第二套柔力球大众推广套路网络视频大赛比赛，有 800 多支代表队，近万人参加，充分说明了大篷车活动所教学内容深受广大柔力球爱好者喜爱，也是对大篷车活动成果的充分检验。

（三）2023 年全国柔力球大篷车公益惠民推广万里行活动经验总结

1. 深入基层，活动普及全面化

柔力球运动在我国的普及和推广过程中，采取了全民参与的推广策略。通过在全国范围内开展培训班、组织比赛以及举行大篷车活动，柔力球运动成功覆盖了中国 31 个省（区、市），直接受益群众超过 100 万人次。全面的推广策略极大地提升了柔力球的知名度，显著增加了公众的参与度。各地区根据自己的特定条件和需求，有针对性地开展柔力球活动，既保留了各地的文化特色，又促进了柔力球在全国范围内的普及。将地方特色与全国普及相结合的策略，为柔力球的发展提供了丰富多样的形式和内容，还促使其成为连接不同地域文化的桥梁，加深了群众对柔力球深厚文化内涵的理解。

2. 因地制宜，活动开展丰富化

通过进社区、进学校以及组织交流展示等多样化的活动形式，柔力球运动有效地满足了不同人群的健身需求，极大地提升了其普及率和公众的参与度。多元化的活动安排，使柔力球运动不仅局限于专业的体育场馆，更是深入社区、学校和公众集会的各个角落，让更多的人接触并参与到这项运动中。同时，根据不同地区的文化背景、经济条件和公众需求，定制化的活动规划使柔力球运动能够更好地融入当地的社会环境，满足更广泛群体的健身偏好。灵活的适应性不仅加强了柔力球在各地的普及，也促进了其在不同社会文化背景下的持续发展。

3. 创新模式，赛事打造多元化

2023 年全国柔力球锦标赛在四川省广元市昭化区举行。该赛事分花式和网式两个项目，集赛、展、训、论多元化的办赛模式，赢得了社会各界的广泛好评。通过从地方到全国层面的比赛，柔力球运动逐步建立了完善的赛事体系，为运动员提供了展示技艺的平台，显著提高了柔力球的竞技水平，激发了运动员的潜能，同时也吸引了更多人关注和参与柔力球运动，有效推动了运动的普及。此外，持续的创新是柔力球运动吸引力不减的关键。随着新套路的不断推出，柔力球运动保持了其活力和新鲜感。尤其是通过线上线下相结合的方式，如举办 2023 年全国第二套柔力球大众推广套路网络视频大赛，不仅拓宽了柔力球运动的推广渠道，还使得柔力球爱好者无论身处何地都能参与其中，这种创新的推广方式有效地将柔力球运动推广到更广泛的群体中，增加了普及率。

五、冰雪运动进校园促进青少年全面发展——以北京市石景山区为例

中小学生是冰雪运动的后备力量，是冰雪运动参与者主体。自 2017 年起，北京市广泛开展"冰雪运动进校园"系列推广活动。截至 2021 年底，北京市中小学累计参与冰雪运动近 210 万人次，共有 200 所学校获评冰雪运动特色学校、200 所学校获评奥林匹克教育示范学校。[1] 重点培养冰雪竞技后备人才。其中，北京拥有 5 支市级青少年冰球队和 1 支滑雪队，以及 125 支区级青少年冬季项目运动队，注册青少年运动员人数达 7565 名。加强校企合作，不断吸引社会冰场和俱乐部，鼓励企业组织参与青少年冰雪运动赛事活动。有关部门支持通过政府购买服务的方式，引进社会滑冰场、滑雪场资源，为学生上冰、上雪提供保障条件。[2]

---

[1]《我市中小学生上冰上雪人数达 210 万人次》，《北京日报》2022 年 1 月 25 日。
[2] 国家体育总局：《中国冰雪经济发展报告（2022）》，中国计划出版社 2023 年版。

北京市石景山区作为"带动三亿人参与冰雪运动"示范区,促进冰雪运动普及,培养学生参与冰雪运动兴趣与习惯,广泛开展"冰雪运动进校园"系列活动。2021年,北京市石景山区电厂路小学被国家体育总局授牌全国唯一"冰雪小学"。电厂路小学践行"一个不能少,全员参与奥林匹克教育"的实施理念,自2015年起将奥林匹克教育和冰雪运动纳入学校常规教学工作中,丰富和完善课程资源供给,逐步培养学生终身冬奥教育目标。

(一)冰雪运动旱地化:实现全体学生"冰雪梦"

1. 利用旱地化创新形式,推动学生掌握基础冰雪运动技术

"旱地化"在保留了冰雪运动基本规则的基础上,打破了开展冰雪运动的场地限制和季节限制,学生们通过旱地化训练,达到全身动作协调配合,并形成记忆和动力定型,提升了冰雪运动技能,为上真冰、真雪做好技能储备。电厂路小学为实现全体学生参与冰雪运动,探索"冰雪运动旱地化"形式,打破场地限制,培养学生对冰雪运动的兴趣和爱好,是"冰雪运动进校园"的创新形式之一。从2018年电厂路小学的90%学生没有上过真冰、真雪,到2021年学生上冰、雪率达100%,电厂路小学有效破解了冰雪运动进校园的气候制约因素,形成了具有示范效应的冰雪运动推广模式。

旱地化设备包括旱地化器械和仿真场地。结合北京市浓厚的冬奥氛围,电厂路小学引入旱地轮滑、旱地冰球和旱地冰壶项目进校园。同时,学校鼓励学生利用废旧材料开发和制作与冰雪运动类似的运动器具,如将废旧木板下面安装滑轮,制作成"钢架雪车"。电厂路小学广泛借助周边资源,依托高井路冬奥社区的雪上乐园、周边冰雪俱乐部等冰雪场地,实现学生全员上冰雪的目标。2020年,电厂路小学开始使用石景山区第一块校园真冰冰壶项目场地,学校每周安排每个班一节冰壶课程。同时,学校冰壶队每天都在该场地上训练,不断提升专业技能。

2. 以赛代练,推动教学成果转化

自2020年以来,石景山区中小学冬季运动会已举办三届,吸引了全区青少年儿童冰雪爱好者参加。2024年,京源学校、景山学校远洋分校、电厂路小学等13所学校约130名中小学生,参加石景山区第三届中小学冬季运动会。运动会设置了短道速滑、花样滑冰(队列滑)、冰壶、冰球等4个大项6个组别的比赛。学生在运动会中收获竞赛知识,提升冰雪技能,体验

冰雪运动乐趣。

电厂路小学积极参加各级各类比赛，组建冰雪运动社团，培养学生冰雪运动兴趣，鼓励学生养成冰雪运动习惯。组建旱地冰球、旱地冰壶、越野滑轮、钢架雪车、轮滑等 8 个旱地化运动社团，鼓励学生们利用课余时间根据个人兴趣开展旱地化运动，并组建旱地化竞赛队伍，以提升旱地运动竞技水平。电厂路小学将课堂与比赛相结合，以赛代练检验旱地化课程效果。学校从旱地化社团选拔优秀人才，组建冰球、冰壶、越野滑雪、冬季两项四支代表队，利用早锻炼、课后休息、寒暑假等课余时间带领队员们训练，并组织队员们参加国家级和市级比赛，以赛代练。

（二）发挥榜样力量：全方位培养学生冰雪运动兴趣

1. 冠军入校园，奥运健儿成为学生老朋友

石景山区借助冰雪项目优秀运动员的示范带动作用，弘扬北京冬奥精神、践行公益服务职责，开展"双奥石景山 冰雪向未来"群众冰雪活动。武大靖、任子威、高亭宇、苏翊鸣等众多运动员参与交流并接受"石景山校园冰雪社团总教练"聘书。奥运健儿们与现场的石景山区中小学生互动交流，分享北京冬奥会故事，讲述北京冬奥精神，激励大家热爱冰雪运动。

电厂路小学距离北京冬奥组委直线距离仅 1000 米，具有开展冰雪运动和冬奥教育的独特优势。近 8 年来，电厂路小学在重要时间节点都会举办奥林匹克教育主题活动。每年春、秋两季开学典礼上，学校邀请参加过世界大赛的中国运动健儿、奥林匹克教育专家与全校师生共上"开学第一课"。2023 年 U20 男子冰球世界锦标赛乙级 B 组冠军成员，受邀走进电厂路小学春季开学典礼，为获得北京市冬运会陆地冰球比赛铜牌的电厂路小学冰球队队员颁奖。奥运健儿走进学校，以榜样的力量宣传冰雪文化，培养学生参与冰雪运动的兴趣与习惯。

2. 联结社区资源，冬奥社区长为学生带来冰雪知识

冬奥社区轮值社区长制度，吸引越来越多奥运健儿进入社区。石景山区广宁街道冬奥社区自从 2019 年授牌以来，打造了"社区轮值长"共治品牌，4 名冬奥运动员先后担任"冬奥社区社区轮值长"（表 8－2）。第四任冬奥社区轮值社区长张会，在广宁街道"十美广宁欢乐冰雪季"的冰场，给当地小学生上了一节冰雪课，为孩子们教授基本的滑冰技巧，带动广宁街道学生参与到冰雪运动中。

表 8-2 历任冬奥社区社区轮值长

任期	社区轮值长
第一任	赵楠楠（中国女子短道速滑运动员）
第二任	李妮娜（自由式滑雪空中技巧世界冠军、冬奥会运动员委员会委员、北京冬奥会火种交接仪式火炬手）
第三任	李佳军（中国短道速滑名将、北京 2022 年冬奥会中国第一棒火炬手）
第四任	张会（2010 年温哥华冬奥会女子短道速滑 3000 米接力冠军）

3. 借助北京冬奥会契机，广泛开展青少年奥林匹克教育工作

石景山区作为冬奥组委机关驻地和重要赛区，为北京冬奥会的成功举办贡献了力量，激发了全民的冰雪热情。区教委借助冬奥契机，以"共享冬奥成果，共助冰雪发展"为主题全面开展奥林匹克教育，加速"冰雪运动进校园"，巩固和拓展全国首个"带动三亿人参与冰雪运动"示范区创建成果。2022 年，石景山区各学校广泛开展"征集冬奥关键词""成立冬奥宣讲团""贯彻全员上冰雪""举办冬季奥运会""用活冰雪运动场"等系列活动。奥林匹克教育工作贯穿全年，石景山区持续推进冰雪运动发展，让学生在冰雪体育锻炼中享受乐趣，培养学生参与冰雪运动兴趣，逐渐形成冰雪运动习惯，不断扩大冰雪运动参与人群数量，为实现中国冰雪强国打下后备基础。

六、数字赋能基层全民健身普惠发展——以上海市社区健身中心为例

上海市松江区祝桥镇施湾智慧社区健身中心，是国家体育总局智慧社区健身中心七大建设试点之一，也是全国第一个已对外开放使用的示范点。该健身中心运用现代信息技术提升社区健身中心的管理服务水平，更好地满足了群众对公共体育服务的个性化、多层次需求，大力推进了全民健身智慧化发展。

（一）科学高效健身，标准规范统一

先进技术助力科学健身。为满足居民对健康生活的追求，祝桥镇积极推进智慧社区建设，将智慧技术应用于健身领域，打造智慧社区健身中心，提供高品质的健身设施和服务。与传统的健身房主打"撸铁"不同，上海祝桥镇施湾智慧社区健身中心依托云计算和大数据，室内外采取智能健身器材，支持手机扫码查看运动指导视频和运动数据，能够实现运动数据科学、便捷管理。同时，还非常贴心地针对不同人群进行专门设计，当健身者使用

智能跑步机、健身车时，可根据自身需求灵活选择适合自己的运动程序，进行针对性训练，让运动更高效。例如，扫码使用智慧社区健身中心内的智能化健身设施时，市民可以通过新型国民体质监测机对个人身高、体重、肺活量、肌肉力量、反应速度等13项指标进行测试，也可以在设备上输入身高、体重、年龄等基本数据，得出一张"运动菜单"，菜单中会提供运动项目、时间、强度等参考数据。按照这张菜单来运动，将收获最佳的运动效果。健身设备还可以监测肌肉群锻炼状态，使锻炼更精准、科学。

全流程标准化保障运转。除了先进的技术保障，该社区健身中心的建设管理能够遵照规范和标准化实施。其一，设施设备标准参照《智慧化健身场所技术规范》的智慧化技术参考模型与内容，有效落实了在信息网络、信息设施、场所监测系统、数据平台等维度配置要求的标准化、系统化搭建。其二，健身全流程的标准化、便捷化和规范化。用户可以人脸识别开启门禁进入健身房，手机扫描二维码开启健身器材，全程在无须任何工作人员帮助下，即可实现一站式自助服务，全程对用户个人信息采取加密隐私管理。虽然无人化管理，但机器设备可对每一位健身锻炼者的动作进行实时监督、判断分析，及时纠正错误的健身动作，减少因不科学、不正确健身动作造成肌肉拉伤等情况的发生。其三，保障工作的规范合理化。在全民健身大数据平台的加持下，社区管理者也可通过系统实时了解和查看社区会员运动情况、器材使用情况以及社区点的人流状况，精准保障用户权益，全流程器械布置和登录退出机制规范化，实现了健身中心的标准化智慧管理。

（二）社区共建共享，资源统筹集成

开放共建共治共享。上海祝桥镇施湾智慧社区健身中心，除了室内高科技智能健身设施以外，室外智能体育公园设施也十分新颖、丰富，向广大市民完全免费开放，无论是广场舞发烧友、棋牌爱好者，还是健身达人，这里都能满足文化和健身需求。作为社区运动健康中心"上海模式"的典型代表之一，智慧社区健身中心还在慢病管理、体医融合方面进行积极探索，由全科医生、社会体育指导员、运动处方师组成专家团队，为慢病患者提供"量身定制"的运动方案，并全程开展运动监测和指导服务。

有效聚合多方资源。一方面，增强设施资源的丰富性。室外健身设施主要有智能景观路径、不锈钢健身路径、户外负重力量系列训练器和智能健身棋牌苑等智能体育公园产品，相比传统户外健身设施，上海祝桥镇施湾智慧社区健身中心的智能体育公园产品在材料、功能和技术应用方面进行了最大

限度创新，将适用于大众健身的器械资源有效聚合，全面满足人们智能化健身需求。另一方面，进一步开发 App 等健身资源，使得预约场地等问题迎刃而解。

（三）联动信息数据，服务普惠便民

信息数据定制化服务。智慧社区健身中心借助智能设备和移动应用程序，帮助居民管理健康数据，如心率、步数、消耗的卡路里等，居民可以随时查看自己的健康数据，并根据数据进行调整和改进，实现健身场所互联互通和大数据共享，让市民在不同的地方都能科学健身。同时，健身中心通过中央监控运维中心和客服中心，实现全方位保障、全时段服务，并通过"技防＋人防"手段，对出现意外损伤的顾客进行及时施救，从而实现场馆无人智能化管理。

开拓趣味多彩健身方式。为避免运动健身的枯燥无味，增加健身趣味性，上海祝桥镇施湾智慧社区健身中心配置了智能跑步机、智能健身车、智能力量训练器、户外智能竞赛健身车等智能科技健身设备，搭载智能触屏，不仅可实现阅读、游戏和影音等功能，还可组建群组，约好友进行竞赛，健身数据实时上传至手机，使健身趣味无穷。同时，智慧社区健身中心开设了各种健身课程和活动，包括瑜伽、有氧运动、力量训练等，以满足不同居民的健身需求。

（四）行政有效驱动，多元协同推进

效率优先赋能治理。上海市政府积极推动全民健身与全民健康深度融合落地社区，积极拓宽投入渠道，建立多元筹资机制。为智慧社区健身中心服务提供赠款的专项基金。为实现"5 至 10 分钟健康生活圈"，提高社区居民的获得感、幸福感，创新打造了一套"体育＋"多部门协同协作、全民健身和全民健康深度融合的社区运动健康中心，秉持设计、建设、运营、管理、维护"一体化"的思路，坚持以最小的成本实现群众健身的最大覆盖，进一步提升了上海体育健身服务的精细化管理水平。同时，建立强有力的支持制度和政策，创造有利的政策环境，将法治制度化、规范化落实到智慧社区健身中心的工作中，通过国家主导的社会参与和市场驱动的运营相结合，实现社区的有效治理。

多元协商合作共赢。重视多元主体参与协作协商的渠道路径，祝桥镇施湾智慧社区健身中心采用"政府出资、社区出地、企业运营"的三方共建创新模式，实现了政府管理科学化、企业运营专业化、市民健身智慧化，为推动全民健身战略的落地开辟了一条全新路径。同时，政府及社区积极对接

体育卫生健康专家、引入家庭医生团队、升级社会体育指导员队伍等，不断提高服务人员的专业性。更为重要的是，祝桥镇智慧社区健身中心积极吸纳群众意见，定期进行用户满意度调查，收集居民的反馈和建议，以不断改进和提升服务质量。

七、全民健身积极社会氛围营造——以深圳市南山区"全民健身日"活动为例

2023年8月8日，以"全民健身，活力南山"为主题的2023年深圳市"全民健身日"活动在南山区分会场启动。为充分激发各个群体参与全民健身的积极性和主动性，活动现场进行了柔力球、花式跳绳、小轮车、武术、跆拳道、拉丁舞、广场舞等不同体育项目的展演，涵盖青少年到中老年各年龄层，展现体育健身带来的健康和快乐，引导更多群众追求健康生活方式。活动现场还对新修订的《中华人民共和国体育法》进行了宣讲，并与观众进行现场普法互动，此举不仅提高了《中华人民共和国体育法》的知晓率，还提升了群众的全民健身意识。南山区自2015年至2022年，已连续举办了八届包括健身嘉年华、体育项目展演等在内的"全民健身日"系列活动，受到了市民群众的一致好评。此外，南山区还通过免费向公众开放体育场馆和区域内的公共体育场地设施，以及发放体育消费券等多种惠民措施，营造重视体育、支持体育、参与体育的社会氛围，不断提高人民群众参与体育健身的积极性，使全民健身理念深入人心，推动南山区全民健身事业高质量发展。

（一）破难题：加大体育场地设施投入

深圳不断加大公共体育设施投入力度，探索城市社区运动场地设施试点城市建设，着力打造市民身边的体育设施。推动将体育场地设施建设纳入全区建设总体规划，优先规划建设一批群众身边、便捷可达的社区足球场、多功能运动场、健身步道、健身广场、"智能健身房"等场地设施，并统筹考虑公共卫生、应急避难（险）功能建设，构建完善的"区、街道、社区"三级体育场地设施布局体系。截至2022年底，深圳已建成体育主题公园42个，大型体育场馆58座，足球场1216块，各类健身步道1453公里，体育场地设施30411片。深圳以现有公园为载体，在保障绿地功能的基础上，合理布局、因地制宜建设公园体育设施，完成5个体育主题公园和100个社区体育公园的新建改造，打造符合深圳城市品位的全民健身示范工程。同时，利用互联网、5G、AI等全新信息技术，深圳依托市级统一政务服务客户端

"i深圳"，搭建"一网统管、一体统筹、一键预约"平台，实现快捷订场、平台支付、场馆在线导航等功能，为市民提供更好的全民健身服务和产品，方便市民参与健身。

（二）创品牌：构建全民健身赛事活动品牌体系

通过打造品牌赛事提升城市形象。构建"一月一品牌"活动体系，包括线上运动月、智力运动月、全民健身月、水上运动月、企业特色月、科学健身月；创办"深圳踏青日""深圳全民健身踏歌行"等系列活动，推动文体旅融合；首创"7·27象棋日"系列活动，打造深圳棋类赛事IP。将辖区区位优势、科技优势、生态优势与品牌赛事深度融合，充分利用山、海、河、湖等生态资源，推广山地户外、水上、马拉松、自行车等户外运动项目。扩大海峡两岸学生棒球联赛总决赛、深圳南山半程马拉松、粤港澳大湾区体育系列赛、大沙河生态长廊龙舟赛等品牌的社会知名度、影响力。培育、引进帆船、赛艇、电竞等大型、新兴体育赛事，借助大型体育赛事的影响力促进全民健身事业发展。组织开展内容丰富、特色鲜明的全民健身主题赛事活动，不断提升"南山杯"系列赛、青少年锦标赛等赛事的办赛水平和影响力，鼓励举办马术、赛艇、潜水、冲浪、皮划艇等新兴特色赛事，支持各街道举办综合性全民健身比赛和单项体育竞赛。通过建立形式多样、内容丰富的全民健身活动网络，全民健身活动空前活跃，市民健身意识逐步增强，经常参加体育锻炼的人口比例达42.9%。

（三）强指导：引领全民健身运动健康新风尚

深圳市、区、街道、社区四级科学健身指导网络建设成效显著。市、区两级成立了社会体育指导员协会、国民体质测定站、体育义工组织，全市街道、社区社会体育指导员服务站点实现全覆盖，每年开展科学健身指导活动1万场次，为5万人次市民提供体质测试服务。同时，探索符合本地特色的健身指导模式，在有条件的非社区类机构试点健身指导服务点，更好满足全人群、多样化的健身指导服务需求。

为引导广大青少年积极参与体育健身，拓宽人才培养渠道，深化体教融合。针对部分体育项目对身体素质要求高的特点，引导中小学注重从低年龄段培养体育特长生。制定《南山区体育传统特色学校及高水平运动项目学校（2023—2024周期）管理办法》，按照"片区联动，学段贯通"科学布局，形成"一校一品""一校多品"格局，打通各运动队小学—初中—高中自然晋升的体育后备人才培养模式。加强体校教练员队伍建设，选拔一批优秀教练员进入中小学合作，提升学生竞技水平，让更多的学生掌握一项伴随终身的运动技能。鼓励社会力量办队，通过"以奖代补"激励政策，拓宽竞技体育后备人才培养渠道。在全区实施青少年体育活动促进计划，严格落实每天 1 小时体育锻炼，有条件的学校提倡每天 1.5 小时校园体育活动，基本实现青少年熟练掌握 1 项至 2 项体育运动技能，国家学生体质健康标准测试达标优良率达到 75% 以上。

为探索解决"上班族"锻炼面临的场地和时间难题，深圳工间碎片化运动形成生态，设立全国首家工间碎片化运动器材展厅，开办碎片化运动指导师培训班，策划企事业员工健身月活动。制定社会体育指导员公益岗位制度及上岗激励机制，实行社会体育指导员规范化管理。加大培训力度，不断提升社会体育指导员业务水平，吸纳优秀退役教练员、运动员、体育教师进入社会体育指导员队伍，实现每千人拥有社会体育指导员超过 3 人。加强体育社会组织人才队伍职业化、专业化建设，实现由数量向质量的转变。

构建体医融合新体系，大力开展全区居民健康教育和宣传，提倡践行"运动是良医""自己是健康的第一责任人"等健康理念，引导居民主动学习健身知识，积极参加健身活动，推广居家健身"云"运动模式，举办线上运动月主题系列活动，利用网络平台引领 150 余万市民动起来，推出"健身齐抗疫，宅家动起来"系列视频，掀起"云"运动健康新风尚。推进区级体质测定与运动健身指导站工作，不断完善全区国民体质监测体系，促进国民体质监测与医疗体检有机结合，不断扩大体质测定覆盖人群，定期开展全民健身活动状况调查和国家体育锻炼标准达标测验活动，为学生、老年人、妇女、残疾人、职业人群等重点人群提供体质健康评估、开具运动处方等服务。通过积极构建科学健身指导服务长效机制，市民体质健康显著提升，国民体质合格达标率达 91.2%。

（四）广参与：构建更高效率的全民健身工作网络

2022 年深圳市政府工作报告中提出实施"山海连城"计划，通过郊野径、山海连廊等建设，串联道路绿化、综合公园、社区公园等绿色空间，让市民能生活在"绿道上的公园城市"中。鼓励全民健身社会组织下沉社区，建立社区全民健身组织体系。支持社会体育组织参与公共体育服务，加大政府购买体育社会组织服务力度，引导其承接全民健身公共服务。培育一批具有活力、管理规范的体育俱乐部，支持其利用公共资源提供高质量、高水平的全民健身公共服务。

在保证基础公共服务"托底"的前提下，利用环西丽湖碧道、大沙河、滨海休闲带、大南山等空间开展户外体育活动，设计"体育＋旅游"发展新方案，拓展体育旅游产品和服务供给。创新"体育＋旅游""体育＋文化"融合发展，实现资源共享、优势互补、协同并进，推动竞赛表演、运动健身与文化旅游活动的融合，促进相关产业的发展，成为培育社会创新和助推经济增长的重要来源。目前，深圳体育社会组织数量已有 900 余家，总体数量大、涵盖项目广、社会化程度高，成为发展全民健身事业的重要力量，每年举办上百项重点群众性体育赛事活动。

八、体育产业助力全民健身广泛开展——以深圳市湄南河体育产业园项目为例

深圳市湄南河体育产业园位于广东省深圳市南山区，是深圳第一家也是唯一一家市级体育产业示范园区。园区以"以产促园，以园兴产，产园融合"为发展战略，吸引国内外各类体育赛事和社会力量落户园区，打造中西合璧、多元融合的综合休闲体育运动产业园。主要业务包括体育商圈开发、体育培训，赛事与活动承办，体育产品生产经销，体育文化传播发展等。该园区是以产业集聚为核心的创新创业平台，在产业转型升级的背景下，对提升产业发展质量和促进区域经济发展、体育创新创业、地方基础设施建设、体育资源活化、人才教育和培训、城市品牌推广、城市人文环境和体育消费等具有十分重要的战略意义。

（一）创新做法

1. 旧厂房改造挖掘运动场地新空间

深圳市湄南河文化体育发展有限公司以国外著名的体育小镇为参考，将蛇口的旧厂房改造成综合型特色室内体育文化休闲商业园区。经过注入"运动体验＋休闲小镇"概念，旧厂房升级为特色休闲体育运动产业园，聚集了诸多小众高端体育运动项目，不仅满足了群众日益增长的体育运动需求，通过扩增量盘存量弥补了深圳体育设施的不足，让旧厂房成为拓展体育消费新空间的"支点"，也成为深圳文体的一张亮丽名片。

2. 体育运动项目集聚创造发展新优势

园区（一期）以打造专业、有趣、独特的娱乐综合体为目标，现有篮球、羽毛球、排球、壁球、室内高尔夫球、国际马术、极限单车、卡丁车、射击和团建轰趴馆等知名的国际高端体育运动项目，成立了易建联篮球湄南河训练中心和湄南河艺术文化馆。园区（二期）现有航天教育基地展馆、

室内滑雪、棒球、足球、攀岩、蹦床、团建轰趴馆及体育用品配套场馆。

目前，园区已形成以体育培训、体育赛事、体育文化、体育旅游、体育健康产业为纽带，体育配套商业开发为支撑的城市体育产业综合体，是深圳市知名体育运动聚集区、企事业素质拓展地和市民休闲运动打卡地，有效满足了市民日益高涨的运动休闲需求，促进了基层全民健身事业发展，为推进深圳市体育供给侧结构性改革提供了重要探索。

3. "体育+"深度融合增添发展新动力

园区将"体育+文化+旅游"进行深度融合，依托园区特定空间载体，通过产业空间共用、产业设备共用、产业技术共用、组织管理同步、活动举办同步等手段，实现三大产业"你中有我，我中有你"的融合发展局面。

进一步深化团结协作，建立体育事业共同体，将体育、文化、旅游等高度关联产业的资源、技术、产品、市场、功能、业务等要素在园区的地理空间上集聚，通过打通融合产业新体系的供应链、技术链、服务链，形成具有一定价值增值功能的战略关系，不断培育具有鲜明特色和自主创新能力的大型体育文化旅游园区，并充分发挥园区的集聚效应和企业培育孵化功能，实现体育文化旅游产业一体化发展。

（二）经验总结

体育产业的集聚化、融合化发展是深圳体育改革的新果实，着力挖掘存量体育资源的潜力，提升资源使用共享度和便利度，旨在推动形成良好的运动方式和良性的体育消费，成为促进体育产业发展的新动能，打造经济发展新业态。

1. 坚定思想，坚持正确发展方向

坚持以习近平新时代中国特色社会主义思想为指导，紧抓粤港澳大湾区和中国特色社会主义先行示范区建设的重大战略机遇，加快建设国际著名体育城市，使体育产业成为经济绿色发展的新动能。坚持以人民为中心的发展思想，让市民共享改革发展成果。通过夯实体育产业发展体系，培育和壮大体育产业示范园区和基地、新型体育业态，建立传统体育运动项目聚集区和新兴运动体验区，加大宣传和开展体育惠民活动，让更多市民有机会、有兴趣接触到新型体育项目。

2. 政策先行，营造良好发展土壤

深圳市委、市政府从 2016 年开始加大体育产业发展的政策支持力度，在国家和省级体育产业示范基地的基础上，提出体育产业示范园区这一概念，为体育产业集聚化发展提供了政策引导和良好的市场环境。经过多年的建设与运营，湄南河体育产业园已经成为深圳市体育产业聚集、创新发展、品牌提升、就业创业等方面重要平台，形成了以运动休闲健身为主业，集运动项目服务、赛事组织推广、旅游休闲娱乐于一体的多元化现代综合体育项目群。

3. 锚定目标，统筹规划发展大格局

湄南河体育产业园以原有"体育产业园"为基础，聚焦"筑巢引凤""聚核破局""产业聚合"的目标不断升级发展。园区通过整合体育产业资源，夯实组织和项目基础，塑造有特色、差异化的体育产业链条，完善和优化体育产业布局，构建出各具特色、百花齐放的体育产业大格局。

4. 改革创新，促进"体育＋"深度融合

一方面，将新颖、特殊、专业的体育项目融合到一起，打破原有分散独立的状态，实现企业孵化迈向产业孵化，构建产业孵化生态系统。另一方面，积极培育"体育＋"新业态，推动体育与旅游、教育深度融合，打造新场景，探索新模式，激发体育消费新活力，营造良好体育消费氛围，提升市民体育消费欲望，带动经济发展。同时，积极组织全民健身活动，倡导全民健身，促进全民健康。